高职高专“十二五”规划教材

管理学原理与实务

主　编　段学红
副主编　肖　杨　陈荣荣

北京
冶金工业出版社
2015

内 容 提 要

本书共分9章，主要内容包括：管理学导论，管理理论，决策，计划，组织，领导，激励，沟通，控制。本书内容深入浅出，注重实用性和趣味性，调动学习兴趣，利于学生的可持续发展。每章后附有练习与思考题，便于学生自学和检测；实践与训练，精选一系列便于操作的实训项目，有助于学生管理素质和实际操作能力的培养。

本书为经管专业的教材，也可作为相关管理人员、企业员工培训教材及参考书。

图书在版编目(CIP)数据

管理学原理与实务／段学红主编. —北京：冶金工业出版社，2015.7

高职高专“十二五”规划教材

ISBN 978-7-5024-6943-6

Ⅰ.①管… Ⅱ.①段… Ⅲ.①管理学—高等职业教育—教材 Ⅳ.①C93

中国版本图书馆CIP数据核字(2015)第154642号

出 版 人　谭学余
地　　址　北京市东城区嵩祝院北巷39号　邮编　100009　电话　(010)64027926
网　　址　www.cnmip.com.cn　电子信箱　yjcbs@cnmip.com.cn
责任编辑　俞跃春　美术编辑　杨　帆　版式设计　葛新霞
责任校对　卿文春　责任印制　牛晓波
ISBN 978-7-5024-6943-6
冶金工业出版社出版发行；各地新华书店经销；三河市双峰印刷装订有限公司印刷
2015年7月第1版，2015年7月第1次印刷
787mm×1092mm　1/16；14.25印张；341千字；217页
39.00元

冶金工业出版社　投稿电话　(010)64027932　投稿信箱　tougao@cnmip.com.cn
冶金工业出版社营销中心　电话　(010)64044283　传真　(010)64027893
冶金书店　地址　北京市东四西大街46号(100010)　电话　(010)65289081(兼传真)
冶金工业出版社天猫旗舰店　yjgycbs.tmall.com
(本书如有印装质量问题,本社营销中心负责退换)

前言

本书是经管类专业的教材。通过本书的学习，学生可以了解管理的基本概念、基础理论，掌握管理的基本职能，树立现代管理理念，为以后专业课程的学习打下基础。

本书根据高职学生的特点，注重理论够用、内容实用和趣味性。原则是既不过于注重理论的体系完整和内容深度，又不舍弃必要的理论基础。将管理学理论体系简化但不割裂，保持其相对的完整性。理论通俗易懂但不一味浅化，而争取做到深入浅出。要使学生对一些代表性的理论有大致的了解，以便将来可以向高处和深处拓展，利于学生的可持续发展。根据高职学生的特点和今后可能从事的岗位，本书安排有较强针对性的案例、实训等内容，并注重内容的广度及深度，重视实际的操作引导。同时，也重视教材的趣味性，配合一些趣味阅读、相关案例等，增强学生的阅读兴趣，有助于调动学生学习的积极性。

本书每章给出学习目标，其中又分知识目标和能力目标。前者是对基础知识和理论的了解，后者是对实际能力的掌握。每章以导入案例开始，提供思考的余地，引出一章的内容。每章在内容编排中，注意穿插案例思考、相关链接、管理故事等内容，一方面便于教师组织教学，另一方面留给学生自学和思考的空间。每章之后有本章小结总括一章内容，本章结构图对一章的构成有一个总体的形象概况。每章后所附练习与思考题，一般包括选择题、简答题、案例分析，以便于学生自行检测知识的掌握，对教师组织教学也有辅助作用。每章最后的实践与训练，精选了一系列既便于操作又符合高职学生特点的实训项目。各章既各自独立，又能够成为一个系列总体，循序渐进，有助于学生管理素质和实际操作能力的培养。

在总体例一致的情况下，每章的编写也不强求一律。编写者可以根据章节特点、学习目标的要求以及自己的所长，采用与之相适应的编写方法，将教学方式方法多样化体现出来，使教材能够真正为教学服务。

参加本书编写的是石家庄职业技术学院管理学课程组的老师，段学红负责全书编写大纲、编写体例的制定和最后的统稿并担任主编，肖杨（参加了各章节的审稿和修订工作）、陈荣荣担任副主编。本书由段学红编写第1章、

第3章；陈荣荣编写第2章；肖杨编写第4章、第7章、第8章；曲理萍编写第5章；王立朋编写第6章；任胜楠编写第9章。

感谢管理学界的前辈和专家，本书编写中，参阅了一些著作、教材、报刊、杂志以及网络等资料，在此向文献作者表示真挚的感谢！

由于水平所限，书中不足之处，希望各位读者提出宝贵意见。

编 者

2015年3月31日

目　录

第一章　管理学导论

学习目标

知识目标：

- 了解管理的含义
- 了解管理的属性
- 了解管理者和组织

能力目标：

- 掌握管理的职能
- 掌握不同类型管理者能力和技能要求
- 掌握管理的道德和责任

【导入案例】

海尔的成功

海尔集团创立于1984年，崛起于改革大潮之中，是在引进德国利勃海尔电冰箱生产技术成立的青岛电冰箱总厂基础上发展起来的。在首席执行官张瑞敏“名牌战略”思想的引领下，海尔经过多年的艰苦奋斗和卓越创新，从一个濒临倒闭的集体小厂发展壮大成为在国内外享有较高美誉的跨国企业。

海尔的高速发展，最主要的就是靠不断地创新和先进的管理理念。海尔发展大致有以下几个阶段：

（1）名牌战略阶段。1984年到1991年是海尔的名牌战略期间。别的企业上产量，而海尔扑下身子抓质量，7年时间只做一个冰箱产品，磨出了一套海尔管理之剑：“OEC管理法”，为未来的发展奠定了坚实的管理基础。

（2）多元化战略阶段。1992年到1998年是海尔的多元化战略期间，别的企业搞“独生子”，海尔走低成本扩张之路，吃“休克鱼”，建海尔园，“东方亮了再亮西方”，以无形资产盘活有形资产，成功地实现了规模的扩张。

（3）国际化战略阶段。在1998年至今的国际化战略阶段，别的企业认为海尔走出去是“不在国内吃肉，偏要到国外喝汤”；而海尔坚持“先难后易”、“出口创牌”的战略，搭建起了一个国际化企业的框架。

目前，海尔集团既是世界上增长最快的电器制造商，又是全球“白电”市场份额最高的公司，也是全球商业创新的领导者，以及中国最大的非国有企业之一。它在一个至少有七大竞争对手的市场中拥有14%的份额。这对于一家曾经窘迫到其CEO必须借钱给工人发工资、很多产品需要维修后才能使用的公司而言，能取得现在的成绩实属不易。

然而，海尔并未就此满足，在激烈的商海大潮中，海尔“永远战战兢兢，永远如履薄冰”，不断创新，不断造自己的反。2013年海尔总裁张瑞敏出席美国管理学会年会，并作为被邀请的每年一位全球最有影响力的企业高管在该学会演讲，《战略与经营》在海尔青岛总部采访了张瑞敏。张瑞敏谈到，海尔和其他公司有一个比较大的不同，就是我们自我颠覆的能力。很多公司的运作和思维成型后，僵化定势，很难改变，但是在海尔，我们可以很快地改变。这种区别的主要原因就在于我们的文化。海尔内部的人，特别是一些管理者，他们都知道必须要适应用户不断变化的需求，适应环境的变化。

海尔的成功，原因是多方面的，一个颇具天赋的CEO，优秀的企业文化，不断创新的精神，对时代脉搏的把握等等。这一切为各个企业树立了标杆，也为管理学界提供了经典范例。

自从有了人类历史就有了管理。任何组织，大到国家，小至企业，乃至个人，都需要管理。那么究竟什么是管理？由谁来管理？在什么环境下管理？这是我们本章首要解决的问题所在。

第一节 什么是管理

一、管理的含义

（一）管理的定义

什么是管理？这个问题许多管理大师学者们对此做了大量的探索和研究，并从不同的角度和侧重点，提出了自己对管理的看法。

科学管理之父泰勒认为：管理是一门怎样建立目标，然后用最好的方法经过他人的努力来达到的艺术。也就是说作为管理者，要确切知道你要别人干什么，并用最好的方法干。

法国社会学家亨利·法约尔认为：管理就是计划，组织，指挥，协调，控制。

美国著名管理学家彼得·德鲁克认为：管理是指一种以绩效责任为基础的专业职能。

美国管理学家赫伯特·A·西蒙的定义：管理就是决策。

德国社会学家马克斯·韦伯的定义：管理就是协调活动。

美国管理协会的定义：管理是通过他人的努力来达到目标。

美国著名学者斯蒂芬·P·罗宾斯认为：管理是通过协调和监督他人的活动，有效率和有效果地完成工作。

从以上可见，人们对管理的理解是多种多样的，这使得管理定义多样化。但不同的定义，只是观察角度和侧重点不同，在总体上对管理内容的认识还是有共同点的。

结合前人的观点，根据对管理本质及要素的认识，我们认为：管理，就是一定组织环境中的管理者，通过计划、组织、领导和控制等活动，协调以人为中心的各种资源与职能活动，以有效实现组织目标的过程。

（二）关于管理定义的理解

对于管理的理解，应从以下几方面入手：

（1）管理的主体是管理者。

（2）管理的对象是以人为中心的组织资源与职能活动。一方面，管理的对象是各种组织资源与各种实现组织功能目标的职能活动；另一方面，人是管理的核心要素，所有的资源与活动都是以人为中心的。管理，最重要的是对人的管理。

（3）管理是由计划、组织、领导和控制等构成的活动过程。任何管理者，大到国家总理，小到企业班组长，要实现管理目标就必须履行计划、组织、领导、控制等管理职能。

（4）管理的目的是有效实现目标。所有的管理行为，都是为实现目标服务的。

（5）管理的本质是协调。要实现目标，就必须使资源与职能活动协调，而执行管理职能的直接目标与结果就是使资源与活动协调。因此，所有的管理行为在本质上都是协调问题。

（6）管理是在特定的组织内外环境下进行的，有效的管理必须充分考虑组织内外的环境条件。

【相关链接】

什么是管理？

管理，就是实行计划、组织、指挥、协调和控制。计划，就是探索未来，制订行动方案。组织，就是建立企业的物质和社会的双重结构。指挥，就是使其人员发挥作用。协调，就是连接、联合、调和所有的活动及力量。控制，就是注意是否一切都按已制定的规章和下达的命令进行。

因此可以理解，“管理”既不是一种独有的特权，也不是企业经理或企业领导人的个人责任。它同别的基本职能一样，是一种分配于领导人与整个组织成员之间的职能。

管理职能与其他5个基本职能显然不一样。很重要的一点，是不要把管理同“领导”混淆起来。

“领导”，就是寻求从企业拥有的所有资源中获得尽可能大的利益，引导企业达到它的目标，就是保证6项基本职能的顺利完成。

“管理”，只是这6项职能中的一项，由领导保证其进行。但是，它在上层领导人的作用中占有那么重要的位置，以致有时好像这作用就纯粹只是管理了。

资料来源：［法］亨利·法约尔：《工业管理与一般管理》，中国社会科学出版社1982年版。

二、管理的特性

（一）管理的普遍性

管理是人类重要的社会活动，管理无处不在，广泛适用于社会的一切领域。凡有人群的地方都需要管理。从整个国家，到政府机关、企、事业单位及其他一切组织，无论是治国安邦，还是生产经营、社会生活，无不需要管理。

管理是共同劳动的产物，在社会化大生产条件下得到强化和发展。随着生产力的发展，人类文明的进步，社会的高度现代化，管理已成为现代社会极为重要的社会机能，其作用日益增强。管理已经成为保障社会与经济秩序，合理配置资源，有效协调与指挥社会各类活动，调动人的积极性，实现社会及各组织目标的关键性手段。没有现代化管理，就没有现代化社会。

（二）管理的科学性

管理作为一个实践活动过程，历代管理人从管理实践中总结出的经验、技能、管理技术，其间存在着一系列的客观规律，有其一定的原理、原则和方法，形成了系统化的理论体系。管理活动应遵循管理的基本原理和原则，才能达到有效的管理、成功的管理。如果不承认管理的科学性，不按规律办事，违反管理的原理与原则，随心所欲地进行管理，必然受到规律的惩罚，导致管理的失败。

（三）管理的艺术性

管理的艺术性是指在掌握一定理论和方法的基础上，灵活运用这些知识和技能。管理绝不是"按图索骥"的照章操作行为。管理理论作为普遍适用的原理与原则，必须结合实际应用才能奏效。首先，管理活动是在一定的环境中进行的，环境各异且不断变化。其次，可供选择的管理方式和手段是多种多样的。再次，由于管理的主要对象——人，具有主观能动性和感情，他能积极地思考，并自主地作出行为决定，而且，感情是最难数量化、模式化的东西，受多种因素的影响。因此，管理者必须在管理实践中因人、因事、因时、因地灵活运用管理知识，发挥积极性、主动性，解决实际问题。

管理的科学性和艺术性是管理活动不可分割的两个方面，管理的科学性是管理艺术性的基础，管理艺术性是管理科学性的升华。在管理过程中，不能只注重管理的科学性而忽视其艺术性，也不能只注重管理的艺术性而忽视其科学性，应该实现科学性和艺术性的有机统一。离开管理的科学性，艺术性就会变成简单的感觉和经验，有很大的随意性，很难实现有效的管理；离开管理的艺术性，科学性就会变成僵化的教条，也难以发挥其作用。

【相关链接】

管理的科学性与艺术性

针对"管理工作是一门科学还是一门艺术"的问题，美国的著名管理学专家孔茨有如下的看法："最有成效的艺术总是要对它所依据的科学有所理解，并以此为基础的。因此，科学和艺术并不相互排斥，而是相互补充的。正如物理学和生物学的发展所表明的那样，随着科学的发展，技艺也在发展。医生如果没有科学的知识，就成了巫医；而有了科学，他们就成为技术精湛的外科医生。从事主管工作的行政负责人，如果不懂理论，也不懂得由理论构成的管理知识，那么他必然是靠碰运气，靠直观或过去的经验办事；而如果有了理论知识，他们对于管理工作中出现的问题就有可能找到可行的、令人满意的解决办法。然而，仅有原理或理论知识还不足以保证在实践中取得成功，因为人们还必须懂得如何运用它们。无所不知、万事灵验的科学是不存在的，所以科学不是艺术家的万能工具。这个道理对于诊断疾病、设计桥梁或管理公司而言都是实用的。"

由此可见，任何知识、任何理论都必须与实践相结合，都必须在与实际相结合的过程中才能发挥作用。但管理学实践性特别强的特点是每一位初学管理学的人应当注意的问题。

孔茨曾这样教导我们："在运用理论或科学时常犯的通病之一，是忽视了为在总体上取得满意的结果而进行妥协或调和的必要性。……另一个常犯的通病，则是不问实际情况而盲目搬用原理。"这可能也是每一位学习管理理论和从事管理实践工作的人们需要注意的问题。

（四）实践性

管理理论来于实践用于实践。管理理论是在实践中提炼、总结出来的，反过来，管理理论又通过实践去验证并指导实践。因此管理具有很强的实践性，管理学是一门实践性很强的应用科学。

（五）管理的创新性

我国古代思想家管子所言："不慕古、不留今，与时变、与俗化"，这是对创新思想的高度概括。管理的创新性是指管理本身是一种不断变革的社会活动。

【趣味阅读】

芒果的命运

海南农民种植的一种叫"白象牙"的芒果，因为在开花时受精受粉不完全，导致"发育不良"，结出的果只有鸡蛋般大小，这种果子学名称为"败育果"。前几年，这种果只能作为淘汰处理。但是，原本要扔掉的小东西，在通过合理的转换后却变成了"珍珠果"。这种果由于其口感好，果肉中几乎没有纤维，核小甚至无核，深受人们的欢迎。正常大小的优质象牙芒果每斤售价二、三元，而它却卖到了四、五元，最高时可卖到8元一斤，而且供不应求。在海口、广州、深圳等地，这种小个的象牙芒果成为当地人的送礼佳品。气候还是那个气候，芒果还是那个芒果，但结果却大不相同。这就在于管理的应变性，遇到不同的情况、不同的对象，进行不同的处理。

三、管理的职能

管理职能是回答管理究竟在一个组织中负责哪些方面的工作，也就是回答管理是要干什么的。

【相关链接】

管理职能的认识

管理职能是管理者实施管理的功能或程序，即管理者在实施管理中所体现出的具体作用及实施程序或过程。

最早系统提出管理职能的是法国的亨利·法约尔。他将管理分为计划、组织、指挥、协调、控制五个职能。

古利克和厄威克就管理职能的划分，提出了著名的管理七职能。他们认为，管理的职能是：计划、组织、人事、指挥、协调、报告、预算。

哈罗德·孔茨和西里尔·奥唐奈里奇把管理的职能划分为：计划、组织、人事、领导和控制。人事职能的包含意味着管理者应当重视利用人才，注重人才的发展以及协调人们活动，这说明当时管理学家已经注意到了人的管理在管理行为中的重要性。

20世纪60年代以来，随着系统论、控制论和信息论的产生以及现代技术手段的发展，管理决策学派的形成，使得决策问题在管理中的作用日益突出。西蒙等人在解释管理职能时，突出了决策职能。他认为组织活动的中心就是决策。他认为，决策贯穿于管理过程的各个方面，管理的核心是决策。

美国学者米和希克斯在总结前人对管理职能分析的基础上，提出了创新职能，突出了创新可以使组织的管理不断适应时代发展的论点。

可见人们对于管理职能的认识，与时俱进，与社会环境的变化有密切的关系。

正如对管理的含义见仁见智，对于管理的基本职能在很长一段时间里也没有统一的说法。直到20世纪70年代以后，管理学界普遍认同管理的四大基本职能之分，即计划、组织、领导和控制，这一观点，目前仍被普遍接受。

（一）计划

计划职能是指管理者为实现组织目标对工作所进行的筹划活动。计划是设立和明确组织目标，制定实现组织目标的途径和方案。计划是管理的起点，确定目标和途径是计划职能的两大任务。

（二）组织

组织职能是管理者为实现组织目标而建立与协调组织结构的工作过程。为了实现计划职能所规定的目标，实施所制定的行动方案，管理者必须要设计和维持一整套职位系统，包括决定应该从事哪些任务，应该由谁来从事这些任务，这些任务怎么分类和归集，谁向谁报告等。使人们在从事集体活动中合理分工合作，以完成共同目标。

（三）领导

领导职能是指管理者指挥、带领和感召下级，以有效实现组织目标的行为。包括激励下属，影响工作中的个体或团队，选择有效的沟通渠道和方式，解决冲突等。

（四）控制

控制职能是指监控、比较、纠正。为了保证达成既定的目标、使工作按照预定的轨道进展，管理者必须对活动进行监控，评估工作绩效，将实际的表现与预先设定的目标进行比较，如果存在显著的偏差，就要使工作回到正常的轨道上来。控制系统越完善，管理者实现组织的目标就越容易。

管理的四大职能是相互联系、相互制约的。一般来说，计划是管理的首要职能，根据计划的要求和安排，确定组织的机构、部门的设置，然后确定有效的领导方式，最后设置控制的标准并进行控制。这四大职能中，计划着眼于有限资源的合理配置，组织致力于合理的分工协作关系的建立，领导着眼于激发和鼓励人的积极性，控制的重心在于纠正偏差。在管理实践中，计划、组织、领导和控制职能一般是顺序履行的，即先要执行计划职能，然后是组织、领导职能，最后是控制职能。但另一方面，上述顺序不是绝对的，在实际管理中这四大职能又是相互融合、相互交叉的。它们相互配合，共同致力于管理的效率与效果，才能保证组织目标的实现。

第二节 管 理 者

一、管理者的概念

组织中的成员，根据其在组织中的地位和作用的不同，可以大致分为两类：操作者和管理者。操作者是非管理人员，在组织中直接从事具体的工作任务，且不承担对他人工作监督的职责。如工厂的工人、医院的护士、商店的售货员等。他们的任务就是做好组织所分派的具体的操作性工作。管理者亦即管理人员，他们的主要职责是在组织中行使管理职能、指挥或协调他人开展工作，完成具体任务。如工厂的厂长、车间主任、公司的经理等。每一个组织无论规模大小，类别差异，都需要管理者。

传统观念强调管理者在组织中的正式职位和职权，强调必须拥有下属。认为管理者就是运用职位、权力，指挥他人活动或对他人的工作负有责任的人。然而，随着现代社会的发展，组织与工作性质的变化，管理者与操作者之间的界线越来越模糊，特别是在团队中，成员们也要做一些过去属于管理者的事，比如：制订计划，作决策，监督自己的绩效等。

美国学者德鲁克认为：在一个现代的组织里，每一个知识工作者如果能够由于他们的职位和知识，对组织负有贡献的责任，因而能够实质性地影响该组织经营及达成成果的能力者，即为管理者。这一定义，强调作为管理者首要的标志是必须对组织的目标负有贡献的责任，而不是权力；只要共同承担职能责任，对组织的成果有贡献，就是管理者，而不在于他是否有下属人员。依据这一定义，拥有知识并负有贡献责任的工程师就是管理者。

综合前人的观点，认为管理者是指履行管理职能，对实现组织目标负有贡献责任的人。

二、管理者的分类

根据在组织中承担的责任和权力的不同，管理人员一般可分为基层管理者、中层管理者和高层管理者。

（一）基层管理人员

基层也称作业层，基层管理人员是生产经营第一线的管理人员，也就是组织中处于最低层次的管理者，他们所管辖的仅仅是作业人员而不涉及其他管理者。他们负责将组织的决策在基层落实，给下属作业人员分派具体工作任务，直接指挥和监督现场作业活动，保证各项任务的有效完成。如我国企业中的班组长、柜长就属于这类人员。

（二）中层管理人员

中层也称执行层，中层管理人员通常是指处于高层管理人员和基层管理人员之间的管理人员，他们的主要职责是，贯彻执行高层管理人员所制定的重大决策，监督和协调基层管理人员的工作。与高层管理人员相比，中层管理人员更注意日常的管理事务。如我国企业中的计划、生产、财务等方面的负责人，工厂中的车间主任，商场的商品部经理都属于这类人员。

（三）高层管理人员

高层也称决策层，高层管理人员是指对整个组织的管理负有全面责任的人，他们有权分配组织拥有的一切资源，主要职责是制定组织的总目标、总战略，掌握组织的大政方针并评价整个组织的绩效。他们在与外界的交往中，往往代表组织以“官方”的身份出现。往往由总经理、副总经理等人构成。

【相关链接】

管理人员的不同分类

管理人员按照不同的标准，可以有不同的分类方式：

按照管理人员在组织中承担的责任和权力的不同，一般可分为基层管理者、中层管理者和高层管理者。

按其所从事管理工作的领域及专业性质的不同，可以划分为综合管理人员和专业管理人员两大类。综合管理人员，是指负责管理整个组织或组织中某个事业部的全部活动的管理者。对于小型组织（如一个小工厂）来说，可能只有一个综合管理者，那就是总经理。而对于大型组织（如跨国公司）来说，可能会按产品类别设立几个产品分部，或按地区设立若干地区分部，此时，该公司的综合管理人员就包括总经理和每个产品或地区分部的经理。专业管理人员，负责管理组织中某一类活动的管理者。如营销部门管理者、人事部门管理者、财务部门管理者以及研究开发部门管理者等。随着现代组织规模的不断扩大和环境的日益复杂多变，专业管理人员的地位将变得越来越重要。

按管理者的职务及工作内容，可以划分为8种职务类型，如联系人、政治经理、企业家、内当家、实时经理、协调经理、专家经理、新经理。

按管理者的职责任务，可以划分为决策指挥者、职能管理者和决策参谋人员。决策指挥者指在组织各层次中拥有决策指挥权的管理人员。他们的基本职责是负责组织或组织内各层次的全面管理任务，拥有直接调动下级人员，安排各种资源的权利。职能管理者指负责组织某一专门管理职能的管理人员。如计划管理人员、财务管理人员、生产管理人员等。决策参谋人员指为各级决策指挥人员提供决策建议的智囊人员。通常将他们也称为管理人员。决策参谋人员的职责是收集、整理、提供与决策相关的各种信息，为决策者提供合理的建议和方案。

按职权关系的性质划分，可以分为直线管理人员和参谋人员。直线管理人员：是指有权对下级进行直接指挥的管理者。他们与下级之间存在着领导隶属关系，是一种命令与服从的职权关系。直线管理人员的主要职能是决策和指挥。直线人员主要指组织等级链中的各级主管，即综合管理者。例如，企业中的总经理－部门经理－班组长，他们是典型的直线人员，主要是由他们组成组织的等级链。参谋人员：是指对上级提供咨询、建议，对下级进行专业指导的管理者。他们与上级的关系是一种参谋、顾问与主管领导的关系，与下级是一种非领导隶属的专业指导关系。他们的主要职能是咨询、建议和指导。参谋人员通常是指各级职能管理者。

三、管理者的角色

亨利·明茨伯格对管理者所从事的工作进行了仔细的研究，提出了管理者角色的理论。

所谓管理者的角色是指特定的管理行为类型，也就是一个管理者在做什么。他根据自己和别人的研究成果，得出结论认为，管理者实际上在扮演10种不同的但高度相关的角色。他将这10种角色分为三类，即人际关系方面的角色、信息传递方面的角色和决策制定方面的角色，见表1－1。

表1－1 明茨伯格的管理者角色

类别	角色	描述	特征活动
人际关系方面	挂名首脑	象征性的首脑，必须履行许多法律性的或社会性的例行义务	迎接来访者，签署法律文件
	领导者	负责激励下属，负责人员配备、培训和交往的职责	实际上从事所有的有下属参与的活动
	联络者	维护自行发展起来的外部接触和联系网络，向人们提供恩惠和信息	发感谢信，从事外部委员会工作，从事其他有外部人员参加的活动
信息传递方面	监听者	寻求和获取各种组织内部和外部的信息，以便透彻地了解组织与环境；作为组织内部和外部信息的神经中枢	阅读期刊和报告，保持私人接触
	传播者	将从外部人员和下级那里获得的信息传递给组织的其他成员（有些是关于事实的信息，有些是解释和综合组织的有影响的人物的各种价值观点。）	举行信息交流会，用打电话的方式传达信息
	发言人	向外界发布有关组织的计划、政策、行动、结果等信息；作为组织所在产业方面的专家	举行董事会议，向媒体发布信息
决策制定方面	企业家	寻求组织和环境中的机会，制定“改进方案”以发起变革，监督某些方案的策划	制定战略，检查会议决议执行情况，开发新项目
	混乱驾驭者	当组织面临重大的、意外的动乱时，负责采取补救行动	制定战略，检查陷入混乱和危机的时期
	资源分配者	负责分配组织的各种资源——事实上是批准所有重要的组织决策	调度、询问、授权，从事涉及预算的各种活动和安排下级的工作
	谈判者	在主要的谈判中作为组织的代表	参与工会进行合同谈判

大量的后续研究证明了明茨伯格管理者角色分类的有效性。研究表明，无论是在什么类型组织中或者组织的哪一个层次上，管理者都在扮演着类似的角色，只不过管理者角色的侧重点会随组织的层次不同而变化。一般来说，高层管理者更多地扮演信息传播者、挂名首脑、谈判者、联络者和发言人的角色，而低层管理者更多地体现领导者的角色。

四、管理者的技能

各种不同类型组织中的不同层次的管理者必须具备相应的各方面能力，有效的管理者应具备三种技能，即技术技能、人际技能和概念技能。

（一）技术技能

技术技能是指管理者掌握与运用某一专业领域内的知识和技术，完成组织任务的能力。技术技能包括：专业知识、经验；技术、技巧；程序、方法、操作与工具运用熟练程度等。这些，是管理者对相应专业领域进行有效管理所必备的技能。管理者虽不能完全做到内行、专家，但必须懂行，必须具备一定的技术技能。特别是一线管理者，更应如此。

（二）人际技能

人际技能是指管理者处理人事关系的技能，即与组织成员和睦相处的能力。人际技能包括：观察人，理解人，掌握人的心理规律的能力；人际交往，融洽相处，与人沟通的能力；了解并满足下属需要，进行有效激励的能力；善于团结他人，增强向心力、凝聚力的能力等。在以人为本的今天，人际能力对于现代管理者，是一种极其重要的基本功。没有人际技能的管理者是不可能做好管理工作的。

（三）概念技能

概念技能，或称构想技能，是指管理者对抽象、复杂情况进行思考和概念化的技能。概念技能包括：对复杂环境和管理问题的观察、分析能力；对全局性的、战略性的、长远性的重大问题处理与决断的能力；对突发性紧急处境的应变能力等。其核心是一种观察力和思维力。作为管理者，需要快速敏捷地从混乱而复杂的环境中辨清各种因素之间的相互关系，抓住问题的实质，并根据形势和问题果断地作出正确的决策。这种能力对于组织的战略决策和发展具有极为重要的意义，是组织高层管理者所必须具备的，也是最为重要的一种技能。

上述三种技能是所有管理者都必须具备的，但各种技能的相对重要性随管理者在组织中层次的不同而存在差异性，如图 1－1 所示。

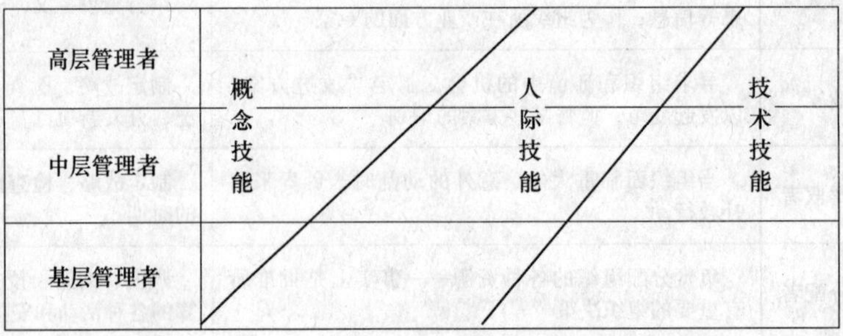

图 1－1　管理者的层次与所需的管理技能的关系

如图 1－1 所示，高层管理者尤其需要概念技能，而且，所处层次越高，对这种概念技能要求越高，而对技术技能的要求就相对低一些。与之相反，基层管理者更重视的却是技术技能。由于他们的主要职能是现场指挥与监督，所以若不掌握熟练的技术技能，就难以胜任管理工作。相比之下，基层管理者对概念技能的要求就不是太高。当然不同的企业，各层次管理者对这三种技能的需要也有所不同。在大企业中，高层主管可以充分借助下属人员的技术技能，因而对其自身的技术技能要求不高。但在小企业中，即使是高层管理人员，技术技能也仍然是非常重要的。

第三节　管 理 环 境

任何组织都不能脱离其所处的环境而封闭、孤立地生存和发展，组织的管理活动与环境有着千丝万缕的联系，组织环境是组织生存发展的土壤，它既为组织活动提供必要的条件，同时对组织活动起制约作用。环境会对组织产生种种影响力，是组织中管理者管理行为的一个重要限制因素。

一、管理环境的含义和分类

（一）管理环境的含义

管理环境，是指存在于组织内部与外部的，影响管理实施和管理绩效的各种力量、条件和因素的总和，如图 1－2 所示。

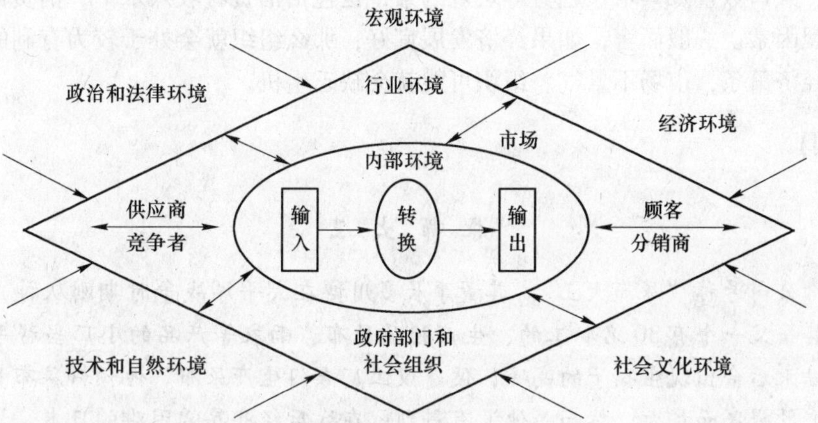

图 1－2 组织环境构成示意图

（二）管理环境的分类

管理环境是管理者从事管理所不可避免的。一般将管理环境按存在于组织的内外范围来划分，分为内部环境和外部环境。

1. 内部环境

内部环境主要指社会组织履行基本职能所需的各种内部的资源以及各项管理手段完善与协调的程度等。

2. 外部环境

外部环境是指组织外部的各种自然和社会条件与因素，外部环境是组织进行战略决策、长期计划等工作时必须考虑的前提。外部环境可以进一步划分为一般环境和具体环境。

一般环境，也称宏观环境，是各个组织都共同面临的整个社会的一些环境因素，是对组织可能产生影响的非特定因素。

具体环境也称微观环境、任务环境，是指某个社会组织在完成特定任务过程中所面临的直接的环境因素。包括：资源供应商、合作者、竞争者、顾客等。

二、外部环境的组成要素

（一）一般环境的组成要素

1. 政治与法律环境

政治和法律环境，是泛指一个国家的社会制度，政府的方针、政策、法令、法规等，也包括政局的稳定性、国际关系等。组织计划长远目标或战略目标时，必须对政策倾向趋势进行把握，对社会法律体系的运行状态深入了解。了解国家和政府目前禁止组织干什么，允许组织干什么，鼓励组织干什么，从而使组织活动符合社会利益，受到政府的保护和支持。而国家政局稳定，有利于组织管理部门增强投资信心，制定长期发展目标和计划；反之，则会动摇投资信心，使得管理人员只注重眼前短期利益。

2. 经济环境

经济环境是指组织所处国家或地区的整体经济发展状况，是影响组织，特别是作为经济组织的企业活动的重要环境因素。包括国民收入、国民生产总值、经济发展趋势、国家经济体制、人口数量及其增长趋势等宏观因素；也包括消费者收入水平、消费偏好、就业程度等微观因素。一般而言，如果经济发展良好，那么组织就会处于较为有利的地位；反之，如果经济萧条，市场不景气，组织可能就会缺乏生机。

【相关案例】

尿布大王

尼希奇公司号称“尿布大王”。其董事长多川博在太平洋战争时期刚从神户商业大学毕业，在其岳父一个有30名职工的、生产胶质尿布、雨衣等产品的小厂当帮手。多川预计，战争结束后会出现生孩子的高峰，便建议工厂专门生产尿布。他预料尿布肯定会随着婴儿出生率的提高而扩大。然而，他没有料到，在战后经济异常困难的日本，谁肯把钱花在买尿布上，因此，工厂的产品滞销，营业额下降。在严酷的现实面前，多川日夜为推销产品绞尽脑汁。直到1955年日本经济由复兴转向准备起飞时，该公司正式成立。1959年接任经理。到80年代中期，年营业额已达73亿日元。在经营过程中，多川发现：胶质尿布的销售量并不和婴儿的出生率成正比，而是同家庭的生活水平及文化程度成正比例。低则买的少，高则买的多。察觉到这一信息后，专门搜集全世界有关尿布的信息。同时，改进生产技术，推进工厂的机械化和自动化。该公司的产品占国内同类产品市场的70%，销售对象遍布五大洲70多个国家和地区，销售额以20%的年增长率上升，真正成为名副其实的“尿布大王”。

3. 社会文化环境

社会文化环境，是组织所处的社会中的人口构成、人口数量及其增长趋势，居民受教育程度、文化水平、审美观念、价值观念、宗教信仰、风俗习惯，以及商业行为的伦理、道德、习惯和作风等。随着社会文化环境的变化，组织的管理活动也应采取相应措施，对产品、服务以及内部政策进行调整。

4. 技术环境

是指目前社会技术总水平及变化趋势。任何组织的运行都要利用一定的技术，如企业的生产设备，医院的医疗设施等，这些技术的先进程度，受到整个社会科技水平的影响和制约。技术环境是不断变化的，各项技术推动管理手段的发展，甚至改变着管理模式。电脑、网络的广泛运用，对组织管理活动和人类生活方式的改善产生了积极的、重要的影响。

不仅仅组织的业务活动与技术相联系，组织成果也代表着不同的技术水平。组织研发投入、专利情况等对组织的长远目标有很大影响。

【相关链接】

PEST 分析

PEST 是一种企业所处宏观环境的分析模型，即 Political（政治），Economic（经济），Social（社会）和 Technological（科技）四个英文单词的首字母组合。这些是企业外部宏观环境，一般不受企业掌握，这些因素也被戏称为“pest（有害物）”。以上四方面的环境分析也称 PEST 分析。PEST 分析与外部总体环境的因素互相结合就可归纳出 SWOT 分析中的机会与威胁。

5. 自然环境

自然环境，是影响组织经营活动的物质因素的总和。自然环境包括地理位置、气候条件、资源状况等方面。如果原材料、土地、山川、森林、矿山、江河湖海、空气、阳光、气候等。资源短缺、能源成本上升、污染加剧等自然环境因素会给组织带来威胁。

6. 国际环境

对管理者和组织影响最为巨大的国际因素是各国经济的一体化。如 WTO、欧共体的发展、北美自由贸易协定等，这些协定导致了国家之间商品和服务贸易壁垒的减少和门槛的降低。

（二）具体环境组成要素

1. 顾客

顾客是指购买组织的产品与服务的个人和群体。顾客是组织存在的基础。顾客的需求是多方面的且会经常改变，因此，要成功地拥有顾客，管理者就必须深入市场，分析顾客的心理，掌握顾客不断变化的需求，及时推出新产品、新服务，才能更好地满足顾客的要求，使企业立于不败之地。

2. 竞争者

所谓竞争者是指那些与本企业生产或提供服务类似的组织。任何组织都会有竞争对手与其争夺资源、服务对象，绝不可忽视，否则就会付出沉重的代价。管理人员必须保持清醒的头脑，仔细研究分析本组织的竞争状况及竞争对手的实力，并及时采取适宜的竞争策略。

3. 资源供应者

资源供应者是提供组织所需资源的个人或公司。这些资源不仅包括设备、原材料、零部件、资金，也包括人力资源、信息、技术和服务等。供应商的性质、数量或类型的变化，都可能会对组织的生产经营带来重大影响。管理者工作的一个重要职责就是保证投入资源的可靠供应。

【相关链接】

资源供应者

对大多数组织来说，金融部门、政府部门、股东是其主要的资金供应者，学校毕业生分配部门、劳动人事部门、各类人员培训机构、人才市场、职业介绍所是主要的人力资源供应者，各新闻机构、情报信息中心、咨询服务机构、政府部门是主要的信息供应者，大专院校、科研机构、发明家是技术的主要源泉。组织为了使自己避免陷入困境，在战略上一般都努力寻求所需资源的稳定供应，并避免过分依赖一两个资源供应者。

4. 劳动力市场

能够为企业所雇佣的所有人的集合便构成了本企业的劳动力市场。工会、雇员协会及处于其他层次上的雇员组织都有可能影响企业的劳动力市场。为了应付全球化竞争，企业需要在人力资源管理上不间断地投入，如在录用、教育和培训环节上。区域性国际组织、自动化和由于劳动力分布不均衡而形成的具有流动性的工厂，使得在全球范围内，一些地区劳动力短缺，而另一些地区则严重过剩。

5. 有关政府部门和社会组织

组织除了拥有所有权的主管部门（部、局、公司）外，还有为国家和社会利益而监督企业经营的各有关部、局，如财政局、税务局、劳动局、质检局等等。组织的管理者必须理顺同这些部门组织之间的关系，在他们的监督约束下进行管理活动。

三、内部环境的组成要素

（一）组织资源

组织资源是指组织所拥有的各种资源的数量和质量情况，主要包括人力资源、财力资源、物力资源与信息资源等。

人力资源是指各级管理人员和作业人员的数量和质量，人力资源质量的高低往往是决定一个组织核心竞争力的关键性因素。组织需要考虑的，本组织人力资源总量是否平衡和人员结构是否合理。目前很多组织普遍存在人员总量过剩和结构不合理，主要是高层次人才不足和低层次人才过剩的问题。因此，组织要通过绩效考核等办法优胜劣汰，同时积极引进组织需要的高层次人才，并通过相应的培训机制提高现有人员的素质和能力。

物力资源是指组织活动过程中需要运用的物质条件的拥有数量和可利用程度。

财力资源是指组织的各类资金的数量及其来源，有雄厚的物力和财力资源是组织发展的重要物质基础。

信息资源是指组织是否具备发达的管理信息系统，包括信息的采集、加工和传递，完备的信息是组织进行正确决策的前提和推行现代管理的基本条件。

（二）组织能力

组织结构以及各项法规制度的完善程度，组织的技术能力、产品开发、生产、营销等功能性能力，以及组织各要素之间的综合协调能力等，也是影响组织发展的重要内部环境因素。

（三）组织文化

组织文化是一个组织在长期生存、发展中形成的，为全体组织成员所共同享有的价值观、信念、伦理规范和习俗作风等。

四、管理与环境的关系

【相关案例】

改变与被改变

一个家庭主妇因丈夫奉命到沙漠里去演习，只能一个人留在沙漠深处的一间小小铁皮房里，更要命的是，她的身边只有语言不通的印第安人，他们是那样粗俗、那样无知，她无法想象和他们在一起交流的情景。她感到非常难过，于是就写信给父母，说无论如何都要抛开一切回家去。

父亲的回信只有两行。但这短短的两行却从此完全改变了她的生活。信中这样写道：两个犯人都从牢里的铁窗望出去：一个看到泥土，一个却看到星星。反复地看这封信，她幡然醒悟，决心要在沙漠里找到星星。她开始尝试和当地人交朋友。一开始，他们的反应就使她非常吃惊——当她对他们的纺织品、陶器感兴趣时，他们就把自己最喜欢的、从不卖给游客的纺织品和陶器送给她。她研究那些使人着迷的仙人掌和各种沙漠植物，又从土著人那里学习有关土拨鼠的知识……就这样，原来使人难以忍受的环境终于变成了使人流连忘返的奇境。一念之差，她把在恶劣环境中生活看成是一生中最有意义的冒险。她为发现新世界而兴奋不已，为此著书，取名《快乐的城堡》。

以上案例可见，这位主妇的环境，沙漠没有改变，印第安人也没有改变，她却适应了环境，反过来对环境又有一定的促进作用。对于组织也同样道理，组织管理与所处的环境（主要指外部环境）存在着相互依存、相互影响的关系。

（一）环境决定和制约管理

外部环境是组织赖以生存的土壤，它为组织活动提供必要的条件，同时也制约着组织活动，组织管理工作必须在一定环境中进行。环境的变化对组织资源的配置有很大影响，这些影响又导致技术手段、生存方式、经营策略的变化，这些变化会引起管理工作的变化。没有一种管理方法是万能的，不同环境要求不同的管理方法。

（二）管理对环境的适应和影响

由于外部环境的制约，组织管理首先必须适应外部环境，与环境关键性要素的变动保持同步。组织对环境的适应是能动的、积极的，组织对环境变化做出合理的预测，采取相应的对策。

组织还可以通过各种方式对环境加以控制，尤其是在影响具体环境方面，组织可以发挥更大的能动作用。主要通过以下方式：

（1）广告。广告已经成为控制产品需求一种最为有效的手段，众多公司每年在广告上投下巨资，以影响消费者偏好。广告是减少顾客不确定性的重要方法。

（2）公共关系。直接目的是为了树立良好的企业形象。几乎所有的公司都非常重视公司的公众形象。如：奥运赞助商可口可乐。

（3）贸易协会。通过建立贸易协会或联盟，企业可以协同努力，达到影响外部环境的目的，包括影响政府的立法和规则的制定。

第四节 管理道德与社会责任

【相关案例】

历经沧桑同仁堂

北京同仁堂创建于清康熙八年（1669年），至今已有300多年的历史。经历了清王朝兴衰、外敌入侵、军阀混战到新民主主义革命的历史沧桑，同仁堂兴盛不衰，在海内外信誉卓著，树起了一块金字招牌，可谓药业史上的一个奇迹。同仁堂金字招牌何以300多年不倒？

同仁堂以“同修仁德，济世养生”为宗旨，遵循“炮制虽繁必不敢省人工，品味虽贵必不敢减物力”的堂训，并将其绵延下来，发扬光大。同仁堂300多年来研制出了无数个精品良药。为保证药品质量，同仁堂生产的中成药，严把选料关，从购进原料到包装出厂共有上百道工序，加工每种药物的每道工序都有严格的工艺要求，投料的数量必须精确，各种珍贵细料药物的投料误差控制在微克以下。

在2003年非典期间，同仁堂一共卖出了抗非典中药300万服，满足了100万余人次的用药需求。然而，同仁堂每卖出一服“抗非典方”就亏损2元钱，仅此一项企业就报亏600万元。当时政府发布了限价令，规定每服药只能卖9元，可是药材的采购价格却数倍地疯涨，过去1kg金银花价格不会超过40元，非典期间却达到300元/kg的价位，然而当年同仁堂却实现利润1.32亿元。

同仁堂不仅在社会各界具有很高的知名度，而且赢得了国内外人士的广泛赞誉和信赖。可以说，同仁堂是中国民族品牌的先驱和骄傲，是伴随着信誉光环成长壮大起来的中华民族之脊梁。在2006年“中华老字号品牌价值百强榜”中，同仁堂以29.55亿元人民币的品牌价值位居排行榜榜首。

同仁堂300多年历经沧桑，屹立不倒，原因固然是多方面的，但最根本的原因，是其长存的道德与社会责任。

康德有一段名言：“有两种东西，我对它们的思考越是深沉和持久，它们在我心灵中唤起的惊奇和敬畏就越来越日新月异，不断增长，一是我们头上浩瀚的星空，一是我们心中的道德定律。它们向我印证：上帝在我们头顶，亦在我们心中。”德鲁克在《管理使命、责任、实务（使命篇）》中指出，“绝不明知其害而为之，是专业人员伦理的基本准则，是公共伦理的基本准则。”组织处在社会中，在追求自身发展实现组织目标的同时，还必须要为社会做出贡献。这里包含三个层次的意思：首先必须合乎法律规定，否则组织无法生存；其次要符合道德要求，这是组织内在的觉悟和追求；第三要承担社会责任，这是组织能够持续发展实现长远目标的需要。第一层次，是组织必须遵守的法律法规，这里不多做说明，着重探讨第二、三层次，即管理道德和社会责任。

一、管理道德

（一）管理道德的含义

道德是社会意识形态之一，通常指规定行为是非的规则或原则。它是一定社会用以调整人与人之间、个人与社会之间关系的行为准则和规范。

管理道德是在社会一般道德基础上建立起来的管理范围内的道德规范体系，是规定管理行为是非的规则或原则的总和。

有些人认为，赢利最大化是企业存在的目的，只要能取得好的经济收益就是管理的成功，管理道德是可有可无的东西。但是，随着社会的发展，人们社会意识的增强，管理道德越来越被引起重视。人们认识到，管理道德是企业进行管理的价值导向，是企业创造财富和提高竞争力的源泉。重视管理道德，对于协调组织和社会的关系、激发组织内部人员工作的积极性和创造性、提高管理效率、实现管理目标乃至组织的长远发展具有非常重要且积极的意义。

管理道德体现在管理的各个方面，主要包括组织管理目标、实现组织管理目标的手段、人际关系管理、人事管理、财物管理等方面。

（二）影响管理道德的因素

就在社会上对管理道德越来越重视的现在，社会上不符合管理道德的现象如商业贿赂、环境污染、企业欺诈、不正当竞争、产品假冒伪劣、员工不负责任等仍然层出不穷。根源何在？通过分析影响管理道德的因素，具有以下方面。

1. 道德发展阶段

研究表明，人们的道德意识及其行为表现有个发展过程，一般要经历三个层次，每个层次又分为两个阶段，见表1-2。

表1-2 道德发展阶段

层次	特 点	阶 段 及 描 述
前习俗	在这个层次上，一个人的是非选择建立在物质惩罚、报酬或互相帮助等个人后果的基础上	（1）遵守规则以避免受到物质惩罚
		（2）只在符合你直接利益时才遵守规则
习俗	道德演进到这个层次时，道德价值存在于维护传统的秩序以及不辜负他人的期望之中。	（3）做你周围的人所期望的事
		（4）通过履行你赞同的义务来维持传统秩序
原则	在原则层次上，个人做出明确的努力，摆脱他们所属的群体或一般社会的权威，确定自己的道德原则	（5）尊重他人的权利，支持不相关的价值观和权利，不管其是否符合大多数人的意见
		（6）遵守自己选择的道德原则，即使它们违背了法律

研究表明，这六个阶段，好比六层阶梯，依次上升，而不是跳跃式地前进；道德发展随时可能停止在任何一个阶段上；大部分成年人的道德水平处于第四个阶段上，他们被束缚于遵守社会准则和法律。管理者达到的阶段越高，就越倾向于采取符合道德的行为。中国企业家史玉柱在巨人集团破产后东山再起时，坚持要还清法律规定可以不还的欠债，可以说是处于第六阶段管理者的代表。

2. 个人特征

组织中的每个人一般都有一套相对稳定的价值观，即关于善与恶、正确与错误、勤奋与懒惰、诚信与虚假等问题的基本认识。这些认识是个人从父母、老师、朋友或其他人那里所受教育与训练的结果，也是个人在长期生活实践中发展起来的。

这里所说的个人特征主要受两个变量的影响：一是自我强度，一是控制中心。

自我强度是个人信念强度的一种衡量尺度，管理者的自我强度对其道德选择至关重要。自我强度高的人往往能够深信自己的判断是正确的。因而，通常都能坚持去做自己认为正确的事，克制不道德的行为。

控制中心是衡量人们相信自己掌握自己命运程度的个性特征。它实际上是管理者自我控制、自我决策的能力。控制中心分为内在和外在两个方面。内控的人，认为命运由自己掌控，他们更可能依据自己的是非标准来指导自己的行为，并对行为后果承担责任。而外控的人不相信自己，认为一切全凭运气或机遇。他们往往对自己行为的后果不愿负个人责任，而更可能依赖外部力量。内控的管理者比那些外控的管理者在道德判断和道德行为之间表现出更强的一致性。

3. 组织结构

组织结构对管理道德的影响体现在较多方面。组织是否具有正式的规章制度，设定的目标高低，绩效评估体系以及报酬的分配方式、赏罚的标准都是影响管理者道德行为的重要因素。在不同的组织结构中，管理者在工作时间、竞争和成本等方面的压力也不同，压力越大，越有可能降低道德标准，从而达成妥协。

4. 组织文化

组织文化的内容、性质和强弱程度对管理道德有明显的影响。一个企业若拥有健康、开放、进取，具有较高道德标准的文化，就可以提升实力，抵御外来风险，增强企业的凝聚力和员工的亲和力，促使组织成员普遍严于律己、宽以待人，树立良好的职业道德和行为准则。

5. 问题强度

所谓问题强度是指该问题如果采取不道德的处理行为可能产生后果的严重程度。问题强度取决于6个因素：

(1) 危害的严重性。即某种道德行为对受害者的伤害有多大或对受益者的利益有多大。

(2) 对不道德的舆论。有多少人认为这种行为是邪恶或善良的。

(3) 危害的可能性。行为实际发生并造成实际伤害或带来实际利益的可能性有多大。

(4) 后果的直接性。在该行为和其预期后果之间，时间间隔有多长。

(5) 与受害者的接近程度。你觉得行为的受害者或受益者与你在社会、心理或物质上挨得多近。

(6) 影响的集中性。道德行为对有关人员影响的集中程度如何。

这6个因素实际是道德问题对管理者的重要程度。当一个道德问题的强度比较大也就是很重要时，管理者越可能采取道德的行为。

(三) 管理道德的改善

1. 选取道德素质高的员工

每个人所处的生存环境、受教育程度、个性特征和道德发展阶段不同，形成了不同的价值观念和道德准则。组织在员工特别是管理人员的招聘过程中，就要严格把关，挑选道德素质高的员工，剔除道德上不符合要求的求职者。

2. 制定道德行为准则

建立正式的规章制度，减少模糊性和不确定性，通过职务说明和明文规定的道德准则这类正式文件，可以随时提醒什么是有道德的行为，有助于减少道德问题、促进道德行为的改善。

【相关链接】

麦道公司的道德准则

美国《幸福》杂志列出全美最好的1000家公司中，几乎90%的公司都有一套明文的道德法规。以麦道公司为例，麦道公司的道德准则是为了使正直和道德成为麦道公司的特征，作为公司成员必须努力做到：

（1）在所有的交往中要诚实和守信。

（2）可靠的执行分派的任务和责任。

（3）所说的和所写的一切要真实和准确。

（4）在所从事的所有工作中要协作和富于建设性。

（5）对待同事、顾客和其他所有人都要公平和体贴。

（6）在所有活动中要守法。

（7）始终以最好的方式完成全部任务。

（8）经济地利用公司资源。

（9）为公司和为提高生活的质量奉献自己的服务。

3. 管理者以身作则

俗话说：上行下效。上级管理者的行为对员工具有强有力的影响。下级关注管理当局在做什么，并以此来确定什么是可以接受的和上级期望的行为标准。因此，要使组织的管理道德准则得到员工的认同与有效执行，上级管理行为的示范作用就非常重要。

4. 设立合理的工作目标和绩效标准

员工应该有明确和现实的目标。如果给员工设置的目标过高，不切实际，即使目标是明确的，也会产生道德问题。在不现实的目标压力下，即使讲道德的员工也会持“不择手段”的态度，以求达成目标。

绩效评估通常着重考察个人是否实现了工作目标，但会导致只关注经济目标，忽视过程和手段。因此要建立合理的绩效评估体系，用科学的方法制定出切实可行的评估指标和评估程序，从客观、全面的角度评价每一位员工。

5. 重视对员工的道德培训

越来越多的组织意识到对员工进行道德教育的重要性，通过采取各种方式，如开设研修班、组织专题讨论会等，来提高员工的道德素质。道德培训可以灌输组织的行为标准，阐明什么行为是可以接受的，什么是不可以接受的，同时有助于使员工在必须采取令人不快，但合乎道德的立场时，增强他们的自信。

6. 进行独立的社会审计与监察

道德教育不能保证每个人都按道德准则办事，在现实的诱惑中，难免会偏离道德轨道。独立的社会审计与监察，是预防和制止不道德行为产生的有效手段。根据组织的道德准则对管理者进行独立审计，可发现组织的不道德行为；惧于社会审计的威慑力，可以降低不道德行为发生的可能性。社会审计的独立性应当获得法律和行业执业条例的双重保证。

7. 提供正式的保护机制

组织应当建立正式的机制，保护那些处于道德困境的员工能按照自己的判断行事，而不必担心受到惩戒或报复。组织可以设立道德顾问，当员工面对道德困境时，能够寻求指导从而选择正确的方法。此外，组织还可以设立专门的渠道，使员工反映道德问题，或对不遵守道德准则者示警。

二、社会责任

（一）社会责任的含义

现代企业是一种社会存在，不可避免地会对社会产生相关的作用和影响，企业在发展过程中，不仅仅是谋取自身利益最大化，以最大限度地为股东们赚钱作为自己的唯一存在目的，而应当最大限度地关怀和增进股东利益之外的其他所有社会利益，包括消费者利益、职工利益、债权人利益、中小竞争者利益、当地社区利益、环境利益、社会弱者利益及整个社会公共利益等内容。要承担一定的社会责任。

对于企业社会责任的含义，有众多的认识：

世界银行把企业社会责任定义为企业与关键利益相关者的关系、价值观、遵纪守法以及尊重人、社区和环境有关的政策和实践的集合。它是企业为改善利益相关者的生活质量而贡献于可持续发展的一种承诺。

欧盟则把企业社会责任定义为：公司在自愿的基础上把社会和环境关切整合到它们的经营运作以及它们与其利益相关者的互动中。

美国一家权威的帮助会员公司实施社会责任战略，而实现商业成功的非营利性组织把企业社会责任看做是以崇尚伦理价值和尊重人、社区和自然环境的方式实现商业成功。

观点尽管有所不同，但都包含了对企业营利性之外的社会性的关注。综合以上观点，将企业的社会责任简单归纳为：

企业社会责任是指企业在运作过程中对其利益相关者应尽的责任。利益相关者是指所有可以影响或被企业的决策和行动所影响的任何相关的个体或群体。利益相关者既有内部利益相关者也有外部利益相关者，包括投资者和股东、员工、顾客、供应商、合作伙伴和竞争者、母公司或附属公司、社区团体等。这些利益相关者与企业息息相关，至关重要。企业在创造利润、对股东承担法律责任的同时，还要承担对员工、消费者、社区和环境的责任，表现为关心员工成长、对消费者权益负责、关注环境保护、救助社会中需要关心的群体等等。企业社会责任的概念是基于商业运作必须符合可持续发展的想法，企业除了考虑自身的财政和经营状况外，也要加入其对社会和自然环境所造成的影响的考虑。

值得注意的是，社会责任不等于慈善事业。有一种错误的观点，就是把社会责任等同于慈善事业。实际上，慈善不过是企业社会责任最古老和最原始的形式。企业社会责任的核心价值观是以人为本，而非以钱为本。所谓社会责任是企业追求有利于社会的长远目标的一种义务，它超越了法律和经济所要求的义务。做正确的事情，按照对社会有益的方式行动。

【相关链接】

企业社会责任的发展

（1）早期古典盈利至上观。1970 年 9 月 13 日，诺贝尔奖得奖人、经济学家米尔顿·弗里德曼在《纽约时报》刊登题为《商业的社会责任是增加利润》的文章，指出“企业的一项、也是唯一的社会责任是在比赛规则范围内增加利润。”

（2）关注环境。社会经济观认为：“利润最大化是企业的第二目标，企业的第一目标是保证自己的生存。”为了实现这一点，他们必须承担社会义务以及由此产生的社会成本。他们必须以不污染、不歧视、不从事欺骗性的广告宣传等方式来保护社会福利，他们必须融入自己所在的社区及资助慈善组织，从而在改善社会中扮演积极的角色。

1976 年经济合作与发展组织（OECD）制定了《跨国公司行为准则》，这是迄今为止唯一由政府签署并承诺执行的多边、综合性跨国公司行为准则。这些准则虽然对任何国家或公司没有约束力，但要求更加保护利害相关人士和股东的权利，提高透明度，并加强问责制。2000 年该准则重新修订，更加强调了签署国政府在促进和执行准则方面的责任。

（3）社会责任运动兴起。80 年代，企业社会责任运动开始在欧美发达国家逐渐兴起，它包括环保、劳工和人权等方面的内容，由此导致消费者的关注点由单一关心产品质量，转向关心产品质量、环境、职业健康和劳动保障等多个方面。一些涉及绿色和平、环保、社会责任和人权等的非政府组织以及舆论也不断呼吁，要求社会责任与贸易挂钩。迫于日益增大的压力和自身的发展需要，很多欧美跨国公司纷纷制定对社会作出必要承诺的责任守则（包括社会责任），或通过环境、职业健康、社会责任认证应对不同利益团体的需要。

90 年代初期，美国劳工及人权组织针对成衣业和制鞋业所发动的“反血汗工厂运动”，后演变为“企业生产守则运动”，又称“企业行动规范运动”或“工厂守则运动”，企业生产守则运动的直接目的是促使企业履行自己的社会责任。

2002 年，联合国正式推出《联合国全球协约》（UN Global Compact）。协约共有九条原则，联合国恳请公司对待其员工和供货商时都要尊重其规定的九条原则。

（二）企业社会责任的主要内容

1. 企业对投资者的责任

投资者是企业的出资人，没有投资者就没有企业，企业利益应与投资者利益是一致的。现代企业所有权与经营权相分离，所有者将企业的经营管理权委托给以总经理为代表的管理层。企业管理者应严格遵守有关法律规定，有责任向股东提供真实、可靠的经营和投资方面的信息，不得欺骗投资者。企业对投资者的资金安全和收益负责，考虑股东的利益，寻求更新、更好的管理方式，最大限度上实现公司资产的增值保值，力争给予丰厚的投资回报。

2. 企业对员工的责任

企业对员工的责任属于内部利益相关者问题。在全球化背景下，劳动者的权利问题得到了世界各国政府及各社会团体的普遍重视。现代企业实施的是以人为本的管理方式，其成功越来越离不开创造性地、训练有素的、富有激情和具有献身精神的员工的积极合作。员工是企业中最重要的资源，也是企业最重要的利益相关者，企业必须对员工承担必要的社会责任。企业首先必须以相当大的注意力来考虑雇员的地位、待遇，重视劳动者权益的保障。重视和实现员工安全、就业机会均等，反对员工歧视。其次企业应该实施开放式的管理和员工民主，赋予员工更大的权利和义务。与员工共同分享目标，发挥所有人的才干，认识和满足企业成员的各种不同需要，包括物质需要和精神需要，使个人的目标得以实现，从而提高整个组织的驱动力、创造力和生产力。

3. 企业对消费者的责任

企业与消费者是一对矛盾统一体。企业利润的最大化最终要借助于消费者的购买行为来实现。作为通过为消费者提供产品和服务来获取利润的组织，企业必须意识到更多的社会责任，而不是单纯从经济利益出发看待问题。为此，企业必须消除短视行为，要以优质的产品和服务，以良好的形象和社会美誉赢得消费者的认同。同时，企业不仅要让消费者得到所需的产品，还要保证产品安全和使用方便，重视售后服务和提供必要的培训指导。企业对提供的产品质量和服务要承担责任，不得欺诈消费者和谋取暴利，在产品质量和服务质量方面自觉接受政府和公众的监督。要为消费者提供物美价廉、安全、舒适、耐用的商品和服务，满足消费者的物质和精神需求。

4. 企业对竞争者的责任

市场经济离不开竞争，企业之间的公平竞争是促使经济效益发挥的一个不可或缺的条件。然而，市场竞争又是一种有序竞争，市场经济下企业不仅要讲究“竞争”，更要树立“合作”的意识。作为整个社会价值系统中的一员，各个企业之间通过“竞合”的形式合作，在自己最具有比较优势的价值链环节上经营，从而可以提高各自的生产效率。因此，企业首先要摒弃“同行是冤家”的狭隘思想，建立起与其替代者、互补者甚至是直接竞争者合作共存的观念，借助其他企业和组织的资源和力量，为自己的经济目标服务，这是现代市场经济中企业的生存之道。

5. 企业对环境和可持续发展的责任

工业文明给人类社会带来了前所未有的繁荣，同时也给我们赖以生存的自然环境造成了灾害性的影响。企业对自然环境的污染和消耗起了主要的作用，企业对资源和环境的可持续发展负有不可推卸的责任。

企业应通过技术革新减少生产活动各个环节对环境可能造成的污染，同时也可以降低能耗，节约资源，降低企业生产成本，从而使产品价格更具竞争力。企业还可通过公益事业与社区共同建设环保设施，以净化环境，保护社区及其他公民的利益。这将有助于缓解城市尤其是工业企业集中的城市经济发展与环境污染严重、人居环境恶化间的矛盾。

6. 企业对社会承担的社会责任

企业是社会的组成部分，企业应积极参与社会慈善事业、公共事业同时大中型企业可集中资本优势、管理优势和人力资源优势对贫困地区的资源进行开发，既可扩展自己的生产和经营，获得新的增长点，又可弥补贫困地区资金的不足，解决当地劳动力和资源闲置的问题，帮助当地脱贫致富。也可通过慈善公益行为帮助落后地区的人民发展教育、社会保障和医疗卫生事业，既解决当地政府因资金困难而无力投资的问题，帮助落后地区逐步发展社会事业，又通过公益事业达到无与伦比的广告效应，提升企业的形象和消费者的认可程度，提高市场占有率。

企业更是所在社区的组成部分，与所在社区建立和谐融洽的相互关系是企业的一项重要社会责任。企业应为社区提供就业机会，为社区的公益事业提供慈善捐助，向社区公开企业经营的有关信息等。通过适当的方式把利润中的一部分回馈社区。

【相关链接】

可口可乐如何利用企业规模来履行社会责任

许多公司正致力于应对全球最为重大的社会化挑战，这些挑战包括水资源匮乏、气候变化以及发展中国家妇女和女童的权利。可口可乐就是其中之一。可口可乐公司董事会主席兼首席执行官穆泰康（Muhtar Kent）在最近接受《哈佛商业周刊》采访时就企业如何将可持续发展植根于业务经营中分享了他的看法。

穆泰康说,可持续发展对我们来说并不是新的事物,但是我们对它的关注度一直在加强。我们着重于水资源、女性和社会福利项目,这三个方面对我们的业务至关重要。比如,我们正努力在2020年前实现“水中和”。目前,已经将制造饮料的用水量减少了52%,在800多家瓶装厂中减少用水量帮助我们降低了生产的总成本。同样致力于在2020年前为全球500万名女性提供经济支持的计划。这是全球商业机构同类项目中规模最大的。在非洲的许多微型分销中心(MDCS)由女性经营,这帮助我们将饮料运送到卡车和火车无法达到的小店铺和零售亭。它为我们的业务、我们的零售和餐馆客户以及整个社会创造出了价值。

初期的财务投资可能不会马上带来直接的经济回报，这没有关系。我们知道，今天进行投资，我们最终将成为一个更为强大、更可持续的企业。

如今的消费者期望企业能够担负起社会责任，并且不仅仅是做些表面文章。我们的品牌在消费者的手中，但这并不是我们倡导可持续发展的主要原因。在这方面的努力主要是基于我们的业务需求，需要与我们服务的社会一样变得可持续，因此启动了许多项目和合作计划，希望在继续发展业务的同时提升社会的可持续发展水平。

在可持续发展领域，同样拥有道德方面的推动因素。在整个可口可乐公司中，我们是父母、夫妻、子女、朋友以及关心社会的公民，居住的社会就是企业服务的市场。我们有责任帮助其他人。

中国企业社会责任网：http：//www. chinacsr. cn/showInfo. asp？id =5621

（三）企业承担社会责任的意义

1. 可以为企业赢得良好的社会信誉

企业良好的社会形象是其生存和发展的重要条件。承担社会责任的企业是诚信的企业。他们为顾客提供优质服务和优质产品，赢得顾客对企业的信赖，在顾客中树立起良好的企业形象。企业善待社会服务社会，在从事公益活动的同时也提高了自身在社会中的声望，创造了一种企业的品牌效应，对于产品的推销和优秀员工的招聘产生积极促进的作用。越来越多的消费者不仅对他们所购买的产品和服务感兴趣，而且对提供这些产品和服务的企业的行为感兴趣。毫无疑问，良好的信誉对企业自身的发展有着积极的影响，有助于企业吸引顾客、投资者、潜在员工和商业伙伴。

2. 可以增强企业的竞争力

企业承担一定的社会责任，虽会在短期内增加经营成本，但无疑有利于企业自身良好形象的树立。经济全球化使企业之间的竞争激烈程度空前高涨，竞争的范围也逐步扩大。现代企业的竞争已不仅仅是市场份额的竞争，产品的竞争或品牌的竞争，更重要的是服务的竞争以及企业形象的竞争。企业承担社会责任使企业在公众心目中建立起良好的口碑，形成企业的无形资产，进而形成企业的竞争优势，最终给企业带来长期潜在的利益。

3. 有助于吸引高质量的人才

企业竞争归根到底是人才的竞争，高质量的人力资源是获得竞争优势的可靠保证。而承担社会责任的企业主张尊重人权，保障工业健康和安全标准，施行以人为本的企业管理哲学，促使劳动提供者自我价值的实现，是和谐的商业伦理关系的具体表现。在管理实践中，企业行为遵循“人高于一切”的价值观，员工是企业最为重要的资产，他们被信赖，并受到尊重，从而有利于发挥人的积极性和创造性，在公平的环境中发挥其最大的工作效率，提高企业的劳动生产率和企业的整体竞争力。

4. 有利于企业可持续发展

社会责任是企业利益和社会利益的统一，对社会责任的关注将促使企业转向对产品、设计、流程、管理和制度等环节进行创新，促进其盈利方式和增长方式的转变。通过提高生产效率、改变生产方式、拓宽创新领域、改善经营环境和发展循环经济，从而获得更大的利润。企业承担社会责任，有利于获得相关企业的信任、合作与帮助，有助于得到政府的信任而更多地得到政府的资助和优惠政策，是维护企业长远利益、符合社会发展要求的一种“互利”行为。企业承担社会责任，可以为自身创造更为广阔的生存空间，为企业的可持续发展创造有利条件。

（四）促进企业承担社会责任的途径

尽管企业社会责任已经为广大企业所了解和接受，但仍存在不少企业单方面追求经济利益而逃避社会责任的情况。谁都不愿三鹿集团的悲剧重演，但污染环境、制造销售假冒伪劣产品、偷税漏税、不正当竞争、发布虚假广告、拖欠货款等现象仍屡见不鲜。因此，企业承担社会责任不仅依赖于企业的自觉自律，还应该构建健全的体制加以促进。

1. 政府充分发挥其引导和调控作用

政府在企业社会责任概念的引进、发展和实施过程中起着非常重要的作用，它既是规则的制定者，也是规则实施的监督者。当前形势下，很明显政府的经济手段、法律手段、行政手段等没有发挥其应有的调控作用。政府应采取一系列措施，不仅要严惩那些逃避社会责任的企业，更要对那些承担社会责任较好的企业进行奖励，出台优惠政策引导企业主动参与其中，倡导企业树立正确的社会价值观。同时加大监督执法力度，不能让一部分企业滋生侥幸心理。

2. 企业应增强对社会责任的认识和认同

解决企业的社会责任问题，关键点在于企业本身对社会责任认识的转变和高度的认同感，从而提高企业履行社会责任的主动性。要通过宣传、培训和交流等手段使企业认识到企业要想实现可持续发展、想获得社会的认可必须积极承担其社会责任。企业应系统的学习社会责任的内容、社会责任与企业发展的关系，探索如何利用履行社会责任而给企业带来更多的机遇、更庞大且更忠诚的消费群体、更好的企业社会形象、更大的竞争优势以及更广阔的发展前景。

3. 社会做好对企业社会责任的监督

政府的调控和监督只是构建社会责任性企业的一方面，社会公众舆论的监督同样起着不可忽视的作用。研究表明，消费者的评价、社会舆论的评价对企业来说，都是一种承担社会责任的助推器，是对政府监督失灵以及盲点、空白区的有效补充。他们可以直接有效地对企业的污染环境、压榨劳动力、生产假冒伪劣产品、虚假宣传等一系列的不法行为进行揭露，使不履行社会责任的企业无处可逃，从而促进良好社会风气的形成。

4. 建立起完善的问责体系

我国正处于市场经济建设之中，相关的规则还没有制定完全，要想企业主动承担其社会责任应该建立起问责体系，把社会责任落实到具体的人、具体的部门上，当问题出现时，让其无法逃避责任。问责体系应以法律法规为根本依据、把社会道德标准融入其中、以企业的机构设置为框架，企业遇到社会责任问题时可以有章可循，问责于相关人。在一定的程度上给企业的管理者、经营者以压力，在制定和实施企业发展计划时有所顾及，把社会责任考虑到其中。

本章小结

正如管理学者赫尔茨所言，管理是由心智所驱使的唯一无处不在的人类活动。大到国家，小至企业，乃至个人，都需要管理。而且管理伴随人类整个的发展历程，自从有了人类历史就有了管理。那么什么是管理？管理，就是一定组织环境中的管理者，通过计划、组织、领导和控制等活动，协调以人为中心的各种资源与职能活动，以有效实现组织目标的过程。

管理的各种职能是通过管理者来实现的。不同类型组织中不同层次的管理者，在扮演着各自不同的角色。管理者都必须具备相应三种技能：技术技能、人际技能和概念技能，但各种技能的相对重要性随管理者在组织中层次的不同而存在差异性。

环境会对组织产生种种影响力，是组织中管理者管理行为的一个重要限制因素。任何组织都不能脱离其所处的环境而封闭、孤立地生存和发展。

组织处在社会中，在追求自身发展实现组织目标的同时，还必须要为社会做出贡献。要符合道德要求，承担社会责任。

本章结构图

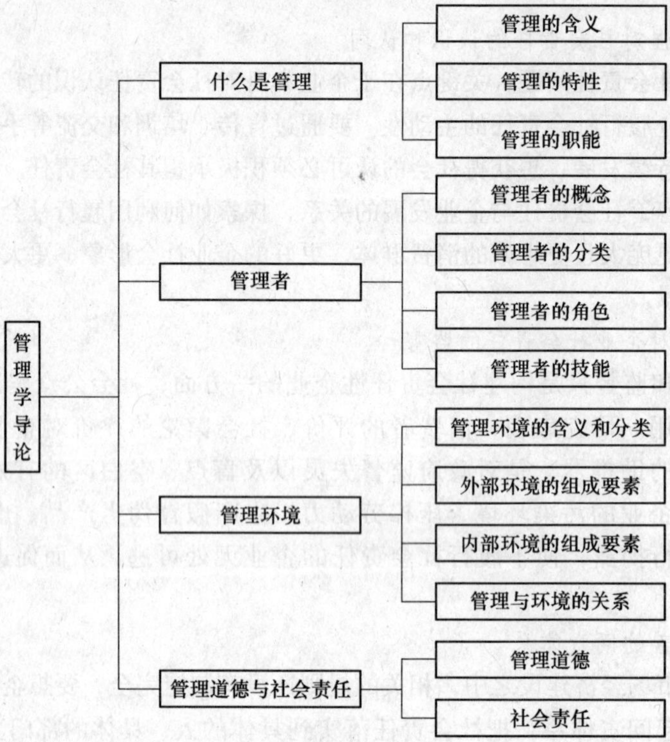

练习与思考题

1-1　单项选择题

(1) 以下不属于管理职能的是（　　）。

A. 组织活动　　B. 控制活动　　C. 有效获取资源　　D. 计划与决策

(2) 管理活动的本质是（　　）。

A. 对人的管理　　B. 对物的管理　　C. 对资金的管理　　D. 对技术的管理

(3) 凡事预则立不预则废，反映了管理的（　）职能。

A. 计划　　B. 组织　　C. 领导　　D. 控制

(4) 一个管理者所处的层次越高，面临的问题越复杂，越无先例可循，就越需要具备（　）。

A. 领导技能　　B. 组织技能　　C. 概念技能　　D. 人事技能

(5) 组织的高层管理层负责制定总目标及方针政策，因此高层管理层也称为（　　）。

A. 执行层　　B. 业务层　　C. 决策层　　D. 作业层

(6) 管理人员与一般工作人员的根本区别在于（　　）。

A. 需要与他人配合完成组织目标

B. 需要从事具体的文件签发审阅工作

C. 需要对自己的工作成果负责

D. 需要协调他人的努力以实现组织目标

(7) 企业管理者可以分成基层、中层、高层三种，高层管理者主要负责制定（　　）。

A. 日常程序性决策　　B. 长远全局性决策

C. 局部程序性决策　　D. 短期操作性决策

(8) 管理道德教育的最高目的是（　　）。

A. 提高管理者的素质　　B. 造就管理者的管理人格

C. 促进管理者的自我完善　　D. 增强管理者的责任感

(9) 大量证据表明，企业的社会责任与其长期利润之间有着（　　）关系。

A. 正相关性　　B. 负相关性　　C. 没有明显关联　　D. 无法判断

(10) 通过市场调查发现，保健品市场的兴起是由于人们观念变化引起的，这一因素属于外部环境因素中的（　　）。

A. 经济因素　　B. 科技因素　　C. 社会因素　　D. 政治因素

1-2 简答题

(1) 简述管理的科学性和艺术性。

(2) 管理者应具备的技能有哪些？不同层次管理者所需技能有什么差异？

(3) 企业的环境有哪些？

(4) 什么是管理道德？

(5) 企业为什么要承担社会责任？

1-3 案例分析

飞龙的困境

飞龙集团总裁姜伟曾经相当辉煌，被冠以“杰出青年企业家”、“十大杰出青年”等荣誉。从1991~1994年这4年期间，该公司已累计完成销售额20亿元，实现利润4.2亿。用当时一记者的说法，飞龙的成功秘诀在于：不追求产值，追求利润；追求市场占有率，破除生产能力扩大之传统模式；破除大规模负债经营模式，依靠自身滚动经营……

其真正秘诀在于：广告轰炸、人海会战。姜伟当年的口号是：“最优秀的人是商人；最优秀的商人是广告人。”我们看下面一组数据：飞龙1991年投入120万元广告费，其利润是400万元；1992年投入1000万元广告费，其利润是6000万元；1993年投入8000万元广告费，其利润是2亿元。

但1994年下半年起，保健品市场竞争日益激烈且混乱，例如当时市场上共有保健品2.8万种，“只要大肠杆菌不超标就可生产”（姜伟语）。这时候，飞龙开始感受到市场经济残酷的一面，市场的萎缩使得姜伟开始把眼光转向内部管理。这才发现飞龙内部管理一片混乱，根本无法应付此时的竞争状况。

香港一家咨询公司对飞龙进行诊断分析后指出其四大缺陷：一是管理混乱；二是缺乏长远规划；三是无高科技拳头产品；四是资本不实。

姜伟这才意识到问题的严重，并痛下决心改进。

分析：

(1) 飞龙公司从辉煌到无法应对竞争，原因何在？

(2) 如果你是总裁，该如何解决困境？

实践与训练

【项目名称】

企业调查与访问。

【实训目标】

(1) 使学生结合实际，加深对管理的感性认识和理解。

(2) 初步培养管理者认知与能力。

【实训内容与要求】

(1) 自愿组成小组，每组5～6人。利用课余时间，选择身边一个企业，进行调查了解。也可在网上选择一个企业查找相关内容。

(2) 主要了解：

1) 该企业主要经营项目、人员规模等概况。

2) 该企业的管理者有哪些？都分别负责什么工作？重点访问一位管理者，了解他的职位、胜任该职务所必需的管理技能，以及所采用的管理方法等情况。

3) 该企业的内外环境。

【成果与检测】

(1) 每人写出一份简要的调查报告。

(2) 组织一次课堂交流与讨论。

第二章　管理理论

学习目标

知识目标：

- 了解古典管理理论的主要思想
- 掌握人际关系学说的主要内容
- 理解现代管理理论的主要思想，了解当代管理理论的新思潮
- 了解我国古代管理思想，理解中国近现代管理思想

能力目标：

- 具备运用管理理论分析和处理企业实际管理问题的能力
- 能从管理思想的高度处理中国经济改革中存在的现实问题

【导入案例】

如何进行管理？

在一个管理经验交流会上，有两个旅行社的老总分别论述了他们各自对如何进行有效管理的看法。

A旅行社老总认为，企业首要的资产是员工，只有员工们都把企业当成自己的家，都把个人的命运与企业的命运紧密联系在一起，才能充分发挥他们的智慧和力量为企业服务。因此，管理者有什么问题，都应该与员工们商量解决；平时要十分注重对员工需求的分析，有针对性地给员工提供学习、娱乐的机会和条件；每月的黑板报上应公布出当月过生日的员工的姓名，并祝他们生日快乐；如果哪位员工生儿育女了，公司应派车接送，旅行社老总应亲自送上贺礼。在A旅行社里，员工们都普遍地把企业当做自己的家，全心全意地为企业服务，公司日益兴旺发达。

B旅行社老总则认为，只有实行严格的管理才能保证实现企业目标所必须开展的各项活动的顺利进行。因此，企业要制定严格的规章制度和岗位责任制，建立严格的控制体系；注重上岗培训；实行计件工资制等。在B旅行社里，员工们都非常注意遵守规章制度，努力工作以完成任务，旅行社发展迅速。

这两个老总谁的观点正确？为什么？这就需要我们运用管理理论来思考和解答。

第一节　古典管理理论

一、泰罗的科学管理理论

【相关链接】

泰罗简介

弗雷德里克·温斯洛·泰罗（Frederick Winslow Taylor，1856～1915），出生在美国费城一个富裕的家庭里。1874 年考入哈佛大学法律系，不久，因眼疾辍学。1876 年进入一家小机械厂当学徒工。1878 年进入费城米德维尔钢铁公司，开始当技工，后来表现出色被提升为工长、总技师。28 岁时任钢铁公司的总工程师。1890 年泰罗离开这家公司。1898 年进入伯利恒钢铁公司继续从事管理方面的研究，与怀特（Munsell Wright）共同发明高速钢。1901 年以后，他用大部分时间从事写作、讲演，宣传他的一套企业管理理论，即科学管理理论。

泰罗的科学管理的内容概括起来主要有 7 条：

（1）工作定额原理。泰罗认为管理的中心问题是提高劳动生产率。为了改善工作表现，他提出企业要设立一个专门制定定额的部门或机构，制定出有科学依据的工人的“合理日工作量”，即劳动定额。

【相关链接】

“搬运生铁块试验”、“铁锹试验”以及“金属切削试验”

搬运生铁块试验，是在伯利恒钢铁公司的五座高炉的产品搬运班组大约 75 名工人中进行的。这一研究改进了操作方法，训练了工人，结果使生铁块的搬运量提高 3 倍。铁锹试验是系统地研究锹上负载后，研究各种材料能够达到标准负载的锹的形状、规格，以及各种原料装锹的最好方法的问题。此外泰勒还对每一套动作的精确时间做了研究，从而得出了一个“一流工人”每天应该完成的工作量。这一研究的结果是非常杰出的，堆料场的劳动力从 400～600 人减少为 140 人，平均每人每天的操作量从 16 吨提高到 59 吨，每个工人的日工资从 1.15 美元提高到 1.88 美元。金属切削试验延续了 26 年，进行的各项试验超过了 3 万次，80 万磅的钢铁被试验用的工具削成切屑，总共耗费约 15 万美元。试验结果发现了能大大提高金属切削机工产量的高速工具钢，并取得了各种机床适当的转速和进刀量以及切削用量标准等资料。

（2）合理用人。泰罗主张改变工人挑选工作的传统，而坚持以工作挑选工人，每一个岗位都挑选第一流的工人，以确保较高的工作效率。

（3）标准化管理。标准化原理是指工人在工作时要采用标准的操作方法，而且工人所使用的工具、机器、材料和所在工作现场环境等等都应该标准化，以利于提高劳动生产率。

（4）差别计件工资制。泰罗认为，工人磨洋工的重要原因之一是付酬制度不合理，计时工资不能体现按劳付酬，干多干少在时间上无法确切地体现出来；他认为，要在科学地制定劳动定额的前提下，采用差别计件工资制来鼓励工人完成或超额完成定额。

（5）计划和执行职能相分离原理。泰罗认为应该用科学的工作方法取代经验工作方法；应该把计划和执行分离开来。

（6）职能工长制。计划由管理当局负责，执行由工长负责，这里的计划包括三方面的内容：

1）时间和动作研究

2）制定劳动定额和标准的操作方法，并选用标准工具

3）比较标准和执行的实际情况，并进行控制

（7）实行“例外原则”。泰罗认为，高层管理者应该把例行的一半日常事务授权给基层管理者处理；高层管理者主要处理那些重要或例外的事项。

泰罗第一次在历史上使管理从经验上升为科学，大幅度地提高了劳动生产率，但泰罗认为工人的主要动机是经济的，工人最关心的是提高自己的金钱收入，即坚持“经济人”假设。

二、法约尔的一般管理理论

【相关链接】

法约尔简介

亨利·法约尔，（Henri Fayol，1841～1925），法国人，他出生于法国一个中产阶级家庭。1860年从圣艾蒂安国立矿业学院毕业后进入了科芒特里——富香博公司工作，被任命为科芒特里矿井组工程师。一出道，他就崭露头角，在防治煤矿火灾上做出了卓越贡献，25岁时，法约尔就独当一面被提拔为矿长，6年后又被提拔为公司煤矿群的总经理，当公司陷入财务危机后，47岁的法约尔被任命为公司总经理。他一生中写了很多著作，其内容包括采矿、地质、教育和管理等等。特别是他在管理领域的贡献，使他受到后人的瞩目，法约尔一直从事领导工作，他把企业作为一个整体来研究，他的代表作是《工业管理和一般管理》。

法约尔的管理思想主要包括：

（1）企业的经营活动。按照法约尔的归纳，企业的所有活动，可以概括为六种：

1）技术活动（包括生产、制造、加工等）；2）商业活动（包括购买、销售、交换等）；3）财务活动（筹集和利用资本）；4）安全活动（保护财产和人员）；5）会计活动（包括各种核算、统计等）；6）管理活动（包括计划、组织、指挥、协调和控制）。

管理活动在这六种活动中占据核心地位。所有组织都离不开管理。对于一个组织成员来讲，他在组织中的地位层次越高，管理能力就越重要。

（2）管理的14项原则：

1）劳动分工。劳动分工可提高劳动的熟练程度和准确性，从而提高效率；劳动分工不仅限于技术工作，也适用于管理和其他工作。2）权力和责任。凡有权力行使就有责

任，权责应该一致。3）纪律。要让下属主动的遵守纪律，而不是被动的服从。4）统一指挥。无论对哪一种工作来说，一个下属人员只应接受一个领导人的命令。在任何情况下，都不会有适应双重指挥的社会组织。双重指挥经常是冲突的根源。5）统一领导。对于力求达到同一目的的全部活动，只能有一个领导人和一项计划。6）个人利益服从整体利益。在一个企业中，个人或一些人的利益不能置于企业利益之上，一个家庭的利益应先于一个成员的利益，国家利益应高于一个公民或一些公民的利益。7）人员的报酬。人员的报酬是其服务的价格，应该合理，并尽量使企业和所属人员都满意。8）权力的集中与分散。企业需要根据具体情况，决定集中化的最适程度。9）等级制度。等级制度就是从最高权力机构直到低层管理人员的领导系列。10）秩序。即每个人都有一个位子，每个人都在他的位置上。而每个位子都是事先选择好的。这一条原则还应用于物品和场地方面。11）公平。企业领导应努力使公平感深入人心。12）人员的稳定。要使一个人的能力得到充分的发挥，就要使他在一个工作岗位上相对稳定地工作一段时间，使他能有一段时间来熟悉自己的工作，了解自己的工作环境，并取得别人对自己的信任。但人员稳定是相对的。13）首创精神。这是人类活动最有力的刺激物之一。除了领导的首创性外，还要加上全体人员的首创性，并在必要时去补充前者，应尽可能地鼓励和发展这种能力。14）人员的团结。法约尔认为管理者需要确保并提高劳动者在工作场所的士气，培养个人和集体积极的工作态度。

（3）管理的基本职能。法约尔认为，管理就是计划、组织、指挥、协调、控制。1）计划。预测未来并制定行动方案。2）组织。组织可分为物质组织与社会组织，法约尔所论及的仅仅是社会组织，即为企业的经营提供所有必要的原料、设备、资金、人员。3）指挥。指让企业人员发挥作用。4）协调。指企业的一切工作都要和谐地配合，以便于企业经营的顺利进行，并有利于企业取得成功，使各职能的社会组织机构和物资设备机构之间保持一定比例，在工作中做到先后有序，有条不紊。5）控制。保证企业进行的一切活动符合制定的计划和所下达的命令。

虽然法约尔的管理思想与泰勒的管理思想都是古典管理思想的代表，但法约尔管理思想的系统性和理论性更强，后人根据他建立的构架，建立了管理学并把它引入了课堂。

三、韦伯的行政组织理论

【相关链接】

韦伯简介

马克斯·韦伯，（Max Weber，1864～1920），德国著名社会学家和政治经济学家，他被公认是现代社会学和公共行政学最重要的创始人之一。韦伯曾担任教授、政府顾问、编辑。他的代表作有《新教伦理与资本主义精神》、《社会组织和经济组织理论》等，其中理想的官僚组织模式理论（即行政组织理论），对我们的影响更深。

韦伯勾画出理想的官僚组织模式（Bureaucratic Ideal Type），具有下列特征：

（1）组织中的成员应有明确的分工。组织是根据合法程序制定的，应有其明确目标，并靠着这一套完整的法规制度，组织与规范成员的行为，以期有效地追求与达到组织的目标。

（2）自上而下的等级体系。在组织内，按照地位的高低规定成员间命令与服从的关系。

（3）人与工作的关系。成员间的关系只有对事的关系而无对人的关系。人员的任用完全根据职务的需要，通过公开考试和教育培训实现。

（4）职业管理人员。每一职位根据其资格限制，按自由契约原则，经公开考试合格予以使用，管理者是职业工作者，而不是所有者。

（5）遵守规则和纪律。对成员进行合理分工并明确每人的工作范围及权责，然后通过技术培训来提高工作效率。

（6）理性的人与人之间的关系。按职位支付薪金，并建立奖励与升迁制度，组织内人员之间的关系是工作与职位的关系，不受个人感情的影响。

马克斯·韦伯认为，凡具有上述6项特征的组织，可使组织表现出高度的理性化，其成员的工作行为也能达到预期的效果，组织目标也能顺利的达成。马克斯·韦伯对理想的官僚组织模式的描绘，为行政组织指明了一条制度化的组织准则，这是他在管理思想上的最大贡献。

第二节　行为科学理论

泰罗、法约尔、韦伯等人在不同的方面对管理思想和管理理论的发展做出了卓越的贡献，并对管理实践产生了深刻的影响，但是他们更多的是强调管理的科学性、合理性和纪律性，而对管理中人的因素和作用重视不够。因此，一个专门研究调动人的积极性的学派——行为科学便应运而生。行为科学早期被称为人际关系学说，后来发展为行为科学。

一、梅奥的人际关系学说

【相关链接】

梅 奥 简 介

乔治·埃尔顿·梅奥（George Elton Mayo），原籍为澳大利亚的美国行为科学家，美国艺术与科学院院士，人际关系理论的创始人，是行为科学理论阶段（30年代到60年代）中各种层出不穷的理论研究的奠基之人，进行了著名的霍桑试验。他的主要代表著作为《工业文明的人类问题》。

（一）“霍桑试验”

1924～1932年，以梅奥为首的美国国家研究委员会与西方电气公司合作，在美国西方电器公司位于伊利诺伊州的霍桑工厂进行了一系列的试验，这些试验历时九年，共分为四个阶段。因为试验是在霍桑工厂进行的，我们称之为“霍桑试验”。

霍桑试验有4个阶段：

（1）工场照明试验；（2）继电器装配工人小组试验；（3）访问交谈试验；（4）接线板接线工作室试验。

【相关链接】

“霍桑试验”的四个阶段

(1) 照明实验 (1924 年 11 月 ~1927 年 4 月)。

实验假设：提高照明度有助于减少疲劳，使生产效率提高。

试验结果：当实验组照明度增大时，实验组和控制组都增产；当实验组照明度减弱时，两组依然都增产，甚至实验组的照明度减至 0.06 烛光时，其产量亦无明显下降；直至照明减至如月光一般、实在看不清时，产量才急剧降下来。这一阶段的试验看似以失败而告终。

(2) 继电器装配工人小组试验 (1927 年 4 月 ~1929 年 6 月)

实验目的：查明福利待遇的变换与生产效率的关系。

试验结果：不管福利待遇如何改变（包括工资支付办法的改变、优惠措施的增减、休息时间的增减等），都不影响产量的持续上升，甚至工人自己对生产效率提高的原因也说不清楚。后经进一步的分析发现，导致生产效率上升的主要原因如下：1) 参加实验的光荣感；2) 成员间良好的相互关系。

(3) 访问交谈实验。最初想法：要工人就管理当局的规划和政策、工头的态度和工作条件等问题作出回答。

访谈过程和结果：工人想就工作提纲以外的事情进行交谈，工人认为重要的事情并不是公司或调查者认为意义重大的那些事。访谈者了解到这一点，及时把访谈计划改为事先不规定内容，每次访谈的平均时间从三十分钟延长到 1 ~1.5 个小时，多听少说，详细记录工人的不满和意见。访谈计划持续了两年多，工人的产量大幅提高。究其原因，是工人们长期以来对工厂的各项管理制度和方法存在许多不满，无处发泄，访谈计划的实行恰恰为他们提供了发泄机会。发泄过后心情舒畅，士气提高，使产量得到提高。

(4) 接线板接线工作室试验。

实验设想：计件工资制会使工人更加努力工作，以便得到更多的报酬。

实验过程：选择 14 名男工人在单独的房间里从事绕线、焊接和检验工作。对这个班组实行计件工资制度。

实验结果：产量只保持在中等水平上，每个工人的日产量平均都差不多，而且工人并不如实地报告产量。深入的调查发现，这个班组为了维护他们群体的利益，自发地形成了一些规范。他们约定，谁也不能干得太多，突出自己；谁也不能干得太少，影响全组的产量，并且约法三章，不准向管理当局告密，如有人违反这些规定，轻则挖苦谩骂，重则拳打脚踢。进一步调查发现，工人们之所以维持中等水平的产量，是担心产量提高，管理当局会改变现行奖励制度，或裁减人员，使部分工人失业，或者会使干得慢的伙伴受到惩罚。

(二) 人际关系学说的主要观点

根据“霍桑试验”，梅奥等人总结出了以下三个方面的结论，这些结论构成了人际关系学说的重要内容。

1. 工人是“社会人”而不是单纯追求经济效益的“经济人”

科学管理学派把人假设为“经济人”，认为只有金钱才是刺激积极性的唯一动力。梅奥等人创立了“社会人”的假说，认为人不是孤立存在的，而是属于某一工作集体并受该集体影响的。他们不是单纯地追求金钱收入，还要追求人与人之间的友情、安全感、归属感等社会的和心理的满足。也就是说，工作条件、工资报酬不是影响工作效率的唯一因素，除了物质因素外，还有社会的和心理的因素影响着人的生产积极性。

2. 企业中除了有正式组织外，还存在着非正式组织

正式组织是指为了实现企业总目标而担当有明确职能的机构，非正式组织是一种无形的组织，是企业的成员在生产和生活过程中，由于抱有共同的社会感情而自发形成的，它有自然的规范或惯例、感情和倾向以及领袖人物，往往能左右成员的行为。正式组织和非正式组织相互依存，对生产率有很大影响。而科学管理学派仅注重组织机构、职权划分、规章制度等正式组织的作用，这是不够的。

3. 生产效率的高低主要取决于职工工作态度以及他和周围人的关系

梅奥等人认为生产效率的高低，很大程度上取决于职工的工作态度，即工作情绪或士气，而这种情绪或士气又与个人的家庭、社会生活以及企业中人与人的关系密切相关。而科学管理理论认为生产效率单纯地受工作条件的制约。

二、行为科学理论的发展

（一）马斯洛的需求层次理论

【相关链接】

马斯洛简介

亚伯拉罕·马斯洛（Abraham Maslow，1908～1970），美国人本主义心理学家，第三代心理学的开创者，提出了融合精神分析心理学和行为主义心理学的人本主义心理学。

马斯洛认为，人的需要是有层次的，分别为生理需求、安全需求、社交需求、尊重需求和自我实现的需求。而且五种需要是逐次递进的，只有排在前面的那些需要得到满足，才能产生更高一级的需要。

（二）赫茨伯格的双因素理论

【相关链接】

赫茨伯格简介

弗雷德里克·赫茨伯格，美国心理学家、行为科学家、管理理论家，双因素理论的创始人。赫茨伯格曾获得纽约市立学院的学士学位和匹兹堡大学的博士学位，他曾在美国和其他30多个国家从事管理教育和管理咨询工作，是犹他大学的特级管理教授，曾任美国凯斯大学心理系主任。主要著作有：《赫茨伯格的双因素理论》、《工作与人性》、《管理的选择：是更有效还是更有人性》。

赫茨伯格和他的助手们20世纪50年代末期在美国匹兹堡地区对200名工程师、会计师进行了调查访问。访问的问题主要围绕两方面进行：在工作中，哪些事项是能够让他们感到满意的，并估计这种积极情绪能够持续多长时间；哪些事项是让他们感到不满意的，并估计这种消极情绪持续多长时间。结果他发现，使员工感到满意的都是工作本身或工作内容方面的因素；使员工感到不满的，都是工作环境或工作关系方面的因素。

经过分析，赫茨伯格提出了著名的双因素理论，即激励与保健因素理论。其内容为：(1) 激励因素，包括工作本身、工作上的成就感和责任、个人的成长等。(2) 保健因素，包括公司政策和管理、薪资所得、工作条件、技术监督、人际关系等。

第三节 现代管理理论

第二次世界大战之后，随着现代生产和科学技术的发展，管理理论也形成了一个百家争鸣的局面，著名管理学家孔茨把这种管理理论学派林立的情况比喻成“热带丛林”。下面我们介绍几种比较具有典型代表意义的现代管理理论。

一、决策理论学派

决策理论学派是在巴纳德社会系统学派的基础上发展起来的，是在第二次世界大战以后发展起来的一门新兴的管理学派。决策理论学派的主要代表人物是赫伯特·A·西蒙和詹姆斯·马奇。

决策理论学派的主要观点如下：

(1) 决策是管理的核心。西蒙认为，组织中经理人员的重要职能就是作决策，管理就是决策。

(2) 系统阐述了决策过程。西蒙提出决策过程包括搜集情况、拟定计划、选定计划以及评价计划四个阶段。

(3) 提出了“满意标准”。西蒙认为在决策标准上，应该用“令人满意”的准则代替“最优化”准则。

二、系统管理学派

系统管理学派盛行于20世纪60年代，主要的代表人物有卡斯特以及罗森茨威克 。

系统管理学派认为，应该用系统的观点来考察和管理企业，因为这有助于提高企业的管理效率以及效益。企业的系统管理就是把信息、能源、材料和人员等等资源整合到一起，最终达到系统的整体目标。

三、权变理论学派

权变理论学派兴起于20世纪70年代，主要代表人物有卢桑斯、伍德沃德等。

权变理论学派认为，在企业管理中没有什么一成不变、普遍适用的“最好的”行事方式，企业要根据所处的内外条件随机应变，因地制宜的处理管理问题。

【相关链接】

管理问题分析

王中是某个会展公司总经理。在过去的4年中,公司的利润都稳步递增。但是,今年的情况发生了较大的变化,到八月份,累计经营额比去年同期下降17%,缺勤率比去年高20%,迟到早退现象也有所增加。王中认为这种现象的发生,很可能与管理有关,但也不能确定发生这些问题的原因,也不知道应该怎样去改变这种情境。他决定去请教管理专家。

如果你是具有不同管理思想（科学管理思想、行为管理思想、权变管理思想）的管理专家，会认为该公司的问题出在哪里，并提出怎样的解决方法？

第四节　当代管理理论的新思潮

一、企业再造

企业再造又称“公司再造”、“流程再造”。这一概念的提出者是美国麻省理工学院教授M·哈默（M. Hammer）与J·钱皮（J. Champy）。企业再造是指将作业流程作重新的思考并进行彻底改革，以便飞越性地改善成本、质量、服务、速度等重大的现代企业的运营基准。

企业再造在具体实施过程中，可以按以下程序进行：（1）对原有流程进行系统分析，发现其存在的问题。（2）设计新的流程改进方案，并进行系统评估。（3）制定与流程改进方案相配套的组织结构、人员配备和业务规范等方面的改进规划，形成系统的企业再造方案。（4）组织实施与持续改善。企业再造的指导思想主要是顾客至上、以人为本和彻底改造，随着信息技术和人类生活水平的不断提高，企业再造将会在企业管理实践中发挥越来越重要的作用。

二、战略管理思想

“战略”一词原为军事术语。战略的思想的最早记载源于中国古代著名军事家孙武所著（公元前400年左右）的《孙子兵法》，第一个将战略的观念引入到企业管理领域当中的是美国著名管理学家巴纳德。1965年，安索夫出版了《企业战略》，这是第一本有关战略的著作，也成了现代企业战略管理理论研究的起点。在研究企业战略管理理论的过程中，典型的流派如设计学派、计划学派、定位学派。

（一）设计学派

代表人物是钱德勒（Chandler），他认为企业的经营战略要适应环境的变化，企业的组织结构形成必须随企业的战略需求的变化而改变。设计学派认为战略制定是领导者有意识的但非正式的构想过程，并建立了SWOT战略形成模型，这一模型考虑了企业外部环境面临的威胁与机会和企业内部本身的优势与劣势因素，体现了组织内外部关系对制定战略的重要性。

（二）计划学派

计划学派的代表人物是安索夫，代表著作是《企业战略》。安索夫认为战略应当包括四个构成要素，即：产品与市场范围、增长向量、协同效果及竞争优势。计划学派与设计学派的出现时间大体相近，但计划学派与设计学派的观点不同，计划学派认为战略的形成应当是一个受到控制的、有意识的、详细具体的正规化的过程，需要详尽清楚地阐明这一过程形成的战略，以便具体地落实目标、预算程序和各种运作计划，并加以实施，整个过程的责任原则上是由主要领导人承担。

（三）定位学派

代表人物为迈克尔·波特，代表著作为《竞争战略》和《竞争优势》。1980 年，迈克尔·波特提出，企业战略的核心是获取竞争优势，而获取竞争优势的因素有两个：一是企业所处行业的盈利能力，即行业的吸引力；二是在行业内的相对竞争地位。

企业要获得竞争优势首先必须选定有吸引力的行业。分析企业所处行业的状况的方法，波特提出了行业五种竞争力模型。在这一模型中，波特认为行业的盈利能力主要取决于五种因素，即供应商、购买者、当前的竞争对手、替代产品及行业的潜在进入者。

企业要获得竞争优势第二个要考虑的就是如何在已选定的行业中进行自我定位。企业的定位决定了其盈利能力是高于还是低于行业的平均水平。在行业不理想、平均盈利能力低的情况下，定位适当的企业仍然可以获得较高的盈利。此时，企业可以结合具体形势，选择适当的战略，以增强或削弱其在行业内的竞争地位。波特认为低成本、差异化和集中等三种战略则为最常用的一般战略。

三、学习型组织

学习型组织最早由哈佛大学的阿吉瑞斯和舍恩在 1970 年提出，美国麻省理工学院的彼德·圣吉在《第五项修炼》一书中进行了全面的阐述与推广。

学习型组织的基本含义是，在面临不确定的外部环境时，组织应力求精简、扁平化，让团队成员终生学习，以维持竞争力。

学习型组织应具备以下五个要素：

（1）建立共同的愿景目标。愿景目标应该是全员认同的，通过团队努力可以达到的。这样有助于凝聚公司上下的意志力。

（2）开展团队学习。通过集体思考和分析，做出正确的组织决策，强化团队的向心力。

（3）改变心智模式。改变原来固有的处理问题的方式，通过团队学习，有所创新。

（4）追求自我超越。不断给自我加压，追求自我超越。

（5）锻炼系统思考的能力。培养综观全局的思考能力，掌握事件的全貌，看清楚问题的本质，有助于清楚了解因果关系。

在未来企业的竞争中，真正能取胜的终究还是那些全体成员全心投入并不断学习的组织。因为学习一方面是能使企业组织具备不断改进的能力，提高企业组织的竞争力；另一方面学习还能实现员工个人与工作的真正融合。

【相关案例】

海上大庆

2010 年，中国海洋石油总公司将生产 5000 万吨确定为企业的中心任务，把学习型党组织建设的阶段重点放在解决“海上大庆”建设困难上，要求基层党支部带领党员“干什么钻什么，缺什么补什么”，把发挥学习上的表率作用和工作上的模范作用紧密结合在一起。

绥中36－1油田是我国海上最大的自营油田，也是确保企业年产5000万吨的主力油田。油田党支部组成了以党员为骨干的攻坚队伍，围绕实现老油田产量“零递减”，学习国内外同行的先进经验。2010年，他们实施72口调整井作业，年产量增加140万吨，采收率提高8%，相当于建设了一个储量过1亿吨的大油田。

第五节　中国管理理论与实践

一、中国古代管理实践与管理思想

中国古代几千年历史中，出现了许许多多著名的思想家，其中，老子、孔子、孟子、孙子、管子的管理思想最具有代表性。

老子是先秦道家学说的创始人，他强调无为而治。老子认为“道法自然”，在他的思想体系中，不仅有着深邃的哲学思想，而且也包含着涉及政治、经济、文化、军事诸多方面的社会及国家管理思想。

孔子是儒家学派的创始人，他强调仁政德治。孔子管理思想的精髓是以仁为核心，以礼为准则，以和为目标的以德治国思想。

孟子是孔子思想的嫡派传人，也是继孔子之后儒家学派最重要的代表人物。孟子性善论的人性观、“修其身而天下平”的思想，施“仁政”的管理准则等，都对中国管理思想的完善与发展作出了重要贡献。

孙子是中国古代著名的军事家，《孙子兵法》一书中记载了他的主要的军事思想和管理思想。“不战而屈人之兵”、“出其不意，攻其不备”、“唯民是保”等思想被后代管理者们广泛运用。

管子是我国古代杰出的政治家、军事家和思想家。他提出了“以人为本”、“德能并举”等许多管理思想。

战国时期著名的“商鞅变法”，文景之治使国家出现了政治安定、经济繁荣的局面，这些都是我国古代运用管理思想提高国家管理水平的典型范例；万里长城的修建、都江堰等大型水利工程，无不显示我国古代工程建设与组织管理的高超水平；丁谓主持的“一举三得”皇宫修建工程堪称运用系统管理、统筹规划的范例。

二、中国近代管理实践与管理思想

中国近代管理思想主要是在鸦片战争以后，中国的民族企业家在与外国资本激烈的竞争中，慢慢形成的，这些经营管理思想颇具特色并且运用到了企业的管理实践中，取得了明显的效果。

近代民族企业的经营管理思想主要有四个方面：一是开拓市场和占有市场的思想；二是筹措资金和运用资金的思想；三是人才开发与培养的思想；四是营建企业精神的思想。这些思想的确立与实施，使中国近代民族企业得以在同帝国主义国家的企业的竞争中为自己争得了一席之地。

（一）开拓和占有市场的经营管理思想

近代民族企业为了争取自身的生存和发展，在对市场进行科学预测的基础上，组织生产，制定了科学的企业计划。民族企业的经营管理思想主要体现在三个方面：（1）加强质量管理，开拓流通市场。（2）削价竞销，薄利多销争得市场。（3）建立广泛的营销渠道，采用灵活的销售技巧，扩大市场占有率。

（二）筹措和运用资金的经营管理思想

中国近代民族企业家遭受外国资本和官僚资本的双重排挤和压迫，是在夹缝中求得生存和发展的。为了不被打败，民族企业家通过资金积累、自设金融机构、银行贷款等方式来筹措资金，扩大再生产，同时不断加强财务管理、完善会计制度，提高了企业的经营效果。

（三）坚持以人为本的经营管理思想

在近代民族企业发展的过程中，有远见的民族企业家都认识到，商品经济的竞争，归根到底是人才的竞争。张謇在他的《政闻录》中提出的用人标准是："今日用人不患无用，而患无体。其人果正，则必有忠君爱国之心，则勤求事理必于当。"穆藕初在《藕初文录》中也指出"仅有实在经验，而无专门知识，可小就而不可大授。仅有专门知识，而无实在经验，能拟议而不能建设"，要聘用实干的人才。张謇曾提出"聘用西人"的主张。

三、中国现代管理理论与实践的创新

中国现代管理理论是借鉴西方发达国家管理理论与中国国情和现代化建设实践的统一，形成的中国现代管理理论独具中国特色和中国风格。中国现代化建设理论、科学发展观方法论、构建社会主义和谐社会的任务等，这些都体现着中国的特色和风格。

新中国成立后，中国的管理实践取得了突飞猛进的成绩。1960 年《鞍钢宪法》"两参一改三结合"管理方法的提出，工人参加管理，干部参加劳动，不合理的规章制度进行改革，实行领导、技术人员及工人三结合，使技术得到了革新。1961 年的《工业七十条》成为新中国第一个工业企业管理试行条例。20 世纪 80 年代初，企业管理工作的重心转移到了以提高经济效益为中心的轨道上，厂长（经理）负责制的实行，都是中国企业领导制度的重大改变。承包责任制、资产经营责任制等的推行，推动了企业经营机制的转变，促进了企业家阶层的形成。近年来，我国国有企业改革也取得了一定的进展，新的管理方法不断涌现，比如海尔的"日事日毕，日清日高"管理法，首钢的"投入产出总承包"以及邯钢的"模拟市场、成本否决法"等，大大提高了中国企业管理的水平。

本章小结

自从有了人类社会，就有了管理，19 世纪末 20 世纪初管理走上了科学发展之路，经过一百多年的发展，先后经历了古典管理理论阶段、行为科学理论阶段、现代管理理论阶段，当代管理理论又出现了一些新思想。中国的管理思想历史更为辉煌，我们古代有老子、孔子、孟子、孙子、管子的管理思想，近代民族企业在振兴过程中又总结出来了一些经营管理思想，最终我们形成了独具中国特色和中国风格的中国现代管理理论。

本章结构图

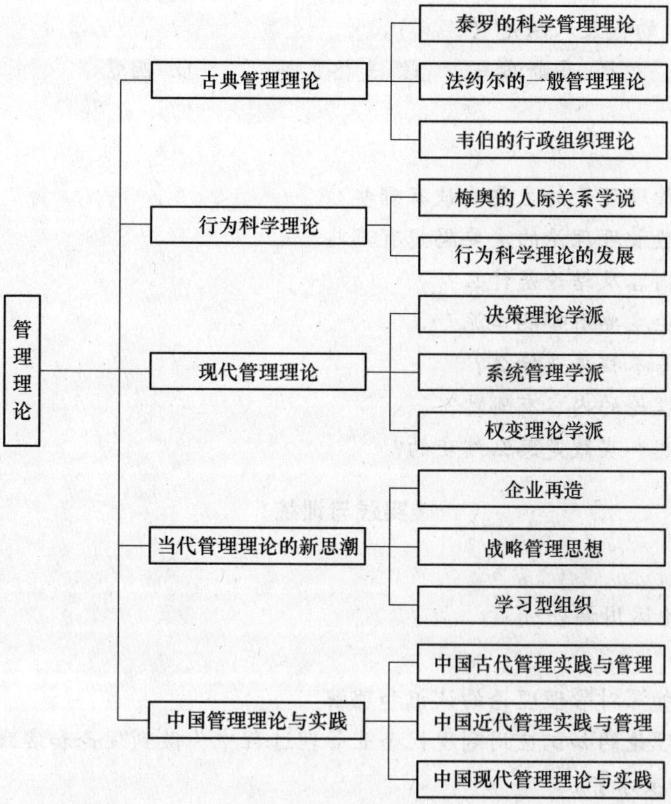

练习与思考题

2-1 单项选择题

(1) 法约尔提出的原则有（　　）。

A. 5 项　　B. 6 项　　C. 10 项　　D. 14 项

(2) 组织理论之父是（　　）。

A. 法约尔　　B. 韦伯　　C. 泰罗　　D. 梅奥

(3) 科学管理之父是（　　）。

A. 泰罗　　B. 法约尔　　C. 梅奥　　D. 韦伯

2-2 多项选择题

(1) 古典管理理论的代表人物有（　　）。

A. 泰罗　　B. 韦伯　　C. 德鲁克　　D. 马斯洛　　E. 法约尔

(2) 法约尔认为企业的活动包括管理以及（　　）。

A. 技术　B. 商业　C. 财务　D. 会计　E. 安全

(3) 法约尔认为管理这一职能活动由（　）职能组成。

A. 计划　B. 组织　C. 指挥　D. 协调　E. 控制

(4) “行为科学”的代表人物是（　）。

A. 德鲁克　B. 马斯洛　C. 麦格雷戈　D. 西蒙

2－3　简答题

(1) 泰罗的科学管理理论的主要贡献有哪些？

(2) 法约尔的一般管理理论的主要思想有哪些？

(3) 霍桑实验的内容及结论是什么？

(4) 现代管理理论主要有哪些学派？

(5) 企业再造的基本程序是什么？

(6) 学习型组织理论的内容有哪些？

(7) 中国管理思想和实践是怎么演变的？

实践与训练

【项目名称】

企业管理理论运用调查。

【实训目标】

(1) 使学生加深对管理理论的认识和理解。

(2) 将管理理论的知识应用到现代企业管理过程中，做到理论和实践的结合。

【实训内容与要求】

(1) 学生以5～6人为一组，选择一个具有一定规模、组织结构完善、管理制度规范的企业，利用课余时间，对选定的企业进行深入调查。也可在网上选择一个企业。

(2) 了解其管理流程和方式方法，并思考其对于管理理论的应用。

(3) 分析其优势与不足，按照管理理论思考可能的改进措施。

【成果与检测】

(1) 每组写出一份简要的调查报告。

(2) 组织一次课堂交流与讨论。师生共同评价。

第三章 决 策

学习目标

知识目标：

- 了解决策的含义和特点
- 了解决策的不同类型
- 了解决策的步骤

技能目标：

- 能运用道斯矩阵进行分析
- 应用头脑风暴法进行讨论
- 掌握决策树法

【导入案例】

决策与管理

决策活动比比皆是，决策的影响举足轻重。正确的决策决胜千里，错误的决策南辕北辙，古今中外概莫能外。

在我国数千年的历史中，许多杰出的思想家、政治家、军事家都是高瞻远瞩，运筹于帷幄之中，决胜于千里之外。诸葛亮的"隆中对"做出了三分天下决策，使刘备能雄踞一方；朱元璋做出了"广积粮，高筑墙，缓称王"的决策，为明王朝的建立奠定了基础；而孙膑为田忌赛马献策的故事则更是脍炙人口，流芳千古。这些古代决策的经典事例，无不值得我们深思。

现代社会组织规模日趋庞大，社会活动日益复杂，环境条件变化多端，影响因素千头万绪。在这种情况下，一个组织的管理者经常遇到大量问题需要及时决策，任何因循守旧，故步自封，优柔寡断，都会坐失良机。瑞士向来号称"钟表王国"，早在1969年就研制成功世界上第一块石英电子手表，但是瑞士的手表厂家却对是否大量生产石英手表迟迟不作决策。瑞士人的优柔寡断为日本手表厂家提供了机会，他们经过广泛的市场调查之后，认为石英手表大有销路，于是当机立断，利用自己雄厚的电子技术，生产了大批优质石英手表，打进国际市场。结果"石英技术，誉满全球"，仅在70年代的后五年，日本的石英手表就迫使175家瑞士机械手表厂破产。而昔日手机的霸主诺基亚，147年的历史，14年的霸主辉煌，跌下神坛只用了5年。放弃Symbian、Meego，拒绝Android，押宝

Windows Phone……诺基亚管理层一系列决策的失误，导致昔日王者不再。

可见，决策的正确与错误关系着组织和事业的兴衰存亡，决策的失误就是最大的浪费。因此每个管理者都必须要掌握决策的科学方法与技巧，审时度势，综观全局，于千头万绪之中找出关键所在，及时做出正确可行的决策。

第一节　决策概述

一、决策的含义

所谓决策，就是管理者为实现组织目标，运用科学理论和方法对组织未来一定时期内有关活动的方向、内容及方式的选择或调整的过程。

对于这一概念可作如下理解：

（1）决策有目标针对性。（2）决策要有多个方案可供选择。（3）决策不是一个静态的、一次完成的行为，而是一个不断修正不断调节的动态过程。决策贯穿于管理全过程。

【相关链接】

西蒙论决策

“决策”一词的英语表述为 Decision-making，意思就是作出决定或选择。

西蒙认为“管理就是决策”。他曾从主体行为选择的意义上界说决策概念。他认为，抉择和决策是“两个可以互替的术语”，从最广泛的意义上理解决策，把决策看成对行动方案的选择，表现决策在人类生活中的普遍性。人的任何有意识、有目的行为的途径、方式不是单一的，往往是多样的，只要人们想要组织和控制自己的行为，就必须进行决策。大到国家的大政方针，小到个人的饮食起居，无一不包括对行动方案的选择，也无一不需要进行决策。但是选择的境况不同，方式也会有差别。既可能是条件反射等非理性行为（比如打字员在打字时不会为选哪个按键费脑筋；司机在遇到紧急情况下会下意识地紧刹制动阀），也可能是经过思考的理性的行为，是主体从需要出发，对以往的经验和拥有的信息进行分析、判断，以至于经过构思行动方案并选择方案等思维过程而做出的选择。显然，理性行为的决策应当是决策理论主要研究的内容。西蒙指出，如果把决策视为那种完成于瞬间的“拍板”定案，就对决策作了歪曲的描绘。决策是一个完整的过程。决策不是一个静态的、一次完成的行为，而是一个不断修正不断调节的动态过程。

西蒙是美国管理学家和社会科学家，在管理学、经济学、组织行为学、心理学、政治学、社会学、计算机科学等方面都有较深厚的造诣。他早年就读于芝加哥大学，于 1943 年获得博士学位。自 1949 年担任美国卡内基梅隆大学计算机与心理学教授，他由于“对经济组织内的决策程序所进行的开创性研究”而获得 1978 年诺贝尔经济学奖。

传统的观点将管理分为计划、组织、领导、控制四大职能，决策放在计划内。随着对管理认识的深入，决策越来越受到重视，成为新的重要职能之一。计划与决策有着密不可分的关系。计划与决策是两个既相互区别又相互联系的概念。在实际工作中，计划和决策相互渗透，相互交织。两者之间的关系体现为：决策是计划的前提，计划是决策的逻辑延续。决策是关于组织活动方向、内容、形式的选择；计划是对组织内部不同部门和不同成员在一定时期内行动任务的具体安排。决策确定的是“应做些什么”，在应做些什么确定以后，计划就成了决策与实施之间的桥梁。它重在解决“由什么人做”、“应该如何做”和“在什么时候做”这样一些问题。

二、决策的特点

（一）可行性

决策方案的拟订与选择，不仅要考察采取某种行为的必要性，而且要注意实施条件的限制。如果没有人力、物力、财力和技术等条件的支持，即使理论上完善的决策方案也难以落实。因此决策要根据内部资源和外部环境的具体情况来进行。

（二）目标性

任何决策都必须根据一定的目标来做出。目标是组织在未来特定时限内完成任务所预期要达到的水平。没有目标，人们就难以拟定未来的活动方案，也就谈不上决策。

（三）过程性

决策不是一次性的行为，而是一个过程。因为组织决策不是一个单项决策，而是一系列决策的综合。这一系列决策中的每一项决策，从决策目标的确定，到决策方案的拟订、评价和选择，再到决策方案的执行结果的评价等，都是一个过程。因此，决策不是指做出选择或抉择的那一瞬间，而是一个完整的过程。

（四）选择性

决策的关键是选择。为了实现相同的目标，组织可以从事多种不同的活动。这些活动的资源需求、可能结果以及风险程度等方面均有所不同。因此，决策时要提出多种可以相互替代的备选方案，根据一定的标准而有所选择。

（五）满意性

选择组织活动的方案，通常是满意化准则，而不是最优化准则。最优决策往往只是理论上的，而在现实中，由于信息的不对称性、未来的不确定性等，很难做到。人们只能根据已知的条件，加上预测以及主观判断，做出相对满意的选择。因此也可以说，决策通常是有限理性的决策。

（六）动态性

决策不仅是一个过程，而且是一个不断循环的过程。决策是动态的，没有真正的起点，也没有真正的终点。由于组织外部环境是在不断发生变化的，因此决策者必须不断研究这些变化，从中发现问题或找到组织可以利用的机会，以便及时调整组织的活动，从而更好地实现组织与环境的动态平衡。

三、决策的类型

（一）按决策的重要程度分

按决策的重要程度可将决策分为：

（1）战略决策。战略决策关系到组织的生存与发展，是关于组织全局性、长期性的目标和方针等方面重大问题的决策。战略决策最终要解决组织在未来一段时期活动的内容和方向，即回答“干什么”。这类决策包括：企业的经营目标、发展方向、主要产品的更新换代、企业发展规模、机构的设置与调整等。由于战略性决策牵涉到的范围广、内容复杂，对管理者的素质要求非常高，因而这类决策一般由高层管理者做出。

(2) 战术决策。它指有关实现战略目标的方式、途径措施的决策。战术决策是在战略思想指导下的具体方法的选择和运用，要解决如何执行战略决策问题，也即解决"怎么干"问题。包括：具体方案的选择、组织内部人、财、物等资源的分配、绩效评估、产品的定价、资金的筹措等，这类决策一般由中层管理者来做出。

(3) 业务决策。业务决策是指日常工作中为提高效率而做出的决策。主要包括：生产任务的分配、进度安排、物资采购，产品的包装装潢、运输、库存、广告等等。一般决策者对要达到的具体目标、可以利用的资源、实现的途径、实施的结果等非常清楚，这类决策一般由基层管理者做出。

(二) 按决策的重复程度分

按决策的重复程度可将决策分为：

(1) 程序化决策。程序化决策又称常规决策。是针对例行的、重复出现的活动而言的。在企业管理决策中，一些日常的业务，如商品的经常性采购、配送、供应、销售等，都可以按照业务特征建立一定的程序，当这类活动出现时加以运用，不必每次重复决策的所有环节。

(2) 非程序化决策。非程序化决策又称非常规决策。是针对非例行的、不重复的活动，即管理中首次出现或偶然出现的非重复性决策。

(三) 按决策所处的层次分

按决策所处的层次可分为：

(1) 高层次决策。它是指企业最高层次最高领导者所做的重大决策。

(2) 中层次决策。它是指企业中层管理人员所做出的决策。

(3) 基层决策。它是指组织中基层管理人员所做的决策。

一般说来，越往高层的决策越具有战略的、非常规的、非确定型的种种特性，而越往低层的决策，就越具有战术性的、常规性的、确定型的、技术性的特点。

(四) 按决策的可靠程度来分

按决策的可靠程度可分为：

(1) 确定型决策。确定型决策是指在确定条件下，决策者对决策问题的未来情况已有完整的信息，没有不确定因素，只产生一种确定的结果，根据决策目标可以做出肯定的抉择。

(2) 风险型决策。风险型决策也称随机性决策，是指影响决策的主要因素在客观上存在几种可能情况（一般为自然状态)，这些可能情况是可以预见的，且每种状态出现的概率和经济效果是可以估算到的，可以通过比较各方案的期望值来进行决策。

(3) 非确定型决策。它是指决策方案面临多种自然状态，因为信息不明朗，或无历史资料可借鉴，决策者既不知道结果，也不知道结果出现的概率，所以解决的办法通常在进行综合分析的基础上，依靠经验和胆识，做出决策。这类决策问题常常存在多种不可控因素，决策约束条件难以确定，实施结果的风险更大。

(五) 按决策的主体划分

按决策的主体可分为：

（1）个体决策。个人决策就是决策者只有一个个体的决策制定过程。个人决策最大的优点是决策速度快，效率高，且责任明确。但由于决策受个人的经验、价值观、道德标准、行为准则等制约，因此容易出现因循守旧、先入为主等问题，决策质量低，可接收程度低。

（2）群体决策。群体决策的决策者可能是几个人、一群人甚至扩大到整个组织的所有成员。

群体决策的主要优点是：可以掌握更多的信息；更多的可选方案；决策质量高。参与决策使参与者更好地了解制定的决策方案，使满意度提高，利于决策的实施。缺点在于：决策所用的总时间一般比个人决策要长、决策成本高；过多地依赖群体决策，会限制管理者采取迅速、必要行动的能力；由于成员从众现象的影响，容易产生“群体思维”，以及出现责任不清的问题。

四、决策的作用

（一）决策是管理的基础

决策是计划工作的核心，而计划工作的特点之一是计划工作的主导性，它是进行组织、人员配备、指导与领导、控制等工作的基础，因此从这种意义上说，决策是管理的基础。

（二）决策是各级、各类主管人员的首要工作

决策不仅仅是上层主管人员的事，上至国家的高级领导人，下至基层的班组长均要做出决策，只是决策的重要程度和影响范围不同而已。

比如在跨国公司有关管理者的提升、设备的形式和型号以及价格都是公司的董事会来决定；而有关当地工作人员的提升、当地管理者的物色的决定权在当地的董事或负责人手中；而有关第一线工作人员的选择、培训则掌握在部门主管手中。国外曾有人做过调查，他们向组织主管人员提出如下三个问题：“每天花时间最多的在哪些方面?”、“每天最重要的事是什么?”、“在履行职责时感到最困难的是什么?”绝大多数主管人员回答就是两个字“决策”。美国著名管理学家西蒙说“管理就是决策”，可见决策确实是各级各类主管人员的首要工作。

（三）决策对组织目标的实现乃至生存发展至关重要

决策事关工作目标能否实现，乃至组织的生存与发展。因为决策失误，必然导致管理与经营行为的失败。

【相关案例】

阿斯旺水坝的教训

埃及在20世纪70年代初耗资几十亿美元，建成了阿斯旺水坝。虽然它提供了廉价的电力，控制了水旱灾情，然而由于破坏了尼罗河流域的生态平衡，遭到了一系列未曾料到的自然报复。由于尼罗河的泥沙和有机质沉积到水库底部，使尼罗河两岸的绿洲日趋盐渍化、贫瘠化；由于尼罗河口供沙不足，河口三角洲平原从向海延伸变为海水侵袭，向内陆退缩，使临海的工厂、港口、国防工事有没入地中海的危险；由于缺乏来自陆上的盐分和

有机物，使盛产沙丁鱼的渔场毁于一旦；由于大坝的阻隔，使尼罗河下游奔腾不息的活水变成了相对静止的“湖泊”，为血吸虫和疟蚊的繁殖提供了生存条件，致使水库一带居民的血吸虫病率高达80%～100%，这一切，使埃及付出了沉重的代价。

五、决策的原则

决策原则是指决策必须遵循的指导原理和行为准则。它是科学决策指导思想的反映，也是决策实践经验的概括。决策过程中所需要遵循的具体原则多种多样，但有许多共同的一般原则。

（一）系统原则

系统性原则，也称为整体性原则，它要求把决策对象视为一个整体系统，以系统目标的优化为准绳，协调系统中各分系统的相互关系，使系统完整、平衡。因此，在决策时，应该将各个小系统的特性放到大系统的整体中去权衡，以整体系统的总目标来协调各个小系统的目标。必须有多方位思考和比较的余地，全面把握各种备选方案，考虑和权衡各种得失利弊。既要考虑到有利因素和成功的机会，又要考虑到不利因素和失败的风险。

（二）信息原则

信息是决策的基础，决策的制定有赖于信息，信息的质量决定着决策的质量。决策所要求的信息必须是准确、完整、及时、适用的。进行决策必须广泛收集与之有关的全面系统的信息资料，然后进行归纳、整理、分析、加工，从而为正确的决策提供基本的条件。当今社会正向信息社会发展，信息在决策中的地位越来越重要，这就要求决策者在决策时，一定要重视信息性原则。

（三）经济性原则

经济性原则，就是决策所花的代价和取得收益的关系，即投入与产出的关系。决策选出的方案要有明显经济效益、社会效益、生态效益。花费代价小，而取得的效果大。必须要把经济效益同社会效益结合起来，以较小的劳动消耗和物资消耗取得最大的成果。如果一项决策所花的代价大于所得，那么这项决策是不科学的。

（四）科学性原则

科学性原则是一系列决策原则的综合体现。现代化大生产和现代化科学技术，特别是信息论、系统论、控制论的兴起，为决策从经验到科学创造了条件。领导者的决策活动产生了质的飞跃。决策科学性的基本要求是：（1）决策思想科学化；（2）决策体制科学化；（3）决策程序科学化；（4）决策方法科学化。

科学性原则的这几个方面是互相联系，不可分割、缺一不可的。否则，就不能称为科学决策。决策自始至终都必须体现科学性，才能保证决策的正确和目标的实现。

（五）民主性原则

决策的民主性原则是指决策者要充分发扬民主作风，调动决策参与者甚至包括决策执行者的积极性和创造性，共同参与决策活动，并善于集中和依靠集体的智慧与力量进行决策。当今世界是一个技术爆炸、信息爆炸的时代，现代化管理面临着复杂性、多变性和竞争性的特点，个人的能力往往有限，已经不能适应现代的需要。因此必须充分发扬民主，依靠集体决策。首先，要注意发挥由专家组成的智囊团的作用；其次，可以组成一个决策集团，实行集体讨论，进行集体决策；最后，对于重大问题，应邀请本系统以外的有关方面协助决策。

（六）可行性原则

可行性原则的基本要求是以辩证唯物主义为指导思想，运用自然科学和社会科学的手段，寻找能达到决策目标的一切方案，并分析这些方案的利弊，以便最后抉择。可行性分析是可行性原则的外在表现，是决策活动的重要环节。只有经过可行性分析论证后选定的决策方案，才是有较大的把握实现的方案。掌握可行性原则必须认真研究分析制约因素，包括自然条件的制约和决策本身目标系统的制约。在考虑制约因素的基础上，进行全面性、选优性、合法性的研究分析，确保决策的切实可行。

第二节 决策过程

简单来说，决策就是做选择，任何组织或个人都会面临在两个或更多方案中进行选择的境地。面对重大的问题做出决策，不是瞬间选定某一方案的单纯的抉择，而是一个有一定顺序、条理化的过程，要遵循一定的程序。

一、发现问题

问题是决策的起点。决策是为了解决一定问题而制定的，没有发现组织运行中存在的问题，就没有必要制定新的决策来使组织活动做出调整和改变。所谓问题是现实与标准之间存在的差距。发现差距，识别问题，明确奋斗目标，是决策的起点。

发现问题需要依赖于管理人员的知识、经验、洞察力、分析判断能力等主观条件。同一个事实或现象，在某个管理人员看来是“问题”，而另一个管理人员可能认为是“事物的正常状态”，即使都认为是问题的两个管理人员，对于造成问题的起因的判断也是不一样的。所以要正确认识并分析问题，就必须进行科学的调查研究，排除可能的偶然性和主观因素的影响，把握客观事实。然后深入分析问题产生的原因，包括横向分析和纵向分析。横向分析，是从许多错综复杂的原因中找出主要原因；纵向分析，是从各层次原因中找到根本原因。这样才会有下一步该怎么办的思考。

二、确定决策目标

目标是组织在一定的条件下要达到的结果，确定目标是科学决策的重要一步。在确定目标时，应注意以下几个方面：

（1）决策目标必须明确而具体。决策目标的概念必须明确，切忌含混笼统。表达应当是单义的，并使执行者能够明确地领会含义。

（2）要确立衡量目标实现程度的具体标准。有明确清晰的决策目标，还应当具体规定目标预定达到的要求，包括目标实现的期限，要给出明确的数量界限。无论决策目标的内容及性质如何，其衡量标准都应尽量用数量指标表示，以利于监督、控制和检测评价。

（3）区分主次目标。在决策过程中，目标往往不止一个，是多元的。多元目标之间存在既相互关联又相互排斥的关系，而且在不同的时期，随着组织活动重点的转移，这些目标的相对重要性也不一样。因此在处理各目标问题时，应遵循以下原则：1）对两个具有对立关系而无法协调的目标，应舍取一个；2）两个具有主从关系的目标，应保留主要目标；3）对具有并列关系而内容又凑巧不多的目标，可以合并为一个综合目标；4）对整体决策影响不大，可有可无的目标，可以完全舍弃。

三、拟定备选方案

决策的基本含义就是抉择，因此，拟定尽可能详尽可行的备选方案，是抉择满意方案的基础，也是决策程序中必不可少的一个环节。决策质量的好坏，在很大程度上受到备选方案质量的制约。因此，为了解决问题，实现组织的目标，就必须积极地拟定备选方案。要尽可能地多列几个方案，力争做到不漏掉方案；另外，方案与方案之间要相对独立，不要互相包含；同时注重方案的质量而非绝对数量。

在制定备选方案时，仅凭决策者个人或少数人的经验与智慧远远不够，方案的拟订需要付出大量的努力和劳动，因此要充分调动他人的积极性和创造力，善于征询他人的意见。可以依靠专家或专门机构，广泛地运用智囊团技术，如常用的“头脑风暴法”、“德尔菲法”等，集思广益，收集更多更好的富有创造性的方案。备选方案越多，所做的决策的满意程度就越高，质量就越有保障。所以，应在时间、成本等条件允许的范围内，充分利用各类人才，拟定尽可能多的备选方案。

四、评估方案优劣

在列出备选方案的基础上，需要对各种方案进行总体评价和全面比较。在比较时要注意：首先，要明确决策的准则，体现决策者最关心的是哪些指标，如成本、收益、风险、可行性等。其次，运用客观一致的分析方法来分析每一个方案，所选择的分析方法要与决策者关心的指标体系相关。第三，比较每个方案的优劣程度，对每个方案满足指标的情况、达成目标的程度、存在的风险、得到的回报大小以及为得到此回报需付出的代价大小等都要做出评价。

评估方案通常采用定量分析与定性分析相结合的评价方法。为了充分体现决策的科学性，防止主观臆断，应注意尽可能使用定量分析方法。

五、选择满意方案

在对所有方案进行综合评估以后，决策者要从中选择一个相对满意的方案作为实施方案。这就需要决策者进行决断，这是决策全过程的核心环节。

选择方案，当然是满意化程度最高的方案是最好的。但在实际工作中真正做到“最优”是办不到的。为此，西蒙提出一个现实的标准，即“满意标准”。就是在现有的条件下，有把握追求一个满意的结果，也就是决策时只要求一个可满足的有限目标，这也称为“有限理性”标准。每个方案均有各自的优劣势，这个方案在某一方面较有竞争力，但在另一方面又显得欠缺，而另一方案可能正好相反。因此，到底如何取舍，有时取决于决策者的价值观、风险意识、审时度势的能力等。因此，决策选定的最终方案要找出一个平衡点，不是最优方案，而是选出一个合理的满意方案。三个标准：全面性、经济性、符合目标。

六、实施方案

选定决策方案后，就要付诸实施。实施决策应做到：首先，制定相应的具体措施，保证方案的正确执行；其次，尽管决策由决策者做出，但决策的实施是由广大组织成员共同完成的，因此在组织内部向全体成员宣布决策、解释决策、分配决策任务等，以取得大家的理解与支持，这是任何决策得以顺利实施的关键。第三，要运用目标管理方法把决策目标层层分解，落实到每一个执行部门和人。

七、检查与反馈

决策结果的正确与否需要通过实践的检验。同时，在实践过程中，随着环境的变化有时需要对决策进行调整。因此有必要建立完善的检查与信息反馈制度，对决策执行的结果进行跟踪、控制，以观其效。这样，可以保证决策执行的高效率和质量，可以及时了解方案进展情况，及时纠正决策执行中的偏差，同时对已有的决策进行不断的修正和完善。

如果主观条件发生重大变化，以致影响到必须重新确定目标时，就必须进行“追踪决策”。所谓追踪决策，是指原有决策的实施表现将危及决策目标的实现时，对目标或决策方案所进行的一种根本性的修正。有时需要进行重新决策，这就又成为下一轮决策的起点。整个决策过程如图 3－1 所示。

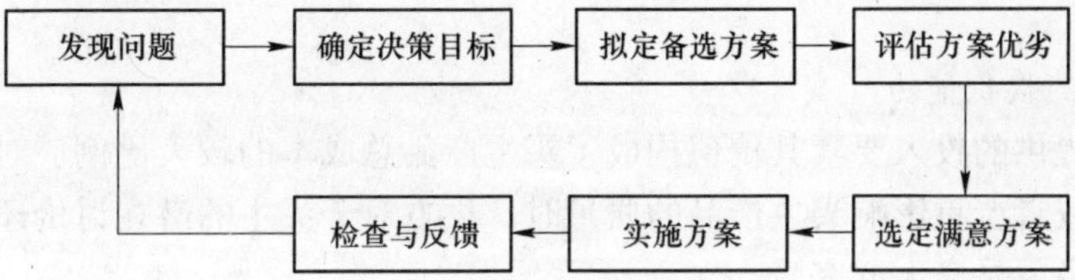

图 3－1　决策过程示意图

以上步骤表明，决策是一个动态的系统反馈过程，而不是瞬间完成的决断。我们在理论上常把决策过程划分成不同的阶段，仅仅是为了方便学习和掌握，实际工作中，决策过程的各步骤往往是相互联系，交错重叠的，不能将决策的各个步骤截然分割。

第三节　决 策 方 法

决策的正确与否，关系到组织未来的生存和发展，因此，必须运用科学的方法。

根据决策的不同性质，将决策方法分为两大类别：一类是关于组织活动方向和内容的决策方法，这是事关组织发展方向的战略决策，必须要对组织面临的内外部环境进行综合分析之后方能做出；另一类是在确定方向之后对要从事活动的不同方案进行选择的方法。另一类中又可以分为两种常见的方法：“软”方法和“硬”方法，即定性决策方法和定量决策方法。当然，作为决策方案的评价和决定，都是同时运用各种可能的方法，进行综合判断，而不是单纯用一种方法就简单地做出决策。

一、确定组织活动方向的决策方法

确定组织活动方向的决策，也即战略决策。这类决策的方法往往通过对组织内、外部环境的分析，帮助企业根据自己和市场的特点，选择企业或某个部门的活动方向。

（一）具体环境分析法——五力分析法

具体环境对组织的影响更直接，更频繁，所以是组织分析外部环境的焦点。美国学者迈克尔·波特于20世纪80年代初提出了产业竞争结构的分析模型——五力分析法，如图3－2所示。波特认为，一个产业的竞争状态取决于五种基本的竞争力量，这五种力量是现有竞争对手、潜在的竞争者、替代品制造者、原材料供应者及其产品用户等五种环境因素。

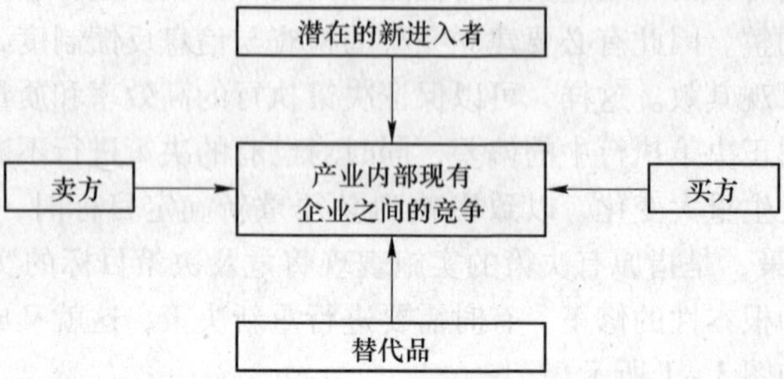

图3－2 五力模型

1. 供应商的议价能力

当供方所提供的投入要素其价值构成了买主产品总成本的较大比例、对买主产品生产过程非常重要或者严重影响买主产品的质量时，供方对于买主的潜在讨价还价力量就大大增强。简单来说就是店大欺客。

2. 购买者的议价能力

购买者主要通过其压价与要求提供较高的产品或服务质量的能力，来影响行业中现有企业的盈利能力。简单来说就是客大欺主。

3. 新进入者的威胁

新进入者在给行业带来新生产能力、新资源的同时，有可能会与现有企业发生原材料与市场份额的竞争，最终导致行业中现有企业盈利水平降低，严重的话还有可能危及这些企业的生存。

4. 替代品的威胁

两个处于同行业或不同行业中的企业，可能会由于所生产的产品是互为替代品，从而在它们之间产生相互竞争行为。替代品价格越低、质量越好、用户转换成本越低，其所能产生的竞争压力就强。

5. 同业竞争者的竞争程度

大部分行业中的企业，相互之间的利益都是紧密联系在一起的，各企业竞争战略的目标都在于使自己的企业获得相对于竞争对手的优势，所以，在实施中就构成了现有企业之间的竞争。现有企业之间的竞争常常表现在价格、广告、产品介绍、售后服务等方面。

五力模型通过对五种竞争力的研究分析组织的具体环境，对公司战略制定产生全球性的深远影响。这种分析法也可用于创业能力分析，以揭示本企业在本产业或行业中具有何种盈利空间。任何产业，竞争规律都将体现在这五种作用力上。因此，波特五力模型是企业制定竞争战略时经常利用的战略分析工具。根据上面对于五种竞争力量的分析，企业可以采取总成本领先战略、差异化战略、目标集聚（专一化）战略来应对，以增强自己的市场地位与竞争实力。

【相关链接】

波特五力模型与一般战略的关系

波特五力模型与一般战略的关系见表3-1。

表3-1 波特五力模型与一般战略的关系

行业内的五种力量	一般战略		
	成本领先战略	产品差异化战略	集中战略
进入障碍	具备杀价能力以阻止潜在对手的进入	培育顾客忠诚度以挫伤潜在进入者的信心	通过集中战略建立核心能力以阻止潜在对手的进入
买方砍价能力	具备向大买家出更低价格的能力	因为选择范围小而削弱了大买家的谈判能力	因为没有选择范围使大买家丧失谈判能力
供方砍价能力	更好地抑制大卖家的砍价能力	更好地将供方的涨价部分转嫁给顾客方	进货量低供方的砍价能力就高，但集中差异化的公司能更好地将供方的涨价部分转嫁出去
替代品的威胁	能够利用低价抵御替代品	顾客习惯于一种独特的产品或服务因而降低了替代品的威胁	特殊的产品和核心能力能够防止替代品的威胁
行业内对手的竞争	能更好地进行价格竞争	品牌忠诚度能使顾客不理睬你的竞争对手	竞争对手无法满足集中差异化顾客的需求

（二）内外部环境综合分析方法——SWOT 矩阵

内外部环境综合分析方法也称 TOWS 分析法或道斯矩阵。SWOT 分析法是美国哈佛大学教授安德鲁斯于1971年在其《公司战略概念》一书中首次提出的战略分析框架。是最常用的内、外部环境综合分析方法。其中：

S：优势（Strengths）指组织擅长的活动或者专有的资源；

W：劣势（Weaknesses）则是指组织不擅长的活动或非专有的资源；

O：机会（Opportunities）是外部环境中有利于企业的积极因素；

T：威胁（Threats）是指环境中对企业不利的因素。

所谓知己知彼，百战不殆。任何组织的经营管理过程，实际上是不断在其内部环境、外部环境及其经营目标三者之间寻求动态平衡的过程。管理要通过组织内部的各种资源和条件来实现，因此，组织在分析外部环境的同时，必须分析其内部环境，即分析组织自身的能力和限制，找出组织所特有的优势和存在的劣势。SWOT 分析法就是帮助决策者在企业内、外环境动态结合的分析中，运用系统分析的思想，把各种因素相互匹配起来加以综合比较，以便从内外部环境条件的组合中寻求企业相应的生存和发展战略，是一种有用而简单的决策方法，见表3-2。

表 3-2　道斯矩阵

内部因素 / 外部因素	优势（S）	劣势（W）
机会（O）	增长型战略（SO） 依靠内部优势 利用外部机会	稳定型战略（WO） 利用外部机会 克服内部弱点
威胁（T）	稳定型战略（ST） 利用内部优势 回避外部威胁	收缩型战略（WT） 减少内部弱点 回避外部威胁

【相关链接】

大庆数字油田发展战略SWOT分析

关键机会：数字油田需求明显、公司经营状况好、政府与社会重视大庆。关键威胁：信息化资金渠道不畅通、世界石油经济动荡。关键优势：领导重视、资金雄厚、信息化基础牢固。关键劣势：信息化资金投入少、数据共享度低、应用系统重复建设。

通过大庆油田有限责任公司数字油田发展战略道斯矩阵分析，得出7条备选战略，见表3-3。

表 3-3　大庆油田有限责任公司数字油田发展战略道斯矩阵

条　件	S—优势	W—劣势
	（1）领导重视； （2）资金雄厚； （3）信息化基础牢固	（1）信息化资金投入少； （2）数据共享度低； （3）应用系统重复建设
O—机会	SO 战略	WO 战略
（1）数字油田需求明显； （2）公司经营状况好； （3）政府与社会重视大庆	（1）发挥大庆的典范作用（S1，O3）； （2）加快数字油田建设进程（S2，S3，O1，O2）	（1）加大数字油田投资（W1，O2，O3）； （2）加强数据基础建设与应用（W2，W3，O1）
T—威胁	ST 战略	WT 战略
（1）信息化资金渠道不畅通； （2）世界石油经济动荡	（1）解决信息化资金渠道问题（S1，S2，T1）； （2）建设数字油田，增强核心竞争力（S3，T2）	加强信息化统一管理（S1，S2，S3，O1，O2）

（三）经营产品业务组合分析法——BCG矩阵

也称波士顿矩阵。规划企业经营产品业务组合的分析方法。该方法是由波士顿咨询集团（Boston Consulting Group，简称BCG）在20世纪70年代初开发的。其实质是为了通过业务的优化组合实现企业的现金流量平衡。BCG矩阵的发明者、波士顿公司的创立者布鲁斯认为："公司若要取得成功，就必须拥有增长率和市场份额各不相同的产品组合。"

BCG矩阵基于经营单位的市场占有率和市场增长情况两项指标。较高的市场占有率可以带来较大的市场份额和销售利润，从而获得较多的现金流量；而该市场增长情况则反映该项业务所属市场的吸引力。根据这两个指标，可以区分出4种业务组合，如图3-3所示。

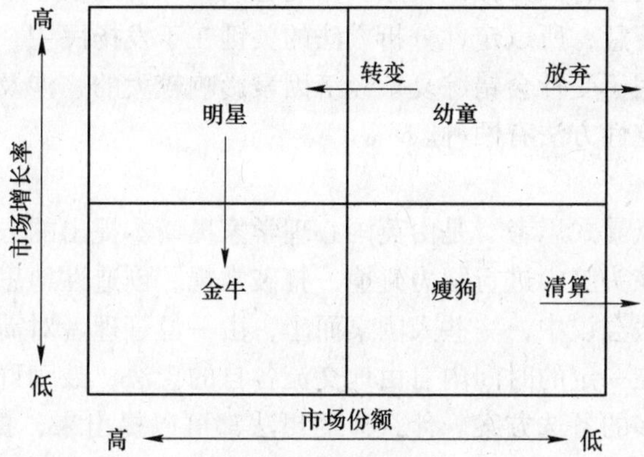

图3-3 波士顿矩阵

1. 问题型业务（Question marks，指高增长、低市场份额）

处在这个领域中的往往是一个公司的新业务，是一些投机性产品，这些产品业务增长率高，但目前占有的市场份额很小，产生少量的现金，但需要大量的投资，带有较大的风险。对能转变为“明星”的业务，采取增长型战略，投入必要的资金，使其尽快转变；对于不能转变的业务，要采取收缩战略，及时放弃。

2. 明星型业务（Stars，指高增长、高市场份额）

这个领域中的产品市场占有率高，业务增长率高。所需要和所产生的现金数量都很大。代表着最高利润增长率和最佳投资机会。它将成为公司未来的现金牛业务。但这并不意味着明星业务一定可以给企业带来源源不断的现金流，因为市场还在高速成长，企业必须继续投资，以保持与市场同步增长，并击退竞争对手。企业如果没有明星业务，就失去了希望，应采用增长战略，增加必要的投资，维持或提高市场占有率。

3. 现金牛业务（Cash cows，指低增长、高市场份额）

这是成熟市场中的领导者，处在这个领域中的产品能够为企业带来大量的现金，而且由于市场已经成熟，企业不必大量投资来扩展市场规模，是企业经营发展的基础。但未来的增长前景有限，适合采用稳定战略，保持市场份额。

4. 瘦狗型业务（Dogs，指低增长、低市场份额）

市场份额和业务增长率都较低。一般情况下，这类业务常常是微利甚至是亏损的，没有希望改进其绩效。瘦狗型业务通常要占用很多资源，如资金、管理部门的时间等，多数时候是得不偿失的。适合采用收缩战略，出售或清算，以便把资源转移到更有利的领域。

确定了组织活动方向后，就要对各个不同的方案进行选择。可以分为两类方法，即定性决策方法和定量决策方法。我们这里仅各自介绍几种常见的方法。

二、定性决策方法

定性决策方法是一种直接利用决策者本人或有关专家的智慧来进行决策的方法，是决策方法中的"软"方法。管理决策者运用社会科学的原理并根据个人的经验和判断能力，充分发挥各自丰富的经验、知识和能力，从对决策对象的本质特征的研究入手，掌握事物的内在联系及其运行规律，从而做出决策。但经验判断并不是依靠某一个人的经验，而是群体的经验、知识和智慧，所以定性分析方法的关键在于发扬民主、集思广益，科学地进行决策。这种方法适用于受社会错综复杂经济因素影响较大的、涉及社会心理因素较多的综合性问题。常用的定性方法有两种。

（一）头脑风暴法

头脑风暴法又称风暴式思考，是由英国心理学家奥斯本提出的方式，是通过专家们无拘无束的相互交流，在头脑中进行智力碰撞，打破常规、创造性地思考问题，构思方案。

典型的头脑风暴法会议中，一些人围桌而坐，由一位管理者对需要讨论的问题进行大致的描述，然后成员在一定的时间内自由地交流各自的想法，鼓励群体成员尽可能创新和激进，并提出尽可能多的备选方案。什么样的想法都可以提出来，提出的见解越多越好。另外，还可以吸收其他群体成员建议的基础上，提出更多的补充性想法。在所有的备选方案尚未介绍完毕之前，不允许对所交流的任一备选方案进行批评，每一位成员都可保留意见。当所有的备选方案都被提出后，群体成员从正反两个方面对每个备选方案进行讨论，并按优劣对备选方案进行排序。

头脑风暴法的目的在于创造一种畅所欲言、自由思考的氛围，诱发创造性思维的共振和连锁反应，产生创造性思维，对于收集新设想非常有利。这种方法的时间安排应在 1 ~ 2h，参加者以 5 ~ 6 人为宜。

（二）德尔菲法

德尔菲法是由美国兰德公司于 20 世纪 50 年代初提出的，多是为避免集体讨论存在的屈从于权威或盲目服从多数的缺陷而提出的一种方法。最早用于预测，后来推广应用到决策中来，被用来听取有关专家对某一问题或机会的看法，是一种向专家进行调查研究的专家集体判断。德尔菲是古希腊传说中的神谕之地，城中有座阿波罗神殿可以预卜未来，因而借用其名。

德尔菲法以匿名方式通过几轮函询征求专家们的意见，组织决策小组对每一轮的意见都进行汇总整理，作为参考资料再发给每一个专家，供他们分析判断，提出新的意见。如此反复，专家的意见日趋一致，最后做出最终结论。

这种决策方法的大体过程是：

（1）拟定决策提纲。就是首先确定决策目标，如设计专家们应回答问题的调查表，对答案的要求是：标明概率大小，对问题做出肯定回答"是"或"不是"；对判断的依据和判断的影响程度做出说明；对决策问题熟悉程度做出估计。

（2）专家的选择。这是德尔菲法的关键。所选择的专家一般是指有名望的或从事该工作数十年的有关方面的专家。选择专家的人数，一般以 10 ~ 50 人为宜。但一些重大问题的决策可选择 100 人以上。

（3）提出预测和决策。发函或邀请个别谈，要求每位专家提出自己决策的意见和依据，并说明是否需要补充资料。

（4）修改决策。决策的组织者将第一次决策的结果及资料进行综合整理、归纳，使其条理化，再反馈交给有关专家，据此提出修改意见和提出新的要求。这一决策的修改，一般可进行 3～5 轮。每一轮时间约 7～10 天，总共约一个月左右即可得到大致结果。

(5) 确定决策结果。经过专家们几次反复修改的结果，根据全部资料，确定出专家趋于一致的决策意见。

德尔菲法具备以下几个特点：

(1) 匿名性。就是应邀参加决策的专家互不见面，意见的发表和交流采取匿名书面方式进行。这就消除了“权威者”的影响，同时参加的成员可以参考第一轮的决策结果。

(2) 有价值性。由于不同领域的专家参加决策，各有专长，考虑问题的出发点不同，会提出很多事先没有考虑到的问题和有价值的意见。

(3) 决策结果的统计性。为了对决策进行定量估价，采用统计方法对决策结果进行处理，最后得到的是综合的统计的评定结果。

德尔斐法由于参加决策的专家无须到场，大大节约了会议成本。但它的缺点在于，需要较多的反复而太耗费时间，不适合快速决策。而且专家们的评价主要依靠直观判断，缺乏严格的论证；决策的准确程度取决于专家们的观点、学识和对决策对象的兴趣程度。因此，德尔菲法的关键在于按决策的性质选择好专家。专家的人数，一般以 10～50 人为宜，一些重大问题的决策可选择 100 人以上。

三、定量决策方法

定量决策方法，就是运用数学的决策方法，是决策中的“硬”方法。其核心是把同决策有关的变量与变量、变量与目标之间的关系，建立一定的数学模型，然后通过运算，取得结果，供决策参考使用。近年来，随着计算机的普及和发展，这种方法使用越来越广泛。可以把企业管理经常出现的常规问题，编成程序，供下次处理类似的问题时调用。因此，这种方法经常用在程序化决策中。常见的定量决策方法有确定型决策、风险型决策和不确定型决策。

(一) 确定型决策方法

确定型决策是指决策问题所处的环境是确定的，各个备选方案都只有一种确定的结果，决策者只需从备选方案中选择经济效果最好的方案。确定型决策方法有线性规划法、盈亏平衡法等。这里只介绍较常用的盈亏平衡法。

盈亏平衡法又称量本利分析法，或保本点分析法。就是通过考查产量（销售量）、成本、利润之间的关系，找出盈亏变化的规律来为决策提供依据的方法。在应用盈亏平衡法时，关键是找出企业不赢不亏时的产量，称为盈亏平衡点产量或保本点产量，就是总成本等于销售收入时的产量。

一般来说，企业利润 = 销售收入 - 产品总成本

= 销售量 × 单价 -（总固定成本 + 总变动成本）

= 销售量 × 单价 - 固定成本 - 单位变动成本 × 销售量

假设 p 代表单位产品的价格，Q 代表产量（销售量），F 代表总固定成本，v 代表单位变动成本，R 代表利润。则：

$$R = Qp - F - Qv$$

当 $R=0$ 时，可得保本点产量 $Q_0 = F/(p-v)$。

例 3-1　某厂生产某种产品，其总固定成本为 200000 元，单位产品变动成本为 10

元；产品销售价格为 15 元。假设某方案带来的产量为 50000 件，问该方案是否可取？

解 根据公式 $Q_0 = F/(p - v)$ 可得：

$$Q_0 = 200000/(15 - 10) = 40000(\text{件})$$

由于该方案带来的产量为 50000 件大于保本点产量 40000 件，所以方案可取。

（二）风险型决策方法

风险型决策是指决策者已知未来的情况有多个，对可能出现何种情况不能确定，但对未来发生情况的可能性即概率可以大致估计出来。这样，根据已知的概率就可以计算期望值。但决策者在决策时无论采用哪一个方案，都要承担一定风险。

风险型决策一般采用决策树法。

决策树法因运用树状图形来分析和选择决策方案而得名。是指借助树形分析图，根据各种自然状态出现的概率及方案预期损益，计算与比较各方案的期望值，从而抉择最优方案的方法。决策树法具有层次清晰、一目了然、计算简便等特点，在决策活动中被广泛运用。

决策树由决策结点（用□表示）、方案枝（用箭线或直线表示）、状态结点（用○表示）、概率枝（用直线表示）四个要素组成，如图 3－4 所示。

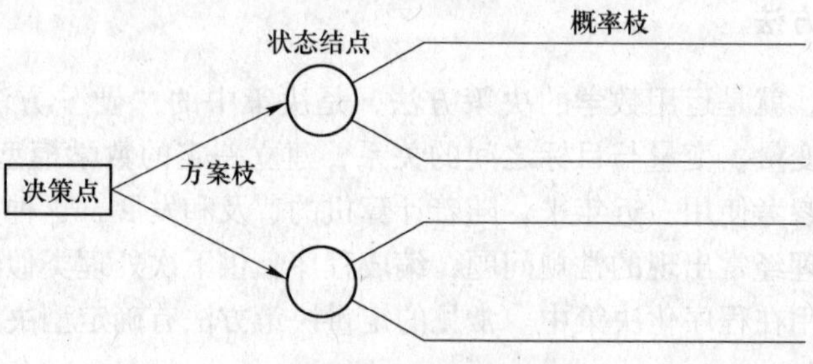

图 3－4 决策树示意图

决策树法一般要经过三个步骤：

（1）绘制决策树。绘制决策树的过程，实际上是对未来可能发生的各种自然状况进行周密思考和预测的过程，也是拟定各种抉择方案的过程。绘制方法是：首先从左端决策结点出发，按备选方案引出相应的方案枝，每条方案枝上注明所代表的方案；由每条方案枝到达一个状态结点，再由各状态结点引出各概率枝，并在上面注明概率内容及其概率；最后，在概率枝末端注明不同状态下的损益值（用△表示）。决策树完成后，再在下面注明时间长度，如图 3－5 所示。

（2）计算期望值。根据图中有关数据，计算不同备选方案在不同自然状态概率值下的损益期望值及其综合值。首先将各种自然状态的损益值分别乘以概率枝上的概率，再乘以决策有效期限，最后将各概率枝的值相加，得出综合值，标于相应的方案枝末端的状态节点上方，表示该方案的经济效果。这一步要从右至左进行。

（3）剪枝决策。比较各方案的期望值，将收益值小的方案枝一律剪掉，最终剩下一条贯穿始终的方案枝，也是收益值最大的方案，即最佳决策方案。

例 3－2 某公司研制出一种新的产品计划在未来 3 年生产，根据市场预测，这种产品畅销的概率为 0.2；一般为 0.5；滞销为 0.3。现提出大、中、小三种批量的生产方案，三个方案的损益值见表3-4。请选择采用哪种批量的生产方案能取得最大经济效益?

表3-4　新产品三种方案资料

自然状态 / 损益值 / 方案	畅销概率	一般概率	滞销概率
	0.2	0.5	0.3
大批量方案	40	30	-10
中批量方案	30	20	8
小批量方案	20	18	14

根据所给的条件，可以绘制决策树，如图3-5所示。

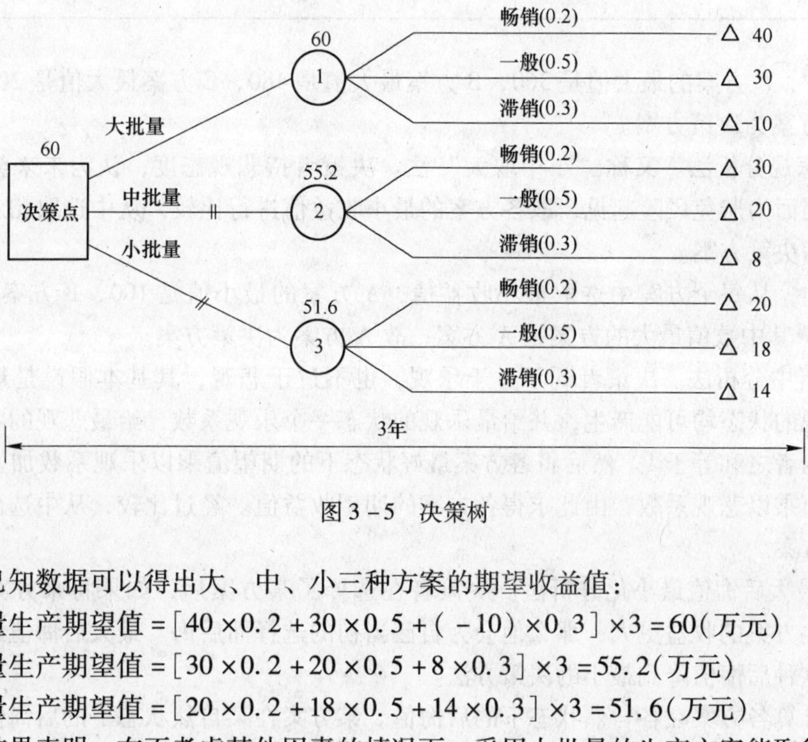

图3-5　决策树

根据已知数据可以得出大、中、小三种方案的期望收益值:

大批量生产期望值 $=[40\times0.2+30\times0.5+(-10)\times0.3]\times3=60$(万元)

中批量生产期望值 $=[30\times0.2+20\times0.5+8\times0.3]\times3=55.2$(万元)

小批量生产期望值 $=[20\times0.2+18\times0.5+14\times0.3]\times3=51.6$(万元)

计算结果表明，在不考虑其他因素的情况下，采用大批量的生产方案能取得最大经济效益。

(三) 不确定型决策方法

决策者对未来事件虽有一定程度的了解，但又无法预知方案的实施结果可能会出现的自然状态或者所带来的后果。处理这类决策问题的办法：一是通过一些科学方法来补充信息，将不确定性问题变为风险型问题来处理；二是依经验进行模糊判断，哪个方案可能性大，哪个次之，哪个最小。进行不确定型决策时，由于决策者的经验、智慧和风格不同，便产生了乐观分析法、悲观分析法、折中分析法、最大最小后悔值等多种方法。

(1) 乐观分析法。又称“大中取大”法。决策者持乐观态度，认为未来总会出现最好的自然状态，因此从每个方案的收益中取最大值进行比较，再选择收益最大的方案为决策方案。

例　某公司计划生产一种新产品，该产品在市场上的需求量有三种可能：销路好、销路一般、销路差，每种情况出现的概率均无法预测。现有三种方案可供选择：A 方案是改造原有设备，B 方案是设备全部更新，C 方案是购进关键设备，其余配套设备自己制造。该产品计划生产 5 年。据测算，三种方案在各种自然状态下五年内的预期收益，见表 3 – 5。

表 3 – 5　最大收益值与最小收益值比较

自然状态 / 损益值 / 方案	销路好	销路一般	销路差
A 方案	360	240	100
B 方案	480	200	– 50
C 方案	200	140	50

本例中，A 方案的最大值是 360，B 方案最大值是 480，C 方案最大值是 200，选最大值，故 B 方案为决策方案。

（2）悲观分析法。又称“小中取大”法。决策者持悲观态度，认为未来会出现最差的状态，因而为避免风险起见，取各方案的最小收益值进行比较，从中选取相对收益最大的方案作为决策方案。

上例中，从每个方案中选取最小收益值，A 方案的最小值是 100，B 方案是 – 50，C 方案是 50，其中数值最大的方案是 A 方案，故 A 方案为决策方案。

（3）折中分析法。决策者既不过于乐观，也不过于悲观，其基本假设是最乐观的状态和最悲观的状态均可能产生，并给最乐观的状态一个乐观系数，给最悲观的状态一个悲观系数，两者之和等于 1。然后将各方案最好状态下的期望值乘以乐观系数加上最差状态下的期望值乘以悲观系数，由此求得各方案的期望收益值。经过比较，从中选出期望收益值最大的方案。

（4）最大后悔值最小化分析法。决策者在选择了某方案后，如果将来方案的自然状态表明其他方案的收益更大，那么他会为自己当初的选择而后悔。最大后悔值最小化法就是试图使这种后悔值降到最小的决策方法。

首先计算各方案在各自然状态下的后悔值。某方案在某自然状态下的后悔值等于该自然状态下的最大收益 – 该方案在该自然状态下的收益，并找出各方案的最大后悔值，然后比较几种方案的最大后悔值，最后选择最大后悔值最小的方案作为满意方案。

例题中 A、B、C 三种方案在自然状态下的最大后悔值，见表 3 – 6。

表 3 – 6　最大后悔值比较

自然状态 / 损益值 / 方案	销路好	销路一般	销路差
A 方案	480 – 360 = 120	240 – 240 = 0	100 – 100 = 0
B 方案	480 – 480 = 0	240 – 200 = 40	100 – (– 50) = 150
C 方案	480 – 200 = 280	240 – 140 = 100	100 – 50 = 50

由表3-6可见，A方案的最大后悔值是120，B方案的最大后悔值是150，C方案的最大后悔值是280，其中后悔值最小的方案是A方案，故A方案为决策方案。

【相关链接】

大多数人在决策中经常会犯的错误

就算我们知道了科学决策的基本过程和影响决策的因素，但是，很多时候我们还是难以避免落入决策失误的陷阱。本节我们主要罗列一些在决策中，大多数人经常会犯的5个错误。

错误1：过度自信。过度自信对决策是个灾难。但是，几乎所有人，包括你和我，都深陷其中。研究发现，当人们65%到70%确信自己的答案时，实际上只有50%的可信度。当他们100%确信时，其实只有70%到85%的可信度。

忠告：认识到自己过度的自信倾向；当考虑那些超出专业领域的问题时，尤其要提防过度自信；寻找预测或答案可能错误的理由。

错误2：惰性倾向。就算你已经在正确的轨道上，如果你坐在那里不动，也会被超越。所有的人都有可能被惰性绊倒。拖延是延迟做事情的一般倾向。现实里，很多人可能都后悔过，为自己的迟疑不决错失良机而懊悔。

错误3：可用信息倾向。飞机安全还是汽车安全？事实上，飞机要比汽车安全得多，在飞机中死亡的可能性是1∶1100000，而在一次车祸中死亡的可能性是1∶5000。大多数人会认为飞机不安全。因为一架飞机坠落并造成乘客死亡后，这个消息马上就上了报纸的头条；每天都有许多人死于车祸，但除非这些人中有我们的朋友或亲戚，或者事故发生的原因不同寻常，这些死亡事件是不会影响我们的行为或未来的决策的。

建议：首先在决策之前不要过分依赖记忆中的信息，其次是质疑你的数据，最后尽可能地扩大你的阅历。

错误4：卷入情绪的漩涡。生活中90%的事情被情绪控制着。我们在做决策的时候，常常在情绪中完成，之后懊悔，然后又在情绪中做决策，卷入了情绪的漩涡。我们常常要为"一时冲动"的决策而付出代价，所以，要学会管理自己的情绪。

错误5：为自己服务的倾向。人们总是把成功归因于诸如能力或努力等内在因素，而把失败归咎于诸如坏运气或机遇等外部因素。

要注意，不要总是把过去的成功夸大为未来的成功，当事情发展得比较好的时候，问问你自己：有什么幸运的因素可能帮助这件事情发生？当事情发展得不好的时候，也问问自己：我做的时候什么可能导致这种事情发生？

错误6：后知后觉的倾向。后知后觉倾向的很多，俗话说的"马后炮"就是。

后知后觉倾向减弱了我们从过去事情中学习的能力。它让我们觉得自己在做预测方面比实际上要好得多，它还会使我们对未来决策的精确性的信心度，比有能力达到的水平要高。

（摘引自罗宾斯的《谁主宰你的命运》）

本 章 小 结

所谓决策，就是管理者为实现组织的目标，对未来一定时期内有关活动的方向、内容及方式的选择或调整过程。决策在管理中起关键作用，决策贯穿于管理全过程。按照不同的分类标准可以把决策分为不同的类型，如按决策的重复程度，决策可分为程序性决策和非程序性决策；按决策的重要程度，可将决策分为战略决策、战术决策和业务决策；按决策的可靠程度，可将决策分为确定型决策、风险型决策和非确定型决策；按决策主体可将决策分为个体决策和群体决策等。

决策是一个动态的系统反馈过程，而不是瞬间完成的决断。一般来说决策要经过发现问题、确定目标、拟定备选方案、评估方案优劣、选择满意方案、实施方案、检查与反馈等步骤。当然这种分割只是为了方便学习和掌握，在实际工作中，决策过程的各步骤往往是相互联系，交错重叠的，很难截然分割。

常用的决策方法有确定组织活动方向的决策方法，和确定活动方案的决策方法。有宏观微观之分，每种方法各有其特点，对决策的科学性有很大助益。

本章结构图

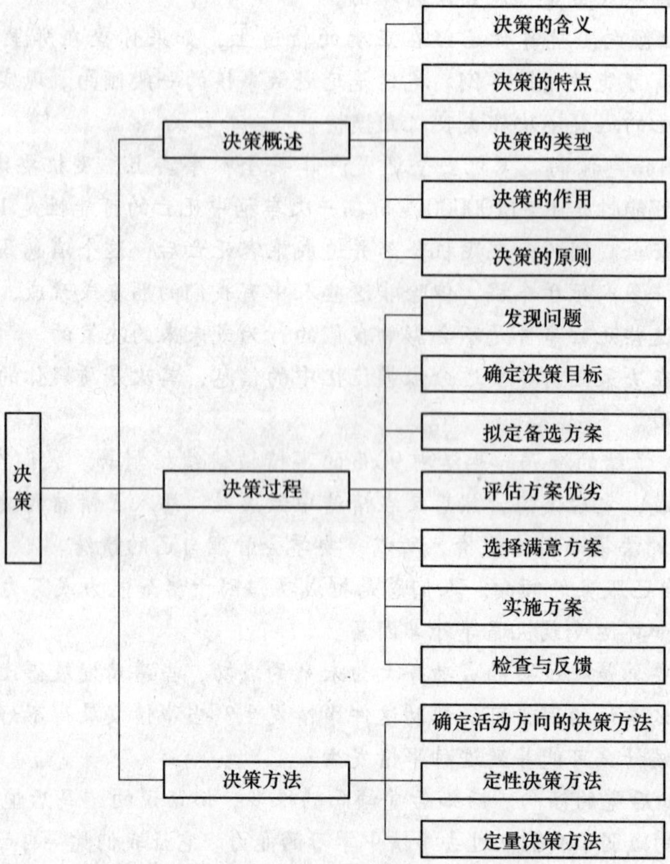

练习与思考题

3-1　单项选择题

(1) 对组织内外部条件进行综合分析，了解组织的优、劣势，面临的机会和威胁的方法是（　　）。

A. SWOT 分析法　　B. PEST 分析法

C. 行业竞争结构分析法　　D. 波士顿矩阵

(2) 利用波士顿矩阵分析方法，当产品具有高市场增长率和高市场占有率时，在经营策略上应（　）。

A. 投入大量资金，用于扩大生产和促销

B. 投入必要的资金，力求提高自己的市场份额

C. 少量投资，维持盈利水平

D. 将其剥离或清算

(3) 下列关于决策的四种说法中，正确的是（　）。

A. 越是企业的高层管理者，所做出的决策越倾向于战略性、风险型的决策

B. 越是企业的高层管理者，所做出的决策越倾向于常规的、科学的决策

C. 越是企业的基层管理者，所做出的决策越倾向于战术的、风险型的决策

D. 越是企业的基层管理者，所做出的决策越倾向于非常规的、确定型的决策

(4) 决策过程的起点是（　）。

A. 确定目标　　B. 拟定备选方案

C. 发现问题，分析原因　　D. 评估方案优劣

(5) 一种以匿名方式通过几轮征求专家们的意见，确定出专家趋于一致决策意见的方法叫做（　）。

A. 专家会议法　　B. 德尔菲法　　C. 头脑风暴法　　D. 集体决策方法

(6) 通过专家们的相互交流，在头脑中进行智力碰撞，产生新的智力火花，使专家的讨论不断集中和精化的决策方法是（　）。

A. 专家会议法　　B. 德尔菲法　　C. 头脑风暴法　　D. 集体决策方法

(7) 下列决策（　）更倾向于程序化决策。

A. 组织结构调整　　B. 多元化经营　　C. 企业合并　　D. 原材料订购

(8) 利用波士顿矩阵分析方法，当产品具有高市场增长率和高市场占有率时，在经营策略上应（　）。

A. 投入大量资金，用于扩大生产和促销

B. 投入必要的资金，力求提高自己的市场份额

C. 少量投资，维持盈利水平

D. 将其剥离或清算

(9) 管理上有一条重要的格言“当看上去只有一条路可走时，这条路往往是错误的。”这条格言反映的道理是（　）。

A. 如果只有一个方案是可行的，那么这个方案必然是错的

B. 鼓励人们探求更多的出路，摆脱唯一选择的困境，力争在多种方案中选择

C. 决策方案的拟订是多多益善

D. 以上都不对

3-2　判断题

(1) 利用波士顿矩阵分析方法，当产品的市场增长率和市场占有率都低时，在经营策略

上应投入必要的资金，力求提高自己的市场份额。(　　)

(2) 决策是管理的核心内容，组织中的各层管理者都要承担决策的职责。一般而言，越是组织的高层管理者，所做出的决策越倾向于常规的决策。(　　)

(3) 在决策中由于受人们认识程度的局限，受时间、人力和财力等主客观条件的制约，要想获得满足一切要求的最优方案是不现实的。因此决策者应能分清决策问题的主次目标，以获得足够好的满意方案为准。(　　)

(4) 盈亏分析法也叫量本利分析法，是指通过研究产量、成本和利润之间的关系，分析企业盈亏状况，从而对企业经营状况和经营决策做出评价的方法。(　　)

(5) 非程序性决策，是指对经常出现的重复性问题，并已有处理经验、程序和方法的问题的决策。(　　)

(6) 运用德尔菲法进行决策时，对专家成员的意见采用统计方法予以定量处理，所以说德尔菲法属定量决策。(　　)

3-3 简答题

(1) 什么是决策？决策有哪些特点？哪些类型？

(2) 简述决策过程的步骤。

(3) 你认为在决策制定过程中哪一步最重要？说明理由。

(4) 德尔菲法的特点是什么？

(5) 群体决策和个人决策相比，有哪些优点和缺点？

3-4 案例分析

"埃德塞尔"牌汽车的故事

1957年，福特汽车公司着手生产一种新汽车，牌子叫做"埃德塞尔"。为了激起公众对新汽车的爱好，在"埃德塞尔"实际问世前一年就大肆进行了广告宣传。根据福特公司一位高级经理所说，在第一年中，计划是生产20万辆。但在两年后，也就是在实际生产了11万辆"埃德塞尔"之后，福特公司无可奈何地宣布，它犯了一个代价昂贵的错误。在花了几乎2.5亿美元进入市场之后，"埃德塞尔"在问世两年内估计还亏损了2亿多美元。

福特公司的战略是想利用"埃德塞尔"同通用汽车公司和克莱斯勒汽车公司在较高价格的汽车市场进行竞争。在制造分别适合美国社会的各种经济水平的不同类型的汽车方面，通用公司一直是非常成功的。在福特公司决定从大众化"福特"牌车型转向生产比较昂贵的汽车时，福特公司实际上已经失去了很大一部分市场。

有很多理由可以说明为什么"埃德塞尔"未能实现计划目标。其一是"埃德塞尔"在经济衰退时期较高价格汽车市场收缩的情况下进入市场；其二当时国外经济型小汽车正开始赢得顾客的赞许。最后是"埃德塞尔"的车型和性能没有达到其他同样价格汽车的标准。

福特公司竭尽全力想出各种办法来防止全面的失败。他们向经销商提供折价出售"埃德塞尔"的方法作为销售额外分红，并且组织了一个有关车型、颜色、大小等方面的经销经验交流系统。并对全国性的广告预算增加了2000万美元。折价出售“埃德塞尔”给州公路局官员，为的使人们能在公路上看到这种汽车。为了招徕顾客，还发动了一次大规模巨大的驾车游行的推销规划，让有可能成为顾客的50万人参加。

分析：

(1)“埃德塞尔”计划为什么会失败?

(2) 以SWOT矩阵分析。

实践与训练

【项目名称】

组建模拟公司。

【实训目标】

(1) 加深学生对决策理论的理解和对决策方法的运用能力。

(2) 培养学生运用管理理论初步建立和管理现代组织的能力。

【实训内容与要求】

(1) 自由组合，5~6人为一组，组建“××模拟公司”，公司名称自定。

(2) 小组内经过竞聘产生公司总经理。

(3) 经共同讨论决定公司的经营方向。

【成果与检测】

(1) 班级交流，每个公司派代表进行公司成立演讲，介绍公司情况。

(2) 每个公司上交书面材料一份。

第四章　计　划

学习目标

知识目标：

- 理解和掌握计划的概念、性质和类型
- 培养学生的计划性、目标性和编制计划书的能力
- 了解计划工作程序
- 了解目标管理的内涵

能力目标：

- 掌握计划的编制方法
- 掌握目标管理的实施过程

【导入案例】

如何更好地制订计划

美国某钢铁公司总裁舒瓦普向一位效率专家利请教："如何更好地执行计划？"利声称可以给舒瓦普一样东西，在10分钟内能把他公司业绩提高50%。接着，利递给舒瓦普一张白纸，说："请在这张纸上写下你明天要做的6件最重要的事。"舒瓦普用了约5分钟时间写完。利接着说："现在用数字标明每件事情对于你和公司的重要性次序。"舒瓦普又花了约5分钟做完。利说："好了，现在这张纸就是我要给你的。明天早上第一件事是把纸条拿出来，做第一项最重要的。不看其他的，只做第一项，直到完成为止。然后用同样办法对待第2项、第3项……直到下班为止。即使只做完一件事，那也不要紧，因为你总在做最重要的事。你可以试着每天这样做，直到你相信这个方法有价值时，请将你认为的价值给我寄支票。"

一个月后，舒瓦普给利寄去一张2.5万美元的支票，并在他的员工中普及这种方法。5年后，当年这个不为人知的小钢铁公司成为世界最大钢铁公司之一。

可见，无论组织或个人，若想走上成功之路，首先必须要有明确的目标，然后制定切实可行的行动计划，并集中全部精力去实现之。

思考：

(1) 为什么总裁舒瓦普有计划却难以执行？效率专家利的方法的关键在哪里？

(2) 效率专家利认为"即使只做完一件事，那也不要紧，因为你总在做最重要的

事”。你认为制订计划光是做最重要的事够吗？

(3) 效率专家利执行计划的方法使这个不为人知的小钢铁公司成为世界最大钢铁公司之一。为什么计划能有这么大的作用？

计划是管理的首要职能，是一切工作的基础。人们常把计划比喻成管理的宪法，可见计划的重要性。计划工作，实际上就是事先决定做什么、如何做，以及由谁去做的问题。制订计划应遵循重点、统筹、连锁、发展、便于控制和经济原则。

第一节 计划概述

计划职能是管理的首要职能，是组织生存和发展的必要条件。在一个组织中，其他工作都只有在制定了计划以后才能开展，并围绕着计划的变化而变化。

一、计划的相关概念

(一) 计划的含义

在实际工作中，仅仅对已经遇到的问题进行决策是远远不够的，“人无远虑，必有近忧”。人们的任何行为都是一个持续的过程，当要做一件事情时，必然要对未来可能出现的问题进行决策。这种以未来可能出现的问题为对象的决策方案就是计划。

计划的含义比较复杂，从词性上理解，在汉语中“计划”一词既可以是名词，也可以是动词。动词意义上的计划应称为计划工作，它是对组织各种目标的分析、制定和调整，以及对组织实现这些目标的各种可行性方案的设计等一系列相关联的活动。名词意义上的计划是指上述一系列计划行动的成果。这些成果包括书面化的使命、目标说明、战略、政策和预算书等。

计划有广义和狭义之分。广义的计划是指制订计划、执行计划、检查计划三个紧密相连的过程；狭义的计划仅指制订计划，即根据实际情况，通过科学、准确的预测，权衡客观的需要和主观的可能，提出在未来一定时期内的目标及实现目标的方法。它是使组织中各种活动有条不紊地进行的保证。

总之，计划是关于组织未来的蓝图，是对组织在未来一定时间内的目标和实现目标途径的策略与安排。

(二) 计划工作

计划工作作为管理的一项基本职能，是20世纪初期作为古典管理学派的主要代表人物之一的法国管理学家亨利·法约尔（1841～1925）最先提出来的。法约尔在1916年发表的《工业管理与一般管理》一书中首次提出了著名的企业管理的五种职能，即计划、组织、指挥、协调、控制。他指出，计划是规划未来，确定目标，以及提出实现目标的途径和方法的一种管理活动。他说：“管理应当预见未来”。这个格言使人们对工商企业的计划工作的重要性有所理解。

哈罗德·孔茨在《管理学精华》一书中指出，计划工作就是预先决定做什么，如何做和谁去做。他说，计划工作是一座桥梁，它把我们从所处的这岸和我们要去的对岸连接起来，以克服这一天堑。有了这座桥，本来不会发生的事，现在就有可能了。

计划工作给组织提供了通向未来目标的明确道路，给组织、领导和控制等一系列管理工作提供了基础，同时计划工作也要着重于管理创新，有了计划工作这座桥，本来不会发生的事，现在就可能发生了；模糊不清的未来变得清晰实在。虽然我们几乎不可能准确无误地预知未来，虽然那些不可控制的因素可能干扰最佳计划的制订，并且我们几乎不可能制定最优计划，但是除非我们进行计划工作，否则我们就只能听任自然了。

【趣味阅读】

忙碌的农夫

有一个农夫一早起来，告诉妻子说要去耕地。当他走到田边的时候却发现耕耘机没油了，原本打算立刻去加油，突然想到家里的三四只猪还没有喂，于是转回家去，经过仓库时，望见旁边有几只马铃薯，他想起马铃薯可能正在发芽，于是又走到马铃薯田去。路途中经过木材堆，又记起家中需要一些柴，正当要去取柴的时候，看见一只生病的鸡躺在地上……这样来来回回跑了几趟，这个农夫从早上一直到夕阳西下，油也没加，猪也没喂，田也没耕；最后什么事也没有做成。

任何一个企业无论做什么都要有计划安排，分出轻重缓急；否则，员工庸庸碌碌，一事无成。

二、计划的内容

计划是组织中各种活动的行动指南，也是各项活动能有条不紊进行的保证。计划的内容常用“5W1H”来表示。

What——做什么？目标与内容。即一项计划的活动内容、工作要求及工作重点等。

Why——为什么做？即明确计划的宗旨、目标和战略并论证其可行性等。

Who——谁去做？即规定计划由哪些部门和人员负责实施等。

Where——在哪里做？即规定计划实施的地点、场所、空间组织和布局等。

When——何时做？即规定计划中各项活动的开始时间、进度安排、完成时间等。

How——怎么做？即制定实施计划的手段、途径和手段等。

任何一项计划都要包含以上六个要点，即组织的计划必须明确地提出未来行动的目的、原因、内容、责任人及实施的时间、地点、方法，缺乏其中的任何一项，计划都不全面或不完整。

【趣味阅读】

计划的执行

一群老鼠吃尽了猫的苦头，它们召集全体开大会，号召大家贡献智慧，商量对付猫的万全之策，争取一劳永逸地解决这一事关大家生死存亡的大问题。老鼠们冥思苦想。有的提议培养猫吃鱼、吃鸡的新习惯，有的建议加紧研制毒猫药……最后，一只老老鼠出了一个主意，让大家佩服得五体投地，连呼高明。这个妙主意就是给猫的脖子上挂个铃铛，只要猫一动，就发出响声，大家得到警报，就可以躲起来。这一建议终于被投票通过，但是谁去给猫的脖子上挂铃铛呢？老鼠们想尽了办法，高薪奖励，颁发荣誉证书等，但无论什么高招，都无法将这一计划执行下去。至今，老鼠们还在争论不休，也经常举行会议……

一项计划不管在理论上有多合理，有多英明，如果实践中没有可行性（即不可执行）也是枉然。执行与执行力已成为所有管理者都必须重视的问题。

三、计划的特点与作用

（一）计划的特点

计划的特点可以概括为以下五个：

（1）首位性。计划在管理职能中处于首要地位，是由于管理过程中的其他职能都是为了支持、保证目标的实现。因为管理者在确定了目标、拟定了计划之后，才能确定合适的组织机构，才能知道组织在何时需要什么样的人才，才能明确员工的责权利以及有效的领导和激励手段，才能控制组织和个人的行为不偏离计划。计划职能是其他管理职能的基础和依据，没有计划工作，其他工作就无从谈起。

（2）目的性。任何组织或个人制订的各种计划都是为了促使组织的总目标和一定时期目标的实现。计划工作是对决策活动的进一步展开和细化。计划充分体现了管理的目的，即作为实现组织的手段，长期计划是为了实现组织的战略目标，中短期计划是为了实现组织的中短期目标。离开了目的，计划就毫无意义。

（3）普遍性。尽管计划工作的特点和范围随着管理人员职权的不同而有所不同，但是它确是各级管理人员的共同职能。即任何管理者或多或少都有制订计划的权利和责任。高层管理者不可能也没必要对组织内部的一切活动做出确切说明，这是有效管理者必须遵循的原则。高层管理者仅对组织活动制定结构性计划，即只负责制定战略性计划；而中层管理者负责制定战术性计划；基层管理人员负责制定生产作业计划；各职能部门负责制定相应的职能计划。因此，计划是各级主管人员的一个基本职能，具有普遍性。

（4）效率性。计划工作的任务不仅要确保实现目标，而且要从众多方案中选择最优的资源配置方案，以求得合理利用资源和提高效率，既要“做准确的事”又要“准确地做事”。计划工作的效率是指实现企业的总目标或一定时期的目标所得到的收益，是由扣除为制订和执行计划所需要的费用和其他预计不到的损失之后的总额来确定的。所以，只有能够实现收益大于支出，并且顾及到生态效益和社会效益的计划才是一个完美的计划，才能够真正体现出计划的效率。

（5）创新性。计划工作总是针对需要解决的新问题和可能发生的新变化、新机会作出的决定，因而计划是一个具有创新性的管理过程。计划工作是对管理活动的设计，正如新产品的成功在于创新一样，成功的计划也依赖于创新。

（二）计划的作用

计划的作用在于给出方向，减少变化的冲击。其实，无论是单位还是个人，无论办什么事情都应有个打算和安排。有了计划，工作就有了明确的目标和具体的步骤，就可以协调大家的行动，增强工作的主动性，减少盲目性，使工作有条不紊地进行。同时，计划本身又是对工作进度和质量的考核标准，对大家有较强的约束和督促作用。所以计划对工作既有指导作用，又有推动作用。

1. 计划为组织指明了方向

计划给管理者和员工指明了工作的方向。未来的不确定性和环境的变化使得企业的行动如同在大海中航行，而计划则像灯塔，它使所有的人知道自己的位置和航行方向，指引企业所有的行动都指向目的地。如果没有计划，行动方向将难以确立。

2. 计划减少了组织的不确定性

在做计划时，必须充分分析组织环境的变化规律和变化趋势，以及分析如何应对将来企业所面临的机会和威胁的措施，从而将不确定性降到最低的程度。也就是说，尽可能地变"意料之外的变化"为"意料之内的变化"，用对变化的深思熟虑的决策替代草率的变化，减少了未来的不确定性。

3. 计划有利于合理配置资源

计划工作的重要任务就是使未来的组织活动均衡发展。计划可以通过科学运筹、精心设计，选择最优化的实施方案，使组织的有限资源得到更合理的配置。由于有了计划，组织中各成员的努力将合成一种协同效应，这将大大提高工作效率，避免浪费，提高组织的经济效益和社会效益。

4. 计划为管理者提供了控制标准

组织在实现目标的过程中离不开控制，而计划则是控制的基础。在计划中，由于设立了目标和考核的指标，因而在控制职能中，可以将实际的绩效与计划中的目标、指标进行比较，从而发现偏差并采取措施校正、补救。因此，没有计划，就谈不上控制。

【相关链接】

一条裤子的启示

小明明天就要参加中学毕业典礼了，怎么着也得把自己打扮得精神点，于是他高高兴兴上街买了一条裤子，自己很喜欢，但是穿上后才发现裤子长了两寸，不合适。于是找到了奶奶，央求她给改一下。但奶奶说现在的家务事太多，走不开，让他去找妈妈。于是小明找到了妈妈，可妈妈正在和人打桥牌，也没时间。最后小明没办法只好去找嫂子，但嫂子说她已经与人约好了，时间就要到了，马上就出去。小明很无奈，怀着失望的心情睡着了。

妈妈打完桥牌回到家后，临睡前想起儿子明天要穿的裤子还长两寸，于是就悄悄地一个人把裤子剪好叠好放回原处。半夜里，狂风大作，窗户喂喂的声音把嫂子惊醒，她猛然想起小叔子的裤子还长两寸，自己辈分最小，怎么也得是自己去做了，于是她披衣起床，将裤子处理好才安然入睡。老奶奶觉轻，每天一大早醒来给小孙子做早饭上学，趁水未烧开的时候也想起孙子的裤子长两寸，马上快刀斩乱麻。最后小明只好穿着短了一大截的裤子去参加毕业典礼了。

从上面的故事可以看出，一个组织要有明确的计划和分工，才能将事情做好。

四、计划的类型

人类的管理实践活动复杂多样，也就决定了组织计划的多样性。人们根据不同背景，不同的需要编制出各种各样的计划。下面按照不同的标准对计划进行分类，不同的分类方法有助于充分了解各种类型的计划。

(一) 按计划的时间期限划分

1. 长期计划

长期计划是指5年或5年以上的计划，长期计划为组织回答两方面的问题：首先是组织的长远目标和发展方向是什么；其次是如何达到组织的长远目标。企业长期计划通常涉及企业的长远经营目标、经营方针、经营策略等内容，它是企业长期发展的纲领性计划。

2. 中期计划

中期计划是指1年以上5年以下的计划。中期计划是长期计划的具体化，同时又是短期的依据，为短期计划指明了方向。

3. 短期计划

短期计划是指1年或1年以下的计划。短期计划是最接近于实施的行动计划，是为实现组织的短期目标服务的。短期计划是执行性计划，内容更加具体、详尽，是对长期计划和中期计划的具体落实。

(二) 按计划范围的广度分类

按计划范围的广度划分，可将计划分为战略计划、战术计划和作业计划。

(1) 战略计划。战略计划是由高层管理者制定的。它涉及组织的宗旨、目标以及资源在各部门如何合理配置等重大问题。它具有长期性、普遍性和权威性三个显著特点。一旦战略计划失误，组织的生存与发展必将受到严重的影响。

(2) 战术计划。战术计划是指战略计划转化为有确定时间期限的目标和措施的计划，通常也称业务计划，以年度计划为主。战术计划是由中层管理者编制的。

(3) 作业计划。作业计划是通过生产进度、产量、销售量、利润、预算等生产运作与财务管理的具体指标，为保证管理计划中所规定目标的实现。它是管理计划如何实施的细节计划，计划期限较短。作业计划一般由基层管理者制定，计划中指标具体，任务明确。

(三) 按管理者的层次划分

按组织层次划分，可将计划分为高层管理计划、中层管理计划与基层管理计划。

(1) 高层管理计划。高层管理计划一般属战略计划，着眼组织的长远安排，注重组织在环境中的定位。

(2) 中层管理计划。中层管理计划是战术计划，协调组织内部各部门之间的关系及各部门的分目标。

(3) 基层管理计划。基层管理计划着眼于每个岗位、每个员工、每个工作时间的工作安排和协调，基本是作业性内容。

(四) 按部门职能划分

按部门职能不同，可将计划分为业务计划、财务计划和人力资源计划等。组织是通过从事一定业务活动而生存和发展的，每个组织的活动都是由各职能部门的不同业务构成的统一体，因而每种特定的职能都需要形成特定的计划。

(1) 业务计划。业务计划是组织的主要计划，包括产品开发、物资采购、仓储保管、生产作业及销售服务等内容。

(2) 财务计划。财务计划研究如何从资金的提供和利用上促进业务活动的有效进行。

(3) 人力资源计划。人力资源计划则分析如何为业务活动提供人力资源保证。

财务计划和人力资源计划是围绕业务计划开展和服务的。

（五）按计划的层次划分

美国当代最著名的管理学家哈罗德·孔茨和美国旧金山大学国际管理和行为科学教授海因茨·韦里克（Heinz Weihrich）从抽象到具体把计划分为一种层次体系：使命或宗旨、目标、战略、政策、程序、规则、规划和预算等。如图4-1所示，从分类上可以理解计划是多种多样的。

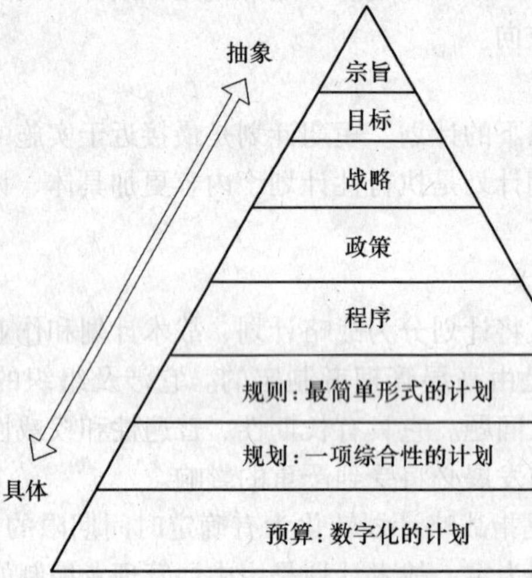

图4-1 计划的层次体系

1. 使命或宗旨

使命或宗旨表明了该组织能在社会上得以存在的原因，它反映的是组织的价值观念、经营理念和管理哲学的根本性的问题。它支配了组织中将要发生或应发生的一切，是不同组织互相区别的根本标志。

2. 目标

使命是组织价值的高度抽象，组织的运行还需要一定时空范围内的具体目标。目标是指组织活动所指向的终点。组织中各个管理层次都应该建立自己的目标，并且组织各个时期的目标和各部门的目标是围绕组织存在的使命所制定的，并为完成组织使命而努力。

3. 战略

对组织来说，战略是为实现组织长远目标所选择的发展方向和基本行动方针。它确立组织的基本长期目标，制订行动方案和配置必需的资源以实现组织目标。战略并不确切地概述组织怎样去完成它的目标，只提供指导思想和行动的框架。

4. 政策

政策是指在管理中处理各种具体问题的一般规定，是用文字来说明的、用来指导和沟通思想与行动的、协调一致的意见。政策作为计划，有助于将一些问题的解决事先确定下来，避免重复分析，并给其他派生的计划一个全局性的概述，从而使主管人员能够控制全局。政策是组织中必不可少的，它使各级管理者在决策时有一个明确的思考范围。

它使组织成员在计划期间内的各种行为有一个基本的判断标准，如有公司规定“项目经理不得收受客户的任何礼品馈赠”。

5. 程序

程序是为完成某一种特定计划而规定的一系列步骤。组织中许多管理活动都是重复发生的，程序就是处理这类问题的标准方法。如果说政策是人们思考问题的指南，那么程序就是行动的指南。组织中每个部门都有程序，并且在基层程序更加具体化。在实践工作中，程序往往表现为组织的规章制度。

6. 规则

规则是一种最简单的计划，它是指导或禁止在某种场合采取某种特定行动的具体的、详细的规定。规则和程序就其性质而言，旨在约束思想，抑制思考，使人们照章办事。如“公共场合禁止吸烟”就是一条规则。

7. 规划

规划是为实施某一既定方针而作的一个综合性计划。规划一般是粗线条的、纲要性的，它包括对目标、政策、程序、规则、任务分配、执行步骤、使用资源等内容的表述。通常，规划需要预算支持。规划有大有小，规划的实现也差别很大。一般来说，许多大的规划都需要有派生出来的小的规划来支持，而中期和短期的规划则是构建长期规划的必要基础。因此，组织的长期和短期计划以及职能部门的专业计划就构成了一个计划网络。

8. 预算

预算是以数字来表示预算结果或资源分配的计划，它可称为“数字化”的计划，这种数字形式有助于更准确的执行计划。预算的主要作用就是帮助组织的高层及各级主管人员从数字的角度，更全面、细致地了解组织经营管理活动的规模、重点和预期成果。

预算同时也是一种有效的控制手段，是计划和控制工作的联结点，因为计划的数字化产生预算，而预算又将作为控制的衡量标准。

第二节 计划工作的程序和编制方法

一、计划工作的程序

前面提到过计划的种类很多，不同类型的计划，其制定程序也不完全相同，但一般说来都要经过以下8个环节和步骤。

（一）估量机会

估量机会是计划工作的起点，它是在广泛搜集信息资料，在调查研究和对社会需要进行分析的基础上，对组织将来可能出现的机会、获得成功的内外条件、成功的可能性的大小进行分析和估计，比较本组织的优势和劣势，明确目前所处的地位和面临的不确定因素，并对未来可能取得的成果进行展望。估量机会的目的就是找出有利于组织发展的机会。

（二）确定目标

对组织的形势和机会进行正确的估量之后，就要具体确定其未来行动的目标，包括总体目标的设定、目标的分解、目标结构和重点的分析、具体目标值的确定等。通过确定目标，明确组织和员工的工作任务和工作重点，并用战略、政策、程序、规则、预算等所形成的网络去完成计划编制任务。

在确定目标的过程中，一定要注意目标要体现组织整体的发展战略，要具有可衡量性和挑战性，要具体明确，主次分明，相互协调。

【趣味阅读】

手 表 定 理

手表定理是指一个人有一只手表时，可以知道现在是几点钟，当他同时拥有两只手表时，却无法确定。两只手表并不能告诉一个人更准确的时间，反而会让看表的人失去对准确时间的信心。

（三）预测未来情况

计划工作的前提就是计划工作的假定条件，也就是执行计划时的预期环境。确定前提就是研究分析和确定计划的环境，预测执行时的环境，包括组织的内外部环境和所具备的条件。由于计划的未来情况非常复杂，计划前提的预测要比通常的基本预测复杂，要想对每个细节都作出预测既不现实也不可能。因此，计划前提的确定应该选择那些对计划工作具有关键性的最有影响的预期环境因素。

（四）制订计划方案

计划前提条件确定后，就要拟定各种可行的计划方案作为选择。由于认识能力、时间、经验和管理费用等原因，管理者并不能找到所有可供选择的方案，只能是拟定出若干个比较有利于预期目标的可行性方案进行评估比较。

（五）评估备选方案

确定方案后，就要对每一个方案的优劣、利弊进行分析和比较，以确定最佳的实现企业目标的未来行动方案。计划工作的特点是充满了不确定性，在大多数情况下，可供选择的方案很多，而且又有大量的可变因素和限定条件，所以对备选方案的评估工作可能是非常复杂的。为此在计划工作的这一步骤中有必要运用现代计算科学和计算技术的各种成果，使其与计划人员在工作中积累的经验和直观判断能力结合起来。

（六）选择方案

这是整个计划工作中最为关键的一步，也是计划的实质性阶段。选择方案就是经过分析和评价，从多个备选方案中选择出一个最令人满意的方案，有时也会发现两个都合适，这时管理者必须确定优选方案，而将另一个作为备选方案。这样可以加大计划工作的弹性，一旦计划实施的条件有变化，管理者也能够从容应对，迅速适应变化的环境。

（七）制订派生计划

选择方案后，就要制订派生计划。派生计划即细节计划、引申计划，是总计划下的分计划。派生计划的作用是支持基本计划的贯彻落实，只有派生计划完成了，基本计划的实现才有保证。如企业的生产计划、财务计划、销售计划等就是企业计划的派生计划。派生计划一般是由各个职能部门和下属单位来制定。

（八）编制预算

计划工作的最后一步就是把计划方案转化为预算，使之数字化。实质上，预算是资源的分配计划，它既是汇总和综合平衡各类计划的依据，使计划的指标体系更加明确，也是衡量计划工作完成情况的重要标准，便于对计划的执行过程进行控制和约束。计划工作的程序，如图4－2所示。

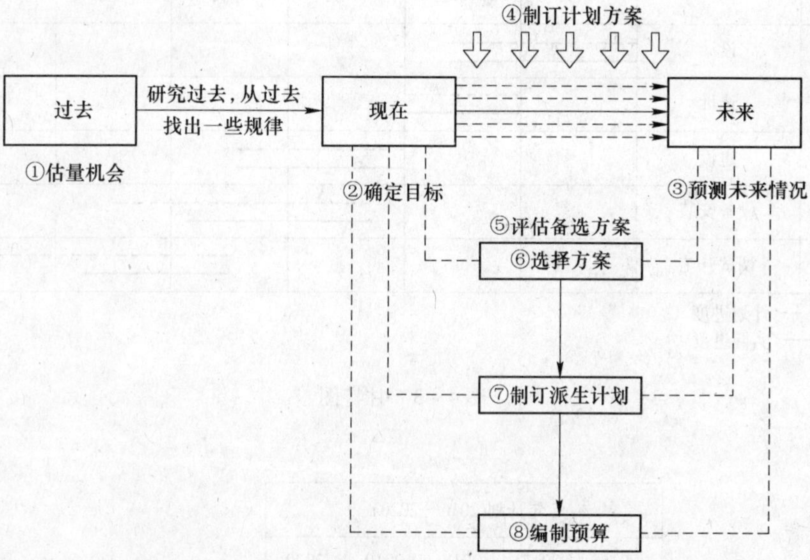

图4－2　计划工作的程序

二、计划的编制方法

计划的编制不仅要按照一定的程序，而且还要采用科学的方法。计划效率的高低在很大程度上取决于所采用的计划方法，在实际工作中，计划的方法有很多种，下面介绍其中几种主要的方法。

（一）甘特图法

甘特图是在20世纪初由亨利·甘特开发的，并以其发明者的名字命名为甘特图，又名线条图、横道图，是一种常用的工作计划进度图表。它是一组线条图，横轴表示时间，纵轴表示要安排的活动及其进度。甘特图可直观地表明计划定在什么时候进行和完成，并可对实际进展与计划要求对比检查。这种方法虽然简单，但却是一种常用的、重要的作业计划与管理工具。它能使管理者很容易搞清一项任务或项目还剩下哪些工作要做，并评估出某项工作是提前了还是拖后了或者按计划进行着。图4－3所示的甘特图是某厂房的建设工程计划表。

（二）滚动计划法

滚动计划法是一种定期修订未来计划的方法。该方法按照“近细远粗”的原则制订一定时期内的计划，然后按照计划的执行情况和环境变化调整和修订未来的计划，并逐期向后移动，把短期计划、中期计划和长期计划结合起来的一种计划方法，如图4－4所示。

从图4－4可以看出，计划期分为若干个执行期，近期计划内容应该制定得较为详细、具体，是计划的具体实施部分，具有指令性特征；远期计划制定得较为粗略、笼统，是计划准备实施部分，具有指导性特征。因此，在计划期的第一阶段结束时，要根据该阶段计划的实际执行情况和内外部因素的变化情况，对原计划进行修订，并按相同的原则逐期滚

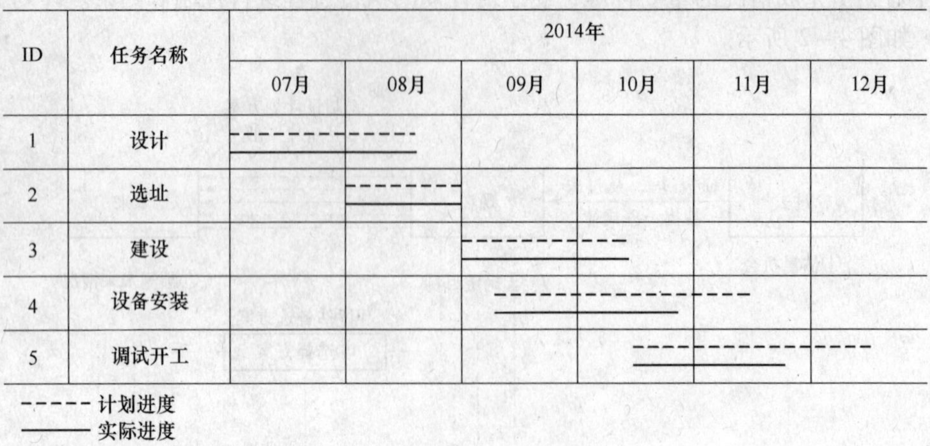

图 4－3　甘特图

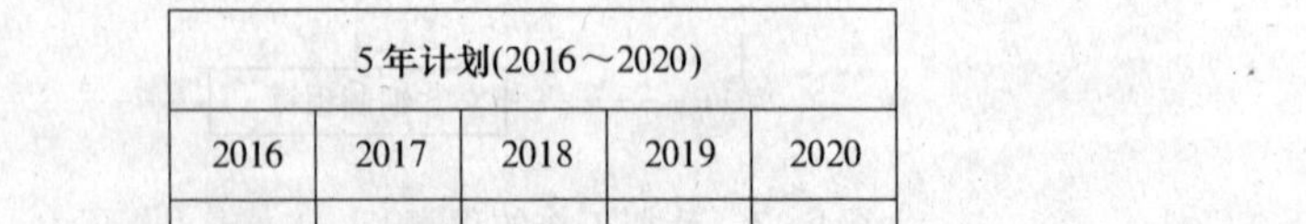

图 4－4　滚动计划法示意图

动，每次修订都使整个计划向前滚动一个阶段。

滚动计划法适用于任何类型的计划，其优点如下：

第一，使计划更加切合实际，滚动计划法相对缩短了计划时期，加大了对未来估计的准确性，从而提高了近期计划的质量，更好地保证了计划的指导作用。

第二，使长、中、短期计划相互衔接，短期计划内部各阶段相互衔接，这就保证了当环境变化出现某些不平衡时，能及时进行调整，并使各期计划基本保持一致。

第三，大大增强了计划的弹性，尤其在环境变化剧烈的时代尤为重要，可以大大提高组织的应变能力。

（三）PERT 网络计划法

1. 基本原理

网络计划技术（PERT）于20世纪50年代后期在美国产生和发展的，目前在组织活动的进度管理特别是企业管理中得到广泛应用，如建筑工程的施工计划就要列出一个时间表。这种方法是以网络图的形式来制订计划，通过网络图的绘制和相应的网络时间的计算了解整个工作任务的全貌，对工作过程进行科学的统筹安排，并据以组织和控制工作的进度，以达到预期的目标。网络图是网络计划分析法的基础，图4－5所示就是一个简单的网络图。

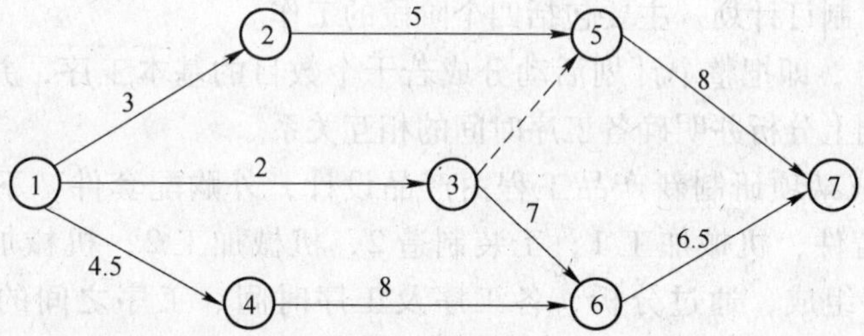

图4－5　简单的网络图

2. 网络图的构成

（1）活动（也称作业、工序），是指完成整个任务需要耗费一定资源和时间的各项具体活动过程。一般用箭线"⟶"表示，箭尾表示活动开始，箭头表示活动结束，箭线上面注明活动名称或代码，下面的数字表示完成该项活动所需的时间。

此外，还有一些工序既不占用时间，也不耗费资源，是虚设的，只起前后活动的衔接作用，称为虚活动，在图中用"⇢"表示。

（2）事件（也称节点或结点），是指前项活动的结束和后项活动开始的衔接点，或活动开工/完工的瞬间，不占用时间、空间，也不消耗任何资源。用"○"（圈中标明序号）表示。两个相邻的事件之间只能有一条箭线（活动）。每项活动只能用两个事件连接，以表明活动从开工到完工。

（3）路线，是指从起点事件开始，沿着箭线所指方向，连续不断地达到终点事件为止的，由箭线和圆圈组成的通道。网络图中不允许出现"回路"。路线的长度等于路线上各活动长度之和，即各活动所耗费时间之和。

一个网络图中往往存在多条路线，其长度用经过该路线上各项作业持续时间的综合来表示，工期最长的路线被称为关键路线；如图4－5中从始点①连续不断地走到终点⑦的路线有如下4条路线。

第一条：①$\xrightarrow{3}$②$\xrightarrow{5}$⑤$\xrightarrow{8}$⑦ = 16

第二条：①$\xrightarrow{2}$③$\overset{0}{\dashrightarrow}$⑤$\xrightarrow{8}$⑦ = 10

第三条：①$\xrightarrow{2}$③$\xrightarrow{7}$⑥$\xrightarrow{6.5}$⑦ = 15.5

第四条：$①\xrightarrow{4.5}④\xrightarrow{8}⑥\xrightarrow{6.5}⑦=19$

比较各路线的路长，可以找出一条或几条最长的路线，这些路线便被称为关键路线。如第四条路线即为关键路线。

关键路线上的工序被称为关键工序，关键路线的路长决定着整个计划任务所需要的总完工期。关键路线上的各活动的完工时间提前或推迟都直接影响着整个活动能否按时完工。以上活动称为关键活动，一般用双线或粗线标出。网络图中可以有一条以上的关键线路。掌握和控制关键线路是网络技术的精华之所在。确定关键路线并不断优化，合理安排各种资源，对各工序活动进行进度控制，是利用网络计划技术的主要目的。

3. 网络计划的工作流程

利用网络技术制订计划，主要包括四个阶段的工作。

（1）分解任务，即把整个计划活动分成若干个数目的基本工序，并确定各工序的时间，然后在此基础上分析并明确各工序时间的相互关系。

例 4－1　完成某项研制新产品工程由产品设计，外购配套件，下料、锻件，工装制造 1，木模、铸件，机械加工 1，工装制造 2，机械加工 2，机械加工 3，装配调试等 10 项基本工序组成，通过分析，各工序及工序时间、工序之间的相互关系，见表 4－1。

表 4－1　某项研制新产品工程作业程序及所需时间

工　作	代　号	时　间	紧　后
产品设计	A	60	B，C，D，E
外购配套件	B	45	L
下料、锻件	C	10	F
工装制造 1	D	20	G，H
木模、铸件	E	40	H
机械加工 1	F	18	L
工装制造 2	G	30	K
机械加工 2	H	15	L
机械加工 3	K	25	L
装配调试	L	35	—

（2）绘制网络图。每项计划任务都是由许多作业活动所组成的，这些活动之间存在着相互依存、相互制约的关系。组织安排计划必须服从于客观存在的这种逻辑关系，才能使这些作业活动顺利进行，保证任务按期完成。依据这些逻辑关系，绘制网络图时可以用顺推法和逆推法。

网络图绘制的原则：

1）两个结点之间只允许有一条箭线。如两结点之间有数条平行的作业活动，需增加结点和引入虚活动加以解决。

2）在网络图中不允许出现“闭路循环”。如出现“闭路循环”，在使用计算机时会出现死环，而没有结论。

3）每个网络图中只能有一个始点，一个终点。即所谓“一源”、“一汇”中间不容许出现死结点和终结点。

4）箭线的首尾都必须有结点，不能在一条线的中间引出另一条箭线来。

如挖沟放排污管道，当挖沟达到一定长度后，放排污管道即可开始，此后挖沟与放排污管道可同时进行。

5）结点的编号不能重复。

6）网络图的编号原则：网络图中的结点要统一编号。每个结点都应编排一个顺序号，由左向右，由上向下，由小到大不能重复。对某一项活动，箭尾的编号小于箭头编号。

根据表4-1所示的基本工序、工作时间及各工序之间的相互关系，结合网络图绘制原则，可做出图4-6网络图。

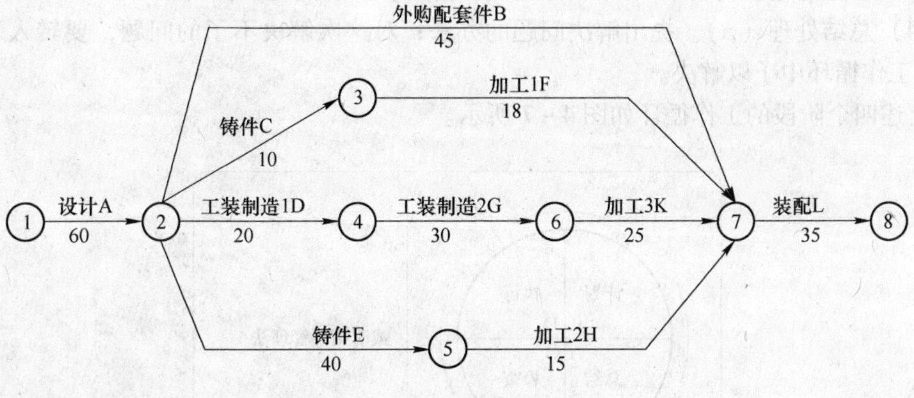

图4-6　网络图

（3）根据各工序所需作业时间，计算网络图中各线段的路长，找出关键路线。

利用最长路线法确定关键路线。例4-1的网络图中，可发现从始点①连续不断地到达到终点⑧有如下所示的5条路线：

第一条：①$\xrightarrow{60}$②$\xrightarrow{45}$⑦$\xrightarrow{35}$⑧=140

第二条：①$\xrightarrow{60}$②$\xrightarrow{10}$③$\xrightarrow{18}$⑦$\xrightarrow{35}$⑧=123

第三条：①$\xrightarrow{60}$②$\xrightarrow{20}$④$\xrightarrow{30}$⑥$\xrightarrow{25}$⑦$\xrightarrow{35}$⑧=170

第四条：①$\xrightarrow{60}$②$\xrightarrow{20}$④$\xrightarrow{0}$⑤$\xrightarrow{15}$⑦$\xrightarrow{35}$⑧=130

第五条：①$\xrightarrow{60}$②$\xrightarrow{40}$⑤$\xrightarrow{15}$⑦$\xrightarrow{35}$⑧=150

比较各路线的路长，找出最长的路线为第三条：①$\xrightarrow{60}$②$\xrightarrow{20}$④$\xrightarrow{30}$⑥$\xrightarrow{25}$⑦$\xrightarrow{35}$⑧=170，这条路线即为关键路线。

（4）网络计划的优化。网络计划的优化就是要抓住关键路线，合理安排工作时间，调动人力、物力等资源，在不断改善网络计划最初方案的基础上选择较优的方案，包括时间优化及成本资源优化等。以时间优化为例：就是在人、财、物资源的供应有保证的条件下，力求安排出较短的生产工期，缩短工期。可采取一些措施，如开展技术革新，改进操作方法，提高劳动效率，从非关键路线上抽调力量支援关键路线，对关键路线的某些活动组织交叉作业，最终达到节约时间的目的。

（四）PDCA 计划循环法（戴明循环管理法）

PDCA 计划循环法是指任何一项工作均要先有个计划（plan），然后按照计划的规定去执行（do）、检查（check）和总结（action），这个过程周而复始，不断循环前进，并进一步地提高水平。

PDCA 计划循环法一般分为 4 个阶段：

（1）制订计划（P）。提出工作设想，收集有关材料，进行调查和预测，确定计划的目标和方针；提出各种工作方案，并选出比较满意和理想的方案；编制具体的计划，并下达执行。

（2）执行计划（D）。具体落实到各部门和有关人员，贯彻执行。

（3）检查计划执行情况（C）。检查执行情况；发现问题，找出原因。

（4）总结处理（A）。提出解决问题的办法；对这次解决不了的问题，要转入下一轮 PDCA 工作循环中予以解决。

上述四个阶段的工作循环如图 4-7 所示。

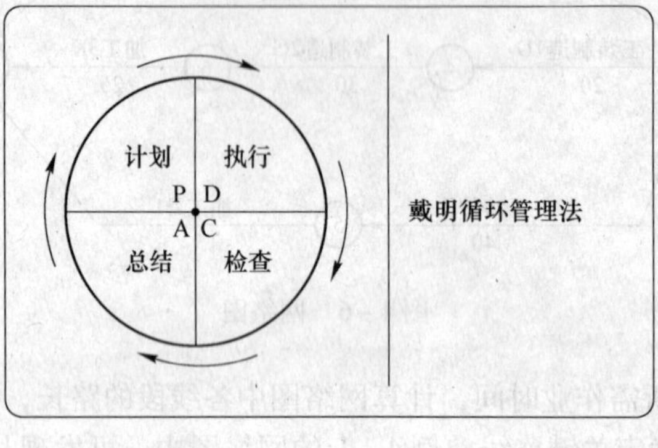

图 4-7 PDCA 计划循环管理法工作循环

PDCA 计划循环法特点如下：

（1）大循环套中循环，中循环套小循环，环环相扣，相互促进，形成一个有机体。一个企业或单位是一个 PDCA 大循环系统。内部的各部门或处室是一个中循环系统。这样，逐级分层，环环扣紧，把整个计划工作有机地联系起来，相互紧密配合，协调地共同发展，如图 4-8 所示。

（2）每一个循环系统都包括计划—执行—检查—总结四个阶段，都要周而复始地运转，中途不得中断。每一个计划指标都要有保证措施，一次循环解决不了的问题必须转入下一个循环解决。这样才能保证计划管理的系统性、全面性和完整性。

（3）PDCA 循环是螺旋式上升和发展的。每循环一次都要有所前进和有所提高，不能停留在原有水平。通过每一次总结都要巩固成绩，克服缺点。通过每一次循环都要有所创新，从而保证计划管理水平不断地得到提高。

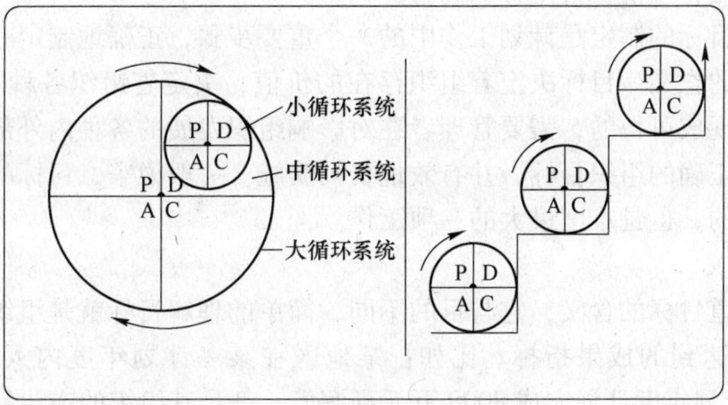

图 4-8　PDCA 循环法

第三节　目 标 管 理

【相关案例】

哈佛大学曾对一群智力、学历、环境等客观条件都差不多的年轻人做过一个长达 25 年的跟踪调查，调查内容为“目标对人生的影响”，结果发现：27% 的人没有目标；60% 的人目标模糊；10% 的人有清晰但比较短期的目标；3% 的人有清晰且长期的目标。

25 年后，这些调查对象的生活状况如下：

3% 有清晰且长远目标的人，25 年来几乎都不曾更改过自己的人生目标，并向实现目标做着不懈的努力。25 年后，他们几乎都成了社会各界顶尖的成功人士，他们中不乏白手创业者、行业领袖、社会精英。

10% 的有清晰短期目标者，大都生活在社会的中上层。他们的共同特征是：那些短期目标不断得以实现，生活水平稳步上升，成为各行各业不可或缺的专业人士，如医生、律师、工程师、高级主管等。

60% 的目标模糊的人，几乎都生活在社会的中下层面，能安稳地工作与生活，但都没有什么特别的成绩。

余下 27% 的那些没有目标的人，几乎都生活在社会的最底层，生活状况很不如意，经常处于失业状态，靠社会救济，并且时常抱怨他人、社会、世界。

案例启示：

（1）目标对人生有巨大的导向性作用。

（2）选择什么样的目标，就会有什么样的人生。

一、目标与目标管理的含义

（一）目标的含义及作用

一个组织，如果既定的目标不明确，就如同没有目的地的船只盲目地在海上行驶一样，其运行将毫无意义并且十分危险。如果能够认识到这一点，在组织管理活动的开始，管理者就必须清楚管理活动要干什么和为什么干。

如前所述，目标的制定是计划工作中的一个重要步骤，正确地制定一个组织的管理目标具有十分重要的意义。目标决定着组织存在的价值，决定着组织各种管理活动的内容。但是，目标不是现成可得的，需要管理者在对影响组织发展的各种内外部因素正确分析的基础上，制定出正确的组织目标，并有效地贯彻实施。一般说来，目标的制定与管理是计划工作中最重要的、也是难度最大的一项工作。

1. 目标的含义

首先应该知道目标的含义，它与目的不同，简单的理解目标就是组织在某一方面、某一预定时期所要达到的成果指标。比如：某地区在某一计划年度内人口出生率控制在5‰；某一公司计划年度计划完成8000万元利润等，都是其组织的奋斗目标。

从完整意义上来说，目标是组织在一定时期内通过努力争取达到的理想状态或期望获得的成果。它包括组织的宗旨、使命，具体的目标项目和指标以及指标的时限等，目标是宗旨、使命的具体化。如2001年获得国家质量奖的青岛啤酒股份有限公司，为了实现成为“世界驰名品牌，建国际化大公司”的宗旨，提出了“2005年销售量500万吨，进入世界啤酒十强；2010年销售量800万吨，进入世界啤酒三强”的目标。它为组织及组织的管理活动和其他活动指明了努力的方向，是组织及其成员的行动指南。其特点有：组织的目标是一个层级体系；组织的目标要构成一个有机的网络；目标是多样的。目标一旦明确，管理人员就必须完成两项工作：一是通过计划工作将目标分解。二是协调统一，使企业组织的各种愿望尽可能地与所明确的目标统一起来。

【趣味阅读】

驴与马

唐贞观年间，长安城西的一家磨坊里，有一头驴和一匹马，它们是好朋友。马在外面拉车，驴在屋里拉磨。贞观三年，马被玄奘大师选定，出发经西城前往印度取经。17年后，这匹马驮着佛经回到长安。它重在磨坊会见它那位驴老弟，马谈起旅途的经历，让驴目瞪口呆，惊叹道：“你有那么多的见闻啊，那么遥远的道路，我想都不敢想。”马说：“其实，我们走的路程都差不多，不同的是，我同玄奘大师有一个远大的目标，并始终如一地朝着目标前进，所以取得了较好的成绩；而你却被蒙住了双眼，年复一年围着磨盘转，所以始终走不出这个狭隘的天地。”心有多大，目标就有多高。只要坚持不懈就能实现自己的理想。每天庸庸碌碌，将一事无成。

2. 目标的作用

目标的作用可以概括为以下几个方面：

（1）灯塔作用。目标主要为管理工作指明方向。管理是一个为了在未来一定时间内达到一定的目标而协调集体活动做出努力的过程，如果不是为了达到一定的目标就无须管理。因此，目标的作用首先在于为管理工作指明了方向。例如，中共中央提出，21世纪头20年是全面建设小康社会阶段，在优化结构和提高效益的基础上，国内生产总值力争比2000年翻两番。这一奋斗目标就为我国当前和今后各方面的管理工作规定出了一个总方向，促使国家的各项管理工作必须始终紧紧围绕这一目标进行，不能有丝毫松懈。

目标对于管理的方向作用主要体现在两个方面：第一，目标是组织各项活动所要实现的最终目的，它指出和规定了组织的发展方向，指导着组织的行动。组织的各项活动都要围绕着它展开。第二，管理的起点是制定和选择管理目标，管理的终止点是实现管理目标。目标决定着整个组织的各种管理活动的内容。没有明确的目标，管理就是杂乱的、随意的。因此，目标是整个管理工作的努力方向。

（2）激励作用。目标对于组织的激励作用，也体现在两个方面：第一，目标对于整个集体的激励作用。有了明确的目标，就会使组织产生高效、全面、以最低的成本代价实现目标的动力，组织就会充分调动各种资源和全部力量实现组织目标。第二，目标对于组织内各层次成员的激励作用。组织的总目标确定后，将分解到组织的各个层次，并和各组织层次的目标结合起来，这样，组织内的每个人都将面对具体的目标，将自己的期望目标与组织目标相联系，当这种联系符合目标一致的原则时，组织目标便使组织成员产生了努力实现目标的动力。

目标是一种激励组织成员的力量源泉。从组织成员个人的角度来看，目标的激励作用具体表现在两个方面：1）个人只有明确了目标才能调动起潜在能力，尽力而为，创造出最佳成绩；2）个人只有在达到了目标后，才会产生成就感和满意感。

要使目标对组织成员产生激励作用：一方面要符合他们的需要；另一方面要有挑战性。目标要富于挑战性，应当作为制定目标的另一条原则。由于人们都具有成就感，合理的目标可以产生相当大的激励作用。

【相关链接】

国外曾有人做过这样一次实验。组织三组人，让他们沿着公路向十公里以外的村庄步行前进。第一组不知道去的村庄叫什么名字，也不知道有多远，只告诉他们跟着向导走就行了。结果，这个组刚走了两三公里时就有人叫苦，走到一半，就有人抱怨，有的人甚至再也不肯走了，越往后人的情绪越低。第二组知道去哪个村庄，也知道它有多远，但路边没有里程碑，人们只凭经验估计需要走两个小时左右。这个组走到一半时开始有人叫苦，走到3/4的路程时，大家情绪低落了，觉得疲惫不堪，路程太远了。当有人说快到了的时候，大家又振作起来，加快了脚步。第三组不仅知道路程有多远，去的村庄叫什么名字，而且路边每公里都有一个里程碑。人们一路走一路留心看里程碑，每看到一个里程碑，大家心里便有一阵小小的快乐。当他们走了五公里之后，每看到一个里程碑，便爆发一阵欢呼声。这个组的情绪一直很高涨。走了七八公里之后，大家确实累了，但他们不仅不叫苦，反而开怀大声说笑，以驱走疲劳。最后两公里，他们情绪越来越高，因为他们知道胜利就在眼前了。这个实验说明，明确的为组织成员接受的目标是有极大的激励作用的。它会使人们自觉地克服困难，努力工作。

（3）凝聚作用。组织是由众多成员构成的一个社会协作系统，它必须对其成员有一种凝聚力。一盘散沙的组织是难以发挥作用的，是不能够长期存在的。大量的具体实践表明，组织的凝聚力强弱是决定组织发展成败的又一关键因素。组织的凝聚力是一个非常复杂的问题，受到多种因素的制约，其中组织目标就是一个重要的制约因素。当组织的目标既符合社会的要求，又符合组织的现实特点，同时又和组织成员的个人目标取得最大程度的和谐一致时，充分体现了组织成员的共同利益时，组织目标就能很好地起到凝聚作用，极大地激发组织成员的工作热情、献身精神和创造力，而组织目标与个人目标之间潜在的冲突，则是削弱组织凝聚力的主要原因。

（4）考核标准。组织总目标在层层分解后，将会使组织内的各层次人员都有自己明确的目标，这个目标不仅对员工具有激励作用，同时也是一个评价组织成员工作好坏的衡量标准。大量管理实践表明，单凭上级管理者的主观印象和对下属人员的价值判断作为考核下属人员绩效的依据是不客观、不科学的，因而不利于调动下属人员的积极性。科学的方法应当是根据明确的目标进行考核。

实践表明，对于某些管理工作，例如人事工作、政府部门的管理工作、参谋性质的管理工作等，必须制定可考核的目标，才能避免人浮于事，保证管理的有效性。一种有效的方法是对总目标进行分解，然后从具体工作的角度制定目标。例如，提高员工技术素质这个目标不便于考核，但是对员工的技术水平、技术培训和技术革新成果，就比较容易制定可考核目标。这样，采用分解的方法，将员工技术素质具体化，就比较容易制定出可考核的目标。下面介绍的目标管理就是一种有效的方法。

（二）目标管理的含义

当一个组织确定了组织宗旨和组织目标以后，如何将组织的目标转换为各个部门以及各个员工的岗位目标呢？解决此问题的最好办法就是目标管理。

目标管理（management by objective）简称 MOB，它是美国当代管理大师彼得·德鲁克 1954 年在《管理实践》中首先提出来的，其后他又提出“目标管理和自我控制”的主张。德鲁克认为，企业的宗旨和使命必须转化为各个具体部门的具体目标，企业的各级主管必须通过这些目标对下级进行领导，并以目标完成情况作为衡量每个员工工作绩效的标准，只有这样，才能保证组织总目标的实现。如果一个领域没有特定的目标，则这个领域的工作必定被忽视，如果没有方向一致的分目标来指导各级主管人员的工作，则组织规模越大、人员越多时，发生冲突和浪费的可能性就越大。

德鲁克的主张在企业界和管理学界产生了极大的影响，目标管理提出以后，便在美国迅速流传。时值第二次世界大战后西方经济由恢复转向迅速发展的时期，企业急需采用新的方法调动员工积极性以提高竞争能力，目标管理的出现可谓应运而生，遂被广泛应用，并很快为日本、西欧国家的企业所仿效，在世界管理界大行其道。

实践证明，目标管理是一种很实用的管理方法，在美国最大的 500 家工业公司中大约有 40% 的公司采用了目标管理，日本企业运用目标管理的比例则更高。

我国从 1978 年开始，伴随着推行全面质量管理，在一些大企业中试行目标管理方法。例如，获得 2002 年全国质量奖提名的山东新华制药厂，从 1980 年开始实施目标管理，始终坚持不懈。新华制药厂每年都要把企业的总目标向下层层分解，中层管理者要对本部门的目标与总目标的关系，以及实现本部门目标的依据和保证条件向由高层管理者组成的答辩委员会进行说明，每半年进行检查。由上到下，依此类推，形成了本企业的管理特色，取得了很好的成果。

概括地说，目标管理是一种综合的，以工作为中心和以人为中心的系统管理方式。它是在一个组织中由上级管理人员同下级管理人员以及同组织成员一起共同制定组织目标，并把其具体化到组织的每个部门、每个层次、每个成员，与组织内部每个单位、部门、层次和成员的责任成果相互密切联系，明确地规定每个单位、部门、层次和成员的贡献和奖励报酬等的一套系统化的管理方式。

彼得·德鲁克强调，对影响组织健康成长的业绩的所有方面，都必须建立目标。目标管理的主要任务就是组织内所有成员共同制定目标，共同实施目标。因此，实施目标管理，首先要正确制定好管理的目标。一个好的目标除了要与整体目标相一致和具有一定的挑战性之外，还应满足 SMART 原则，即具体明确（Specific）；可衡量性（Measurable）；可接受性（Acceptable）；可实现性（Realistic）和时间性（Time）。

二、目标管理的特点

目标管理在指导思想上是以 Y 理论为基础的，即认为在目标明确的条件下，人们能够对自己负责；在具体方法上是泰勒科学管理的进一步发展。目标管理与传统的管理方式相比有鲜明的特点，可概括为以下四点。

（一）目标管理是系统性管理

实行目标管理要根据组织的宗旨，确定组织某一时期特定的战略目标，以此为重点，通过发动职工自下而上，自上而下地制定目标，在组织内部建立一个纵横交错、相互联系的目标体系，用目标层层展开的方法及用目标卡片的形式，把目标明确固定下来。与以往的管理方法相比，具有鲜明的科学性、系统性和完整性。同时目标体系把全体员工有机地组织起来，使人们产生团结精神和全局观念，有利于发挥组织各部门和全体员工的积极性，是一种全方位管理，可以取得全面的管理效果。

（二）实行参与管理是一种民主的管理

目标管理实际上也是一种参与管理制度。它让全体员工参与管理，实行管理的民主化。目标的实现者同时也是目标的制定者，即由上级与下级在一起共同制定目标。首先确定出总目标，然后对总目标进行分解，逐级展开，通过上下协商，共同讨论和交流意见，制定出企业各部门、各车间直至每个员工的目标和实现目标的手段；用总目标指导分目标，用分目标保证总目标，形成一个“目标—手段”链。

在制定目标时，尽量尊重目标制定者的愿望，使人们增强责任感和提高工作兴趣。目标管理要重视协商、讨论和意见交流，而不是命令、指示和独断专行。

（三）实行“自我控制”是一种自觉的管理

目标管理是一种“主动”的管理方式，鼓励人们自觉地努力追求目标的实现，以积极的行动代替空洞的言论，以自我要求代替被动从属，以自我控制代替被人把持。目标管理注重人性，以目标激励员工，把员工隐藏的潜力挖掘出来，并以自我控制实现组织和个人目标。由于目标管理吸收了组织全体人员参加目标管理实施的全过程，尊重员工的个人意志和愿望，充分发挥其自主性，进行自我指挥、自我控制，自觉采取措施完成任务，改变了由上而下摊派工作任务传统做法，调动了员工的主动性、积极性和创造性。这种主动自觉的管理方法更能适应现代经济的发展，能使组织在激烈的竞争中立于不败之地。

（四）注重管理实效是一种成果管理

目标管理以制定目标为起点，以目标完成情况的考核为终结，工作成果是评定目标完成程度的标准，也是人事考核和评奖的依据，成为评价管理工作绩效的唯一标准。目标管理强调成果，注重目标的实现，重视目标的评定，因此也被称为“根据成果进行组织管理的方法”。实行目标管理后，由于有了一套完整的目标考核体系，能够根据员工实际贡献大小，如实评价员工的表现。因为目标管理注重成果，从而能够促进员工勤学向上和创新能力的开发，进而大大提高了组织的劳动生产率。

三、目标管理的程序

目标管理的过程一般包括建立目标体系、目标实施、成果评价三个阶段。

（一）建立目标体系

目标体系的建立是目标管理的关键，具体可分为：

（1）确定组织总目标。由组织的最高管理层确定组织在未来一定时期内要达到的总目标。最高层首先分析和研究组织的外部环境和内部环境，根据客观环境带来的机会和面临的威胁以及组织的优劣势，确定组织在未来一定时期内要达到的总目标。

（2）确立部门和员工的目标。这是一个目标分解的过程。设置部门和员工的目标要经过以下过程：

首先，预定目标。预定的目标既可以由上级提出再同下级讨论，也可以由下级提出再由上级批准。无论哪种方式，必须由上下级共同商量决定。

其次，重新审议组织结构和职责分工。目标管理要求每一个分目标都有确定的责任主体，因此预定目标之后，需要重新审查现有的组织结构，根据新的目标分解要求进行调整，明确目标责任者和协调关系。

最后，商定下级目标。在商定时要充分地交流沟通，讨论中上级要尊重下级，平等待人，耐心倾听下级意见，帮助下级建立与组织目标一致的支持性目标。

分目标要具体量化，便于考核；分清轻重缓急，以免顾此失彼；既要有挑战性，又要有实现可能。每个员工和部门的分目标要和其他的分目标协调一致，共同支持组织总目标的实现。这样，总体目标指导分目标，分目标保证总体目标，组织内部上下左右都有自己的具体目标从而形成一个完整的目标体系。

（3）明确责权利。分目标制定后，上级要授予下级相应的资源配置权利，实现权责利的统一。同时，对工作成果的衡量标准、考核方法及具体的惩罚措施，上下级之间应进行协商并最终达成一致。

（二）目标实施

目标实施是目标管理的第二个程序，也是关系到目标能否实现的关键环节，第一阶段的所有工作都是围绕实现目标体系所设定的目标和要求来进行的。

在这一阶段，上级和下级应共同协商，制定合理的实现目标的行动方案。为保证目标的顺利实现，领导在目标实施过程中的管理是不可缺少的。虽然目标管理重视结果，强调自主、自治、自控和自觉，但这并不等于领导可以放手不管，相反，由于形成了目标体系，一环失误就会牵动全局。因此，实施阶段应重点抓好以下几方面的工作：

（1）授权给下属。明确了目标之后，主管人员就要按照目标体系的要求给下属相应的权限和工作条件，以保证每个部门和员工能独立地实现各自目标。

（2）加强沟通。要加强与下属的沟通和交流，进行必要的指导，最大限度地发挥下属的积极性和创造性。

（3）定期检查、指导、协调和控制。对各级目标的完成情况，要事先规定出期限，必须进行定期检查、指导、协调和控制。没有检查，就会变成放任自流。定期检查的内容：一是下级的目标执行情况；二是在发现问题时给予必要的指导和帮助。检查的方法可灵活地采用自检、互检和责成专门的部门进行检查，必要时建立信息反馈系统，按照目标及保证措施的要求严格进行检查。检查的依据就是事先确定的目标，如果发现需要对相关目标进行调整，则需通过上级领导及时调整，保证各相邻目标的顺利实施。

（三）成果评价

成果评价既是实行奖惩的依据，又是上下沟通的机会，同时还是自我控制和自我激励的手段。成果评价既包括上级对下级的评价，也包括下级对上级、同级关系部门之间以及各层次的自我评价。目标成果的评价一般采用综合评价法，在进行成果评价时会对每一个项目按目标的完成程度、目标的复杂困难程度和完成任务的努力程度三个要素进行评定，可将结果分成A、B、C、D四个等级，达到预期目标以上的为A级，正好完成预期目标的为B级，没有达到预期目标的为C级，结果与目标相反的为D级。

其基本做法是通过信息反馈系统，将组织所属各级单位和全体员工的目标实施情况定期逐级反馈到上级单位，从中发现差异，查清原因，以便及时采取措施，纠正偏差。若在检查中发现预定目标与实际情况不符，或因不可抗拒的原因造成无法实现预定目标，则应对原定目标进行调整修改。在检查工作中，可以把自我检查与上级检查相结合，把专业检查与全面检查相结合，把定期检查与经常检查相结合。

（四）实行奖惩

在对目标实施过程进行检查、控制的同时，还应对检查结果作出评价和考核，并与个人的利益和待遇结合起来，实施奖励和惩罚。具体做法就是按月份或季度和年度定期组织管理人员对组织下属各级单位和全体员工的目标责任完成情况进行检查考评，并依据考评结果决定工资、奖金的发放水平，组织行政的嘉奖惩罚和岗位职务的升降调动。

（五）制定新目标并开始新目标的管理循环

一个计划期的目标管理过程结束之后，可根据检查考评资料发动广大群众进行总结，以推广成功的经验，吸取失败的教训，把成功的经验固定下来并加以完善，使之科学化、系统化和制度化，对不足之处要分析原因，采取措施加以改进，并用以指导和改善下一个计划期的目标管理工作，进行新的、更高水平的目标管理循环。

四、目标管理的优劣

目标管理是以相信人的积极性和能力为基础的，企业各级管理者对下属人员的管理，不是简单地依靠行政命令强迫他们去干，而是运用激励理论，引导职工自己制定工作目标，自主进行自我控制，自觉采取措施完成任务，自动进行自我评价。目标管理的最大特征是通过诱导启发职工自觉地去干，激发员工的生产潜能，提高员工的工作效率，来促进企业总体目标的实现。

目标管理与其他任何事物一样具有两个方面，既有积极的优点，又有本身的局限性。

（一）目标管理的优点

（1）目标管理有利于调动员工的积极性、创造性和责任感，从而激励员工较好地完成组织目标。目标管理的一个显著特点是体现了员工参与管理的意识。由于在整个目标管理过程中，员工参与了自己目标的制定，对自己的职责比较清楚，又有一个较合理的奖惩制度，这就形成了一个调动大家积极性的良好环境。同时，由于目标管理是一种注重结果的管理，对过程的控制相对比较宽松，这就有利于激发员工的创造性，相应地也会增强员工的责任感，使员工为完成组织目标积极地工作。

(2) 目标管理有利于各级领导对下属的管理。由于在目标实施过程中，大家都能进行自我管理、自我控制，又有定期性的检查总结，能及时发现问题，进行调整，有利于组织形成一种自我调节、自我完善的机制，朝着组织的目标迈进。

(3) 目标管理有利于暴露组织结构中的缺陷。目标的归口管理要求组织结构权责明确，目标管理的自我控制原则要求结构的设定要以分权为基础，要授权充分，权责明确。目标管理其实是分权制的结果。

(4) 目标管理有利于形成更有效的控制。目标管理不仅提高了计划工作的有效性，而且有助于形成有效的控制。有效控制的前提条件之一就是必须有明确的、可考核的目标，目标是控制的量尺。目标管理中建立起来的环环相扣、彼此支持以及明确的考核标准是有效控制的最好工具。

【相关链接】

明确的目标管理是治疗“大企业病”的最好方法

1997年4月，爱普生电子有限公司（后来更名为EPSON中国公司）成立的时候，只是在北京有分支机构，那时在管理上更多的是对员工的激励，给他们鼓舞士气，让他们看到希望。换句话说，是员工的激情保持了企业的快速发展。

随着事业的不断发展，后来又扩大到广州、上海、成都等12个分支机构。管理的难度随着分支机构的逐渐增多而增加起来，员工人数大大超过从前，很难保证每一个员工都有自觉性和主动性。这个时候最重要的办法就是设立明确的目标管理制度。

在爱普生，目标管理具体是怎样实施的呢？首先这种管理方式具有细致、可操作的特点。一个明确的管理目标一旦确定，那么每一个目标不只是明确到团队，更重要的是落实到个人。任何一个分支机构都有明确的目标管理，产品销售有目标、售后服务有目标，总之一切工作都有章可循。

总之，虽然有很多项目需要管理，但通过设立目标，进而对这些目标进行严格地执行和实施，为公司的快速成长奠定了基础。实践经验证明：明确的目标管理是治疗“大企业病”的最好方法。

(二) 目标管理的缺点

目标管理尽管优点很多，但它也有若干弱点与缺点，有的缺点是方法本身存在的，另外一些则是在运用中引起的。

(1) 目标难以确定。真正可考核的目标是很难确定的，尤其是要让各级管理人员的目标都具有正常的“紧张”和“费力”程度，即“不跳够不到”、“跳一跳够得到”的合理程度，是非常困难的。而这个问题恰恰是目标管理能否取得成效的关键。为此，目标设置要比展开工作和拟订计划做更多的研究。

（2）目标短期化。几乎在所有实行目标管理的组织中，确定的目标一般都是短期的，很少有超过一年的，常常是一个季度或更短些。其原因是组织外部环境的可能性变化，各级管理人员难以做出长期承诺所致。短期目标的弊端在管理活动中是显而易见的，短期目标会导致短期行为，以损害长期利益为代价，换取短期目标的实现。为防止这种现象的发生，高层管理人员必须从长远利益来设置各级管理目标，并对可能出现的短期行为做出某种限制性规定。

（3）目标管理容易造成员工之间的不公平。因为目标管理是以目标实现的程度来衡量员工的工作绩效，并以此来确定奖惩。但在现实管理中，有时目标的实现要受到许多外部因素的影响，而非主观因素能决定，有时奖惩不一定都能与目标成果挂钩，从而会影响目标管理的效果。

（4）目标管理缺乏灵活性。目标管理要取得成效，就必须保持目标的明确性和肯定性，如果目标经常改变，说明计划没有深思熟虑，所确定的目标是没有意义的。但是，计划是面向未来的，而未来存在许多不确定因素，这又使得必须根据已经变化了的计划工作前提对目标进行修订。然而，由于目标是经过多方磋商确定，要改变它就不是轻而易举的事，常常修订一个目标体系与制定一个目标体系所花费的精力和时间是差不多的，结果很可能迫使主管人员不得不中途停止目标管理的进程。因此，使得组织运作缺乏弹性，无法通过权变来适应变化多端的外部环境。

综上所述，目标管理可能看起来简单，但要把它付诸实施，管理者必须对它有很好地领会和理解。

第一,管理者必须知道什么是目标管理,为什么要实行目标管理。如果管理者本身不能很好地理解和掌握目标管理的原理,那么,由其来组织实施目标管理也是一件不可能的事。

第二，管理者必须知道组织的总目标是什么，以及他们自己的活动怎样适应这些目标。如果组织的一些目标含糊不清、不现实、不协调、不一致，那么主管人员想同这些目标协调一致，实际上也是不可能的。

第三，目标管理所设置的目标必须是正确的、合理的。所谓正确，是指目标的设定应符合组织的长远利益，和组织的目的相一致，而不能是短期的。合理的，是指设置目标的数量和标准应当是科学的，因为过于强调工作成果会给人的行为带来压力，导致不择手段的行为产生。为了减少选择不道德手段去达到这些效果的可能性，管理者必须确定合理的目标，明确表示行为的期望，使得员工始终具有正常的“紧张”和“费力”程度。

第四，所设目标无论在数量或质量方面都具备可考核性，也是目标管理成功的关键。任何目标都应该在数量上或质量上具有可考核性。有些目标，如“时刻注意顾客的需求并很好地为他们服务”，“使信用损失达到最小”或“改进提高人事部门的效率”等，都没多大意义，因为在将来某一特定时间没有人能准确地回答他们实现了这些目标没有。如果目标管理不可考核，就无益于对管理工作或工作效果进行评价。

正因为目标管理对管理者的要求相对较高，且在目标的设定中总是存在这样、那样的问题，使得目标管理在付诸实施的过程中，往往流于形式，在实践过程中有很大的局限性。于是，管理学者们顺应管理学的不断发展，根据不同发展时期对人性的不同认识，提出了相应的管理方式。

本章小结

计划是指为了实现组织目标而事先制定工作的内容和步骤，它是全体组织成员在一定时期内的行动纲领。计划具有目的性、首要性、普遍性、效率性和创造性等特点，可以为组织指引方向，保证组织目标的实现；能使组织及时预见未来可能出现的机会或威胁，消除或降低未来不确定因素的影响，使组织适应外部环境的变化；可以使组织经济合理地进行管理，为合理配置资源提供依据，同时也为组织提供检查与控制标准。根据不同的标志，计划可以划分为不同的种类。

计划编制可采用现代数学工具和以计算机技术为基础的各种新的方法和技术，如滚动计划法、网络计划法、甘特图法、PDCA 循环法等。

不同类型的计划,其制定程序不尽相同,但一般要经过估量机会、确定目标、确定前提、预测未来情况、评估备选方案、选择方案、制定派生计划和编制预算等 8 个环节或步骤。

目标是指组织在某段时间内期望达到的成果，这种成果是个人、小组或整个组织努力的结果，因此，目标是组织管理活动的出发点和归宿。组织目标的设定要考虑企业利益相关者的利益和要求。要实现组织目标，就要实行目标管理。目标管理是让主管人员和员工共同参与目标制定，在工作中实行“自我控制”，并努力完成目标的一种管理制度和方法。目标管理主要是由建立目标体系、目标实施和目标成果的评价、进行奖惩、制定新目标并开始新目标的管理循环等几个阶段形成的一个循环周期。

本章结构图

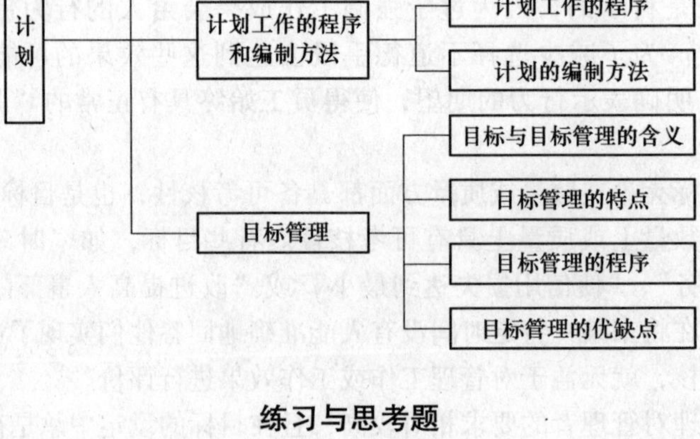

练习与思考题

4-1　单项选择题

(1) 计划作为名词，是指计划工作的（　　）。

A. 活动　　B. 结果　　C. 开始　　D. 过程

(2) 计划工作的核心是（　　）。

A. 明确目标　　B. 估量机会　　C. 决策　　D. 确定计划前提条件

(3) 制订计划的主要目的是（　　）。

A. 减轻主管人员的决策负担　　B. 让工作井然有序

C. 让下属有章可循　　D. 资源配置

(4) 滚动计划法是按照（　　）的原则制定一定时期内的计划。

A. 勤俭节约　　B. 精打细算　　C. 认真负责　　D. 近细远粗

(5) 目标的价值体现在（　　）。

A. 指明方向与提供标准　　B. 激励作业

C. 管理基础　　D. 上述各方面

(6) 通常组织中层次越低的部门，其目标往往（　　）。

A. 比较具体　　B. 时间跨度较长　　C. 很抽象　　D. 变化快

(7) 目标管理始创于20世纪50年代的（　　）。

A. 英国　　B. 中国　　C. 美国　　D. 日本

(8) 目标管理强调的是（　　）。

A. 方法论　　B. 工作进度安排

C. 工人和管理者活动　　D. 以成果为目标的管理

4-2　多项选择题

(1) 计划的表现形式有（　　）。

A. 宗旨　　B. 目标　　C. 规则　　D. 程序　　E. 预算

(2) 按照计划的周期长短，可将计划划分为（　　）。

A. 长期计划　　B. 中期计划　　C. 短期计划

(3) 计划的编制方法有（　　）。

A. 网络计划法　　B. 滚动计划法　　C. 甘特图法　　D. PDCA 计划循环法

(4) 目标管理的过程包括（　　）。

A. 制定目标　　B. 目标实施　　C. 成果评价

D. 实施奖惩　　E. 制定新计划

4-3　简答题

(1) 什么是计划？计划的5W1H指的是什么？

(2) 计划对组织管理来讲，起到什么样的作用？

(3) 简述计划的类型与计划的表现形式。

(4) 计划的编制包括哪些步骤？

(5) 目标管理的含义是什么？

(6) 实施目标管理有哪些过程？

(7) 目标管理有哪些优缺点？

4-4　案例分析

案例1：

东方电力公司

玛格丽特·奎因（Nargaret Quinn）是东方电力公司总经理。这家公司是美国东部的大电力公用事业企业之一。这位总经理长期以来相信，有效的编制公司计划，对成功来说是绝对必要的。她花了十多年的时间，一直想方设法让公司的计划方案编制起来，但是成效甚微。在这段时间里，她先后指派3位副经理掌管编制计划，虽然每位副总经理似乎都在努力工作，但是她注意到，个别部门管理人员继续自行其是，他们就发生的问题作出决策，对做“救火”的有效工作而自鸣得意。

然后公司似乎在漂泊不定，而部门管理人员的决策相互之间总是不一致。主管调整事务的高级管理人员经常催促州委员会准许把电费提高，但无很大进展，因为委员会觉得，费用虽然上涨，但是不合理。公共关系的领导不断地向公众呼吁，要理解电力公用事业，但是各社区的用电户觉得，电业赚的钱够多了，因此公司应该解决它的问题，而不应提高电费。负责电力供应的副总经理受到很多来自社区的压力，要他扩大电路把所有输电线路埋入地下，避免出现不雅观的电线和线路；同时向顾客提供更好的服务，他觉得顾客是第一位的，而费用是第二位的。

应奎因女士的要求，一位咨询顾问来公司检查情况，他发现公司并没有真正地把计划做好，编制计划的副总经理和他的职员正在努力地进行研究和作预测，并把研究的预测情况提交给副总经理，仅此而已。所有部门的管理人员把这些工作看作是对他们的日常业务没有重要性的文牍工作，因此他们对此兴趣不大。

根据案例所提供的情况，请回答下列问题：

（1）你认为要取得明显的管理效果，首要任务是作好管理的（　　）。

A. 计划　　B. 组织　　C. 人员配备　　D. 指挥

（2）从这个案例分析来看，奎因女士编制计划方案时，成效甚微的原因是忽视了计划的核心是（　　）。

A. 确定目标　　B. 确定计划的前提条件

C. 制定可供选择的方案　　D. 作决策

（3）个别部门管理人员在决策时，公司给予了他们一定自由处置权，这指的是计划表现形式的（　　）。

A. 规则　　B. 程序　　C. 政策　　D. 标准

（4）个别部门管理人员对做“救火”的有效工作而自鸣得意。这说明他们只重视（　　）。

A. 长期计划　　B. 中期计划　　C. 短期计划　　D. 战略计划

（5）奎因女士花了十多年的时间想编制一个高效率的计划方案，指的是计划的（　　）。

A. 目的性　　B. 主导性　　C. 经济性　　D. 普遍性

（6）计划的效率是指（　　）。

A. 编制计划要快　　B. 计划的预期目标保证实现

C. 投入与产出的比例高　　D. 计划指标既先进又可行

(7) 你认为要每一个员工都参与到编制计划中来，重视计划的实施，最好采用（　）。

A. 滚动计划法　　B. 网络计划技术法

C. 线形规划法　　D. 其他方法

(8) 编制完整的计划方案时，最后一步（即使计划数字化）是（　）。

A. 规划　　B. 政策　　C. 规则　　D. 预算

案例2：

目标管理缺少什么

某市公安局长在行政管理培训中学习目标管理计划时说："我们经常有局里每个人为之努力的重要目标，我们的职责是公正地维持法律与秩序的尊严，保护人民的生命和财产安全。每一个在局里工作的人都了解这些目标。每一个人都知道他们必须为实现上述目标献身，如果不这样做，他将被解职。我认为在企业中，可用利润、销售、成本以及其他指标来衡量目标，当然，我们不可能用这些来检查我们的服务工作。但是这并不意味着我们没有实行目标管理。"这位公安局长又顿了顿嗓音自豪地说："目标管理在我们这里并不是什么新玩意儿。"

根据案例提供的情况，请回答下列问题：

(1) 这位公安局长认为目标管理仅仅是针对所有个人的，其实目标管理适合于管理（　）。

A. 组织　　B. 工作和工人　　C. 管理者　　D. 自己

(2) 较早提出目标管理的人是（　）。

A. 泰勒　　B. 德鲁克　　C. 孔茨　　D. 法约尔

(3) 在这项目标管理中，着重缺少什么（　）。

A. 详细的考核标准　　B. 具体的个人目标

C. 组织目标　　D. 个人目标与组织目标的结合点

(4) 目标管理的基本实施过程是（　）。

A. 组织目标的实现　　B. 个人目标的汇总

C. 确立、实施、评价目标的过程　　D. 总目标的体现

(5) 在这个案例分析中，目标管理单纯指的是（　）。

A. 个人目标　　B. 组织目标

C. 企业最终目标　　D. 个人目标与组织目标的结合

案例3：

房屋建筑中的关键线路

拉夫是一独立的建筑承包商，他已经完成了造价为30万美元的25幢房屋建造计划中的第五幢房屋。最近他阅读了一篇有关将关键线路法应用于建筑一个销售中心的文章，因此对于把这种办法应用到他自己的经营方面很感兴趣。他目前雇佣了4个木工和2个普通

工人。他的很多工作，诸如掘土、铺设管道、平整土地、灌水泥、砌砖、电气工作等，是由转包工来完成的，这些转包工是按每一项工作所需要的材料和人力小时来一并计算他们的费用的。拉夫希望，关键线路法在他的经营上的应用将来会减少建筑每一幢房屋的总日数，并能更好地利用他现有的劳力。作为把关键线路法应用在他的建筑工作上的第一个步骤，拉夫测定了建筑头5幢房屋的每一幢所需要的平均时间。这些数值连同每一建筑作业的顺序，见表4－2。

表4－2　各项工作的顺序及所需时间

工作编号及说明	紧前工序	工序时间/天
a. 开工		0
b. 掘土打基	a	4
c. 灌水泥地基	b	2
d. 架设木结构及粗制的屋顶	c	4
e. 砌砖	d	6
f. 安置地下室下水道及管道	c	1
g. 浇灌地下室地面	f	2
h. 安置总管道	f	3
i. 架设动力电线	d	2
j. 安置暖气及通风设备	d, g	4
k. 装置石膏板及抹灰（包括染色）	h, i, j	10
l. 铺设精饰地板	k	3
m. 安置厨房设备	l	1
n. 安置装饰后管道	l	2
o. 完成木工精饰活	l	3
p. 修饰屋顶与防雨板	e	2
q. 加固檐槽及流水管	p	1
r. 铺设雨水大水道	c	1
s. 磨地板和上清漆	o, t	2
t. 油漆	m, n	3
u. 完成电气工作	t	1
v. 完成平整工作	q, r	2
w. 铺人行道和完成庭院园艺	v	5
x. 竣工	s, u, w	0

分析：

（1）应用表4－2所列示的信息，拟出一个网络分析图，并确定出关键线路和总工期。

（2）你能提出什么建议来帮助拉夫缩短关键线路上的时间，尽快提高其计划效率吗？

实践与训练

【项目名称】

制定创业目标及行动计划书。

【实训目标】

(1) 加深学生目标管理和计划制定的能力。

(2) 培养学生创业能力。

【实训内容与要求】

内容:

(1) 以模拟公司为单位，根据以往对企业的了解，也可上网搜集资料，选择创业项目。

(2) 对创业项目的市场环境进行SWOT分析，根据环境分析结果制定竞争战略。

(3) 撰写创业计划书。

要求:

(1) 小组成员分工明确，计划切实可行。

(2) 文案写作可以各显其能，不拘一格。以下项目仅供参考。

项目概况：本创业计划的创意背景、目标规划、市场前景。

市场分析：客户、竞争对手、竞争优势和劣势。

管理体系

投资策略

营销战略

预计收益

【成果与检测】

(1) 班级交流，每个公司派代表进行演讲，介绍创业计划。

(2) 每个公司上交创业计划书一份。

第五章　组　　织

学习目标

知识目标：

- 了解组织含义、特点及组织工作原理等基本概念
- 理解组织结构设计、组织结构形式
- 了解人力资源管理的知识
- 了解组织文化、组织变革

能力目标：

- 掌握组织结构设计能力
- 掌握企业组织结构分析能力

【导入案例】

老王与小王的争论

老王经过一家人的共同努力，将自家的一个小杂货店经营成为一中型的百货商场。按说，一家人应该高高兴兴才是，但现在的老王家却充满着火药味。

事情是这样的，老王与儿子小王就百货商场是否设设计职能部门争吵开了。老王认为，自己经营小百货有经验，没有必要搞那些花架子，儿子学的那些东西对自己的经营没有什么用处。小王则根据自己在大学学过的《管理学》，坚持要按照组织结构的设计要求来设置职能部门。他认为父亲思想陈旧古板，不懂得运用科学来管理，应该洗洗脑子，接受一点新观念，用一些新方法。两人争议了大半天，谁也说服不了谁。

通过案例，老王的组织经验是错的吗？小王的组织观点正确吗？怎样的组织结构才是合理的？这正是这一章要着重解决的问题。

第一节　组织概述

一、组织及组织类型

组织是人类社会最常见、最普遍的社会现象。工厂、机关、学校、医院、各级政府部门都是组织，它是人们进行合作活动的必要条件。社会中每个人至少在一个组织中工作和

生活，所以，组织的优劣对其成员有重要影响。

（一）组织及其特征

组织具有广义和狭义之分。从广义上来说，组织是指由诸多要素按照一定方式相互联系起来的系统。从狭义上来说，组织是指为了达到某些特定目标经由分工和合作及不同层次的权力和责任制度而构成的人的集合。

组织又有名词和动词两层含义。作为名词，主要是指作为实体本身的组织即按照一定目的、任务和形式建立起来的社会集团。如企业、政府、学校、社团等。作为动词，指管理的职能，即通过组织的建立、运行和变革去配置组织资源完成组织任务和实现组织目标。

对于组织的概念，国外有关学者众说纷纭。其中最早的是由巴纳德提出的观点，他认为“组织就是两个或两个以上的人有意识协调活动的系统”。被誉为“管理过程理论”之父的法约尔最早指出的管理五职能，其中之一就是组织，并认为企业的组织职能主要包括：设计组织结构，确定相互关系，制定规章制度，以及招收、训练、评价职工等。其后，西方的理论学者对组织都下过不同的定义。伊兹尼把组织描述为“组织是一个有计划的单位，是为完成特定的目标而设计起来的”。韦伯提出了“理想行政理论”的概念，把理性合法权利看作组织的基础和支柱。哈罗德·孔茨把组织定义为“正式的有意形成的职务结构或职位结构”。波特、劳拉和哈克曼指出组织应包括五个基本要素：社会结构、目标方向、差别化的功能、合理协调和时间上的延续性。穆尼则强调组织是一种在一个协调的整体里，把具体的任务或职能联系起来的技术等等。

由此可见，组织不仅是人的结合，而且是一个特定的体系。综合起来，我们可以把组织定义为：组织是由两个人以上的群体组成的有机体，是一个为了共同目标，内部成员形成一定的关系结构和共同规范力量的协调系统。

这个概念包括了以下几方面的含义：

（1）组织有一个共同的目标。目标是组织存在的前提和基础。组织之所以存在，只能是因为它执行一定的功能，否则就失去其存在的理由。而组织能够存在并发展下去，就是因为它有一定的目标。

（2）组织是实现目标的工具。组织目标是否能够实现，就要看组织内各要素之间的协调、配合程度，分工协作是由组织目标限定的，一个组织为了达到目标，其中很重要的一个方面就是要看组织结构是否合理有效。

（3）组织包括不同层次的分工协作。组织内部必须有分工，而在分工之后，就要赋予各个部门及每个人相应的权力，以便实现目标。组织为达到目标和效率，就必须进行分工协作，把组织上下左右联系起来，形成一个有机的整体。

【管理小故事】

协作逃生

在一个房子里，住了一个瞎子、一个哑巴和一个跛子。有一天，房子突然失火了，情急之下，瞎子请哑巴背着跛子，由跛子指引哑巴找到出口，瞎子跟随在后，三个人终于顺利逃出火宅。

（二）正式组织与非正式组织

组织可以分为正式组织和非正式组织，经过规范的组织结构的设计和运行，就形成了所谓的正式组织，它有明确的目标、结构、职位、职责和职权以及由此决定的分工协作关系，要求组织的一切成员为实现共同目标而努力。在正式组织运行过程中，还会产生非正式组织，即由共同兴趣、感情等因素自然形成的无形群体。它同正式组织互相依存，对正式组织及其目标的实现会产生影响。因此，需要处理好正式组织和非正式组织之间的关系。

1. 正式组织与非正式组织的特点

非正式组织是人际关系理论的创立者梅奥等人在霍桑试验中首先发现的，后来有许多管理学者继续对非正式组织做了研究，如巴纳德就指出：非正式组织是指那些人们的联合行动，他们尽管会对共同的后果产生影响，但并无有意识的联合目的。与正式组织相比，非正式组织有不少特点，现将两类组织的主要特点归纳见表5－1。

表5－1 正式组织与非正式组织的主要特点

项 目	正 式 组 织	非正式组织
形成原因	为了实现共同目标而有意识地组织起来	因人们的性格、爱好、交往、感情等逐渐形成，并无自觉的共同目标
表现形式	是有形的组织，表现为组织图、职务说明书等	是无形的组织，无任何成文的表现形式
成员范围	按组织设计规定的层次、部门配备合格的人员，人数相对稳定	自愿结合，不受正式组织规定的层次、部门、职务等的限制，人数不定
行为标准	以效率逻辑作标准，制定有明确的方针、程序、规章制度，要求严格执行	以感情逻辑作标准，只有不成文的约定，如有违反，则受到疏远或排斥
领导者的产生方式	按有关规定选拔产生	自然产生，往往是团体中交往最多的或威望最高者

任何正式组织之中都有非正式组织存在，二者常常是相伴而存的。通过表5－1可以看出，非正式组织和正式组织的最大区别是前者没有共同的目标，它的表现形式和成员范围是不定的，经常变动。所以，不能像正式组织那样有清晰的组织意图。此外，非正式组织还具有形式灵活、覆盖面广的特点。所以，管理者在组织工作中应有意识、有计划地促进某些具有较多积极意义的非正式组织的形成和发展，从而促进正式组织中人员的相互沟通和协作，提高组织的凝聚力和向心力。

2. 非正式组织对正式组织的积极作用

非正式组织能对正式组织产生积极作用，对此巴纳德早已指出。这些积极作用主要有：

（1）可满足正式组织成员的需要。人是“社会人”，有社交、受人尊重和自我实现等需要，这些需要有相当一部分是在通过相互交往形成的非正式组织中得到满足的，而这些需要的满足，对激励组织成员的工作热情有着重要影响。

（2）增进正式组织成员的团结协作精神。人们经过相互交往，易于产生团结协作精神，有些不便由正式渠道提出的、容易引发争议的意见和事情，可以在非正式组织成员间实行交换意见，然后再提出，更有助于团结协作。

（3）非正式组织也关心其成员的工作表现。因此，对那些工作有困难的或技术不熟练的，他们会自觉地给予帮助，促使他提高技术水平，从而对正式组织的培训工作起到补充作用。

（4）非正式组织也要考虑和维护自己在公众中、在正式组织中的良好形象。往往会帮助正式组织建立正常的活动秩序，纠正自己成员违反正式组织纪律的行为，甚至按照自己的方式对那些成员进行惩罚。

3. 非正式组织对正式组织的消极作用

（1）当非正式组织与正式组织的目标不一致甚至发生冲突时，就会对正式组织产生消极影响。

（2）非正式组织对内外的信息沟通一般是秘密的，易于流传“小道消息”，这些消息往往传播很快而对正式组织带来消极影响，要消除其影响并不容易。

（3）非正式组织加强了其内部成员的交往，但却对非组织成员和其他非正式组织加以排斥，甚至同其他非正式组织闹矛盾或比高低，这就会损害正式组织所需要的团结。

（4）非正式组织经常表现出反对改革、革新的倾向，因为它的多数成员害怕改革或革新会威胁非正式组织的存在。这对于正式组织的发展显然是不利的。

4. 正式组织对非正式组织的正确引导

非正式组织对正式组织既有积极作用又有消极作用，因此，正式组织的管理者应当对它采取正确态度，加强引导，以发挥其积极作用。

（1）接受非正式组织必然存在的现实，不把它看成坏事而加以禁止，也不提倡或鼓励，应通过深入细致的工作，去发现已形成的非正式组织极其领导者。（2）对非正式组织进行引导。要做耐心细致的思想工作，说服非正式组织的成员特别是其领导者，把他们的目标同正式组织的目标一致起来，支持正式组织方针目标的实现。（3）当发现非正式组织的行为对正式组织不利时（如限制产量、反对改革等），要做好思想工作，采取适当的方式去纠正和化解不利局面。当发现非正式组织有干坏事的倾向时，要及时制止，不可姑息。

二、组织工作

（一）组织工作的含义

组织工作作为管理的一项基本职能，是指在组织目标已经确定的情况下，将实现组织目标所必须进行的各项活动加以分类、组合，进行管理部门和管理层次的划分，并将完成任务所必须的某种职权授予各部门、各层次的相应职位，进行指挥、监督和控制的活动过程。组织工作就是设计、建立并保持一种有活力的组织结构的活动过程。组织工作职能包括以下四个方面的内容：

（1）根据组织目标，设计和建立一套组织职位系统。（2）根据组织机构，确定职权关系，使组织成为一个有机的统一体。（3）通过与管理的其他基本职能相配合，以保证所设计和建立的组织机构能有效地运转。（4）根据组织内外要素的变化，适当地调整组织结构。

（二）组织工作的特点

1. 组织工作是一个过程

组织工作是根据组织的目标，考虑组织内外部环境来建立和协调组织结构的过程。这个过程一般的步骤为：

（1）确定组织目标。（2）对目标进行分解，拟定派生目标。（3）确认为实现目标所必需的各项业务工作并加以分类。（4）根据可利用的人力、物力及利用它们的最好方法来划分各种工作，由此形成部门。（5）将进行业务活动所必需的职权授予各部门的负责人，由此形成职务说明书，规定该职务的职责和权限。（6）通过职权关系和信息系统，把各部门的业务活动上下左右紧密地联系起来。

2. 组织工作是动态的

组织内外部环境的变化，都要求对组织结构进行调整以适应变化。设计、建立并维持一种科学、合理的组织结构，并不是一蹴而就的，它是通过对组织目标分析之后而进行的一系列活动过程。同时，建立起的组织结构也并不是一成不变的，它应随着内外因素的变化而进行适当的调整与变革。

3. 组织工作要充分考虑非正式组织的影响

由于非正式组织对组织的目标有影响，组织工作必须考虑非正式组织的影响。这有助于在组织工作中设计与维持组织目标与非正式组织目标的平衡，避免对立，并在领导与指导时对非正式组织加以利用。

（三）组织工作的基本原理

为了更有效地实现组织目标，需要设计和建立合理的组织结构，并根据组织内外部要素的变化适时地调整组织结构，维持组织的正常运转。那么，怎样才能做好组织工作，更有效地实现组织目标。长期以来，管理学家及管理工作者们进行过许多有益的探索和研究，综合国内外经验，组织工作应遵循以下几项基本原理。

1. 目标统一原理

目标统一原理，是指组织结构的设计和组织形式的选择必须有利于组织目标的实现。企业的目标是通过输出社会需要的产品或服务实现利润的最大化。每一机构根据总目标制定本部门的分目标，而这些分目标被层层分解，直至每一个人都了解自己在总目标的实现中应完成的任务。这样建立起来的组织机构才是一个有机整体，为总目标的实现提供了保证。

2. 分工协作原理

分工协作原理，是指组织结构越能反映为实现组织目标所必要的各项任务和工作分工，以及相互间的协调，组织结构就越有效。分工是按照提高管理专业化程度和工作效率的要求，把组织的总目标分解成各部门、各组织成员的具体的目标与任务，使各部门、各组织成员明确其在组织中应承担的职责和拥有的职权。通过分目标、各项任务的实现，从而最终实现组织的总体目标。同时通过组织各方面的协调与配合，确保组织以最低的成本、最高的效率实现组织的总目标。

3. 管理宽度原理

管理宽度原理，是指主管人员对直接监督、指挥的下属人数越合理，组织的运行就越有效。管理宽度的限度取决于多方面的因素，例如工作类型、主管人员以及下属的能力等。因此，管理宽度是因组织、因人而异的。由于管理宽度的大小影响和决定着组织的管理层次，以及主管人员的数量等一些重要的组织问题，所以，每一个组织都应根据实际来慎重地确定理想的管理宽度。

4. 集权与分权相结合原理

集权与分权相结合的原理，是指对组织结构中的职权的集权与分权的关系，处理得越是适中，就越有利于组织的有效运行。一般来说，技术越发展，生产越社会化，协作劳动越紧密，分工越精细，就越需要集中统一的指挥与管理，以利于加强组织中各局部、各方面的协调配合，更经济合理地利用组织资源。因此，集权管理是社会化大生产保持统一性与协调的内在需要。但是，集权又有其致命的弱点：弹性差，适应性弱，特别是在社会化大生产的复杂性和多样性面前，无弹性的集权甚至可以造成组织的窒息。因此，必须实行局部管理权力的分散。主管人员应根据实际情况，妥善处理好集权与分权的关系。

5. 权责一致原理

权责一致原理，是指在组织结构设计中，职位的职权和职责越是对等一致，组织结构就越是有效。职责不可能大于也不应该小于所授的职权。作为主管人员，在组织中占据一定的职位，从而拥有一定的职务、一定职权，也就必然要负一定的责任。即职务、职责、职权三者是对等的。

6. 统一指挥原理

统一指挥原理，是指组织的各级机构以及个人必须服从一个上级的命令和指挥，保证命令和指挥的统一，使组织最高管理部门的决策得以贯彻执行。统一指挥要求避免多头领导和多头指挥，上级指示要由上至下逐级下达，不能越级指挥，下级只接受一个上级的领导，只向一个上级汇报工作并向他负责，上下级之间就形成了一个“指挥链”。当然，统一指挥原理在实践中可能会出现缺乏横向联系或灵活性等问题，上级可根据实际授权下级相互直接联系，但必须将结果汇报各方上级，以免缺乏协调和统一指挥。

7. 稳定性和适应性相结合的原理

稳定性和适应性相结合的原理，是指越是能在组织结构的稳定性与适应性之间取得平衡，就越能保证组织的正常运行。组织结构及其形式既要有相对的稳定性，但又必须随组织内外部条件的变化，根据长远目标做出相应的调整。组织结构呈现僵化状态而不能适应变化或者过频繁调整变化而不能保持相对稳定，都会对组织产生不利影响。

8. 精干高效原理

精干高效原理，是指任何一种组织结构形式，都必须以精干高效为目标，有效保证组织目标的实现。在服从由组织目标所决定的业务活动需要的前提下，力求减少管理层次，精简管理机构和人员，充分发挥组织成员的积极性，提高管理效率，更好地实现组织目标。

【趣味阅读】

小狗 VS 斑马

在非洲大草原上，三只瘦弱的小狗正与一只高大的斑马进行一场生死搏斗。

乍一看来，三只弱小的小狗很难是大斑马的对手。但实际情况是，一只小狗咬住斑马的尾巴，任凭斑马的尾巴如何甩动，也死死咬住不放；一只小狗咬住斑马的耳朵，任凭斑马如何摇头，也决不松口；一只稍显强壮的小狗咬住斑马的一条腿，任凭斑马如何踢弹，一点也不敢懈怠。

不一会儿，在三只小狗的齐心攻击下，“庞然大物”斑马终于体力不支瘫倒在地，成为三只小狗的盘中餐。

只要措施得力，麻雀撞坏飞机。在组织内部，管理者一个很重要的职能就是科学分工，根据实际动态对人员进行最佳配置。只有每个员工都明确自己的岗位职责，各司其职，才不会产生推诿、扯皮等不良现象。相反，如果队伍中有人滥竽充数，给企业带来的不仅仅是工资的损失，还可能导致公司工作效率整体下降，甚至在激烈的竞争中会像斑马一样颓然倒下。

第二节　组织结构设计

一、组织结构设计的任务

组织设计的任务主要包括三个方面：

（1）职务设计与分析。这是组织设计中最基础的工作。职务设计是在目标活动逐步分解的基础上，设计和确定组织内从事具体管理工作所需的职务类型和数量，分析担任每个职务的人员应负的责任及应有的素质要求。用职务说明书体现。

职务说明书要求能简单明确地指出该管理职务的工作内容、职责与权利、与组织中其他部门和职务的关系，要求担任该项职务者所必须拥有的基本素质、技术知识、工作经验、处理问题的能力等。

（2）部门划分。是组织的横向结构设计。根据各个职务之间工作内容的性质以及职务间的相互关系，依照一定的原则，可以将各个职务组合成部门的管理单位。部门设计主要有两个工作：一是确定企业应设置哪些部门；二是规定这些部门间相互的联系。

（3）层次设计。是指组织内部的纵向分工的形式。指组织在纵向设计中需要确定层级数目和管理幅度，根据组织集权化程度，规定纵向各层级之间的权责关系，形成一个能够对外环境做出动态反应的有效组织结构形式。

经过以上步骤，最终形成组织结构系统图。组织结构系统图即组织的框架体系，它体现组织的构成，是对完成组织目标的人员、工作、技术和信息所作的制度性安排。组织结构系统图，如图5-1所示。

图5-1中的方框表示各种管理职务或相应的部门；箭头表示权力的指向；通过箭头将各方框连接，表明了各种管理职务或部门在组织结构中的地位以及它们之间的相互关系。比如：主管营销的副总经理服从总经理的指示，并向总经理汇报工作，同时，又领导销售部、广告部、研发部经理的工作。

二、组织结构的横向设计

对组织结构进行横向设计就是组织部门化，即将组织中的活动按照一定的逻辑进行安排，划分为若干个管理单位的活动过程。目的在于提高部门之间协调的效率，减少扯皮或

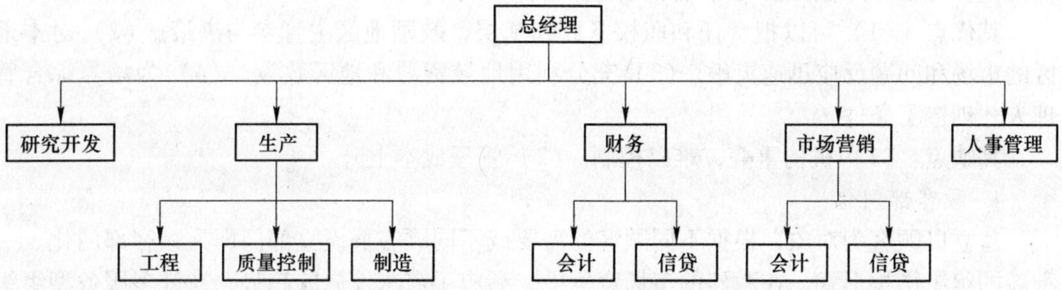

图5－1　组织结构系统

推诿的现象，进而提高整个组织的运行效率和效益。

（一）组织部门化的基本原则

1. 因事设职和因人设职相结合的原则

各个部门、岗位的职责任务必须十分明确，任务的分配要尽量平衡，防止出现部门之间、部门内部不同岗位忙闲不均的现象。要做到“事事有人做”和“人人有事做”。

2. 分工与协作相结合的原则

部门与部门之间既要讲究分工明确，责任清晰，更要讲协调配合，共同为组织的整体工作做出贡献。

3. 精简高效原则

部门设计必须精干，该有的部门一个不少，无用的部门一概不要，可要可不要的部门坚决撤并，无效而不必要的部门要及时予以果断的调整，这一切都要以效率为前提。

（二）组织部门化的基本形式与特征比较

1. 职能部门化

把相同或相似的活动归并在一起，作为一个管理单位即为职能部门化，是一种传统而基本的组织结构形式。

其优点：（1）设立的部门自然、方便，也符合逻辑。（2）有利于维护最高行政指挥的权威。（3）各部门只负责一种类型的业务，利于工作人员培训和相互交流。

其缺点：（1）不易知道产品结构的调整。（2）缺乏总体的眼光，不利于高级管理人才的培养。（3）各部门之间的活动不协调，影响组织整体目标实现。

2. 产品部门化

围绕产品或服务大类的活动和要求来划分部门即为产品部门化。应用产品部门化需对特定的产品系列或服务类型有专门的需求适应，通常适用于大型的和多角化经营的企业。

其优点：（1）专业化经营、效率高，各类产品直接面对市场并专注于特定产品的经营，有利于提高效率水平。（2）促进不同产品间的竞争可以比较不同部门的贡献。（3）对培养多面手提供很好条件。

其缺点：（1）需要更多综合管理人才，提高了培训成本。（2）部门的本位主义，例如各产品部门只关心本部门的产品，对整体组织欠缺考虑。（3）管理成本上升。

3. 地域部门化

为了市场或资源等原因需分散经营，从而按照地理区域成立专门的管理部门即为地域部门化。许多国际性大公司通常采用这种组织形式。

其优点：(1) 可以把责任和职权下放到基层，鼓励地区主管参与决策。(2) 对本地区的市场和问题反应迅速灵敏。(3) 充分利用地域资源和地区政策。(4) 为培养综合管理人才创造了条件。

其缺点：(1) 机构重叠，难以控制。(2) 管理成本上升。

4. 顾客部门化

建立以顾客为对象，根据不同顾客的需要或不同顾客群设立部门即为顾客部门化。一种新的组织结构形式，在激烈的市场竞争中，顺应了需求发展的趋势，在许多服务型组织（诸如银行、保险公司等）常采用。

其优点：(1) 更好地发挥企业的核心专长第一位。(2) 更贴近市场，更好地满足顾客的需要。(3) 易发挥特定用户领域专家们的专长。(4) 建立持久性竞争优势。

其缺点：(1) 并不一定完全了解顾客真实的需求状况。(2) 顾客的需求偏好发生变化，转移成本较大。(3) 需要更多的顾客专家。

5. 流程部门化

按照生产过程、工艺流程或设备来划分部门即为流程部门化。大型的制造企业常采用这种组织结构形式。

其优点：(1) 可以充分发挥专业技术优势。(2) 规模经济。(3) 易于管理，对市场变化能快速反应。(4) 简化了培训。

其缺点：(1) 部门之间的协作有困难，而流程往往又要求协作比较紧密。(2) 只有高层对利润负责，成本管理比较困难。(3) 不利于培养综合管理人才。

三、组织结构的纵向设计

（一）管理层次与管理幅度

1. 管理层次

管理层次也称为组织层次，是指组织内部从最高一级管理者到最低一级管理者之间的各个组织等级。在设计组织结构形式时，首先要考虑建立纵向管理系统，确定管理层次。从形式上看，管理层次只是组织结构的层次数量，但其实质反映着组织内部的纵向分工情况。因为各个管理层次承担着不同的管理职能，随着管理层次的出现必然产生层次之间的联系和协调。

2. 管理幅度

管理幅度又称为管理宽度(管理跨度或控制幅度)，是指组织中每个层次的管理者能有效地直接管理下属员工的数量。管理幅度的大小实质上反映着管理者直接控制和协调业务活动量的多少。一般情况下，上级直接管理下级的人数多，称为管理幅度大或管理跨度宽。

3. 管理层次与管理幅度的关系

管理幅度与管理层次之间成反比例关系，管理幅度和管理层次这两个变量中，起决定性作用的是管理幅度。主要是因为一方面，上级管理人员的知识、体力、精力是有限的，能够有效管理下属的人数也是有限的；另一方面，下级人员对上级领导的管理幅度提出了限制，下级管理人员的自身素质、专业技能有一定局限，在没有上级领导指导的情况下，很难完全履行自己的职责。所以，我们在组织设计中，不提倡一味强调减少管理层次与盲目增大管理幅度。如果管理幅度过大，反而会使运营效率降低。

图 5－2 中，高长结构中管理幅度为 4 人，管理层次为 6 层，管理人员 1365 人；而扁平结构中，管理幅度为 8 人，管理层次为 4 层，管理人员 585 人，少 780 人。

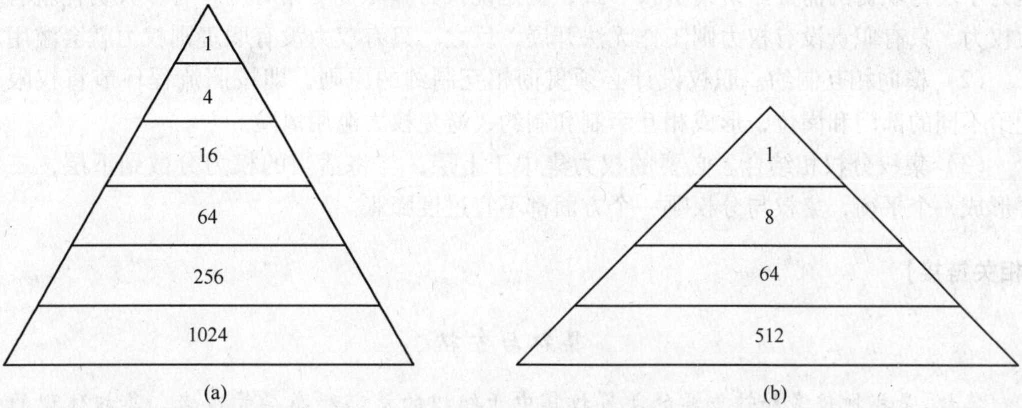

图 5－2　高长组织结构与扁平组织结构图

（a）高长组织；（b）扁平组织

（二）组织的高长式结构与扁平式结构

由于管理幅度的大小不同形成了两种形式的组织结构：一种是管理幅度窄，组织层次多的高长式组织结构；另一种是管理幅度宽，组织层次少的扁平式组织结构。

1. 高长组织结构的特点

其优点：（1）主管人员管理幅度小，有足够时间精力对下属进行面对面地、深入具体的领导。（2）不需设副职和助手，领导关系明确。（3）管理层次多，各级主管职务多，下属晋升机会多。

其缺点：（1）层次多，需配备较多管理人员，协调工作量大，增加了管理费用。（2）信息传递速度慢，容易发生延误或失真、衰减，对市场变化反应迟钝。（3）上级管理幅度过小，必然会过多干预下级。（4）员工不用动脑，只需服从上级指示，创造性得到压制。

2. 扁平组织结构的特点

其优点：（1）信息传递速度快、失真少。（2）管理人员配备少，节省管理费用。（3）便于领导层了解基层情况。（4）主管领导较多的下属，工作负担重，通常会更乐于让下级享有更充分的职权，可以激发下属干劲和创造性。

其缺点：（1）领导管理幅度大，负担过重，难以进行深入具体领导。（2）对领导人的素质要求高，下属素质如不高也会很累。（3）因下属多，协调难度较大。（4）下属职务提升机会较少。（5）上级如果能力或精力不足时，往往需要配备副手，由此产生新的协调问题。

四、组织的职权设计

职权设计就是确定各个管理层次之间（包括各部门各岗位）的权限关系，权力怎么划分。比如董事会、总裁、副总有什么权力等。企业只有一个人的时候，所有的权力都集中在老板身上，当做大之后，就必须把权力配置到各个部门和岗位。在组织的职权设计中应做到以下几点：

（1）以责定权、权责一致。所谓以责定权，就是说要以职责决定职权，职权的配置是为了履行职责的需要。所谓责权一致，就是说权力和职责要相对应，有多大责任就有多大权力。只有职责没有权力则工作无法开展，反之，只有权力没有职责则权力就会滥用。

（2）横向相互制约。职权设计必须贯彻相互制约的原则，即按照流程环节将权限分配给不同的部门和岗位，形成相互牵制和制约，避免权力滥用风险。

（3）集权分权相结合。必要的权力集中于上层，与将适当的权力分散到下层，二者要形成一个平衡，集权与分权哪一个方面都不宜过度膨胀。

【相关链接】

集权与分权

集权：是指把较多和较重要的决策权集中于组织的总部和高层管理者。集权体现的是统一性的要求。其优点：有利于统一领导、统一指挥，实现资源的统一调配、目标的统一和行动的一致。其缺点：限制中下层的主动性和创造性，加重高层的负荷，组织的灵活性较差。

分权：是指把较多和较重要的决策权分散下放到组织的业务单元（事业部、分子公司）或中基层。分权体现的是增强灵活性和适应性的要求。其优点：有利于发挥下级部门的主动性和创造性，有利于根据复杂多变的情况，迅速作出决策，有利于增强组织的灵活性和适应性。其缺点：容易产生失控，容易产生偏离组织整体目标的本位主义倾向，分权后，下属各单位之间的协调存在较大困难，步调难以一致。

（4）权变原则。在实际分配权限时，除了与职责对应外，要根据产品结构和生产技术特点、组织固有文化、管理水平和人员素质，具体情况具体分析，不宜轻易照搬其他单位的做法，也不宜简单地基于职责本身来设置职权。

五、组织结构形式

（一）直线型组织

直线型组织是最早、最简单的组织结构。它的特点是组织中的职位按垂直系统直线排列，各级主管负责人负责行使统一指挥和管理职能，一般不设或只在上层组织配备少数职能人员协助主管人员工作。其结构如图5－3所示。

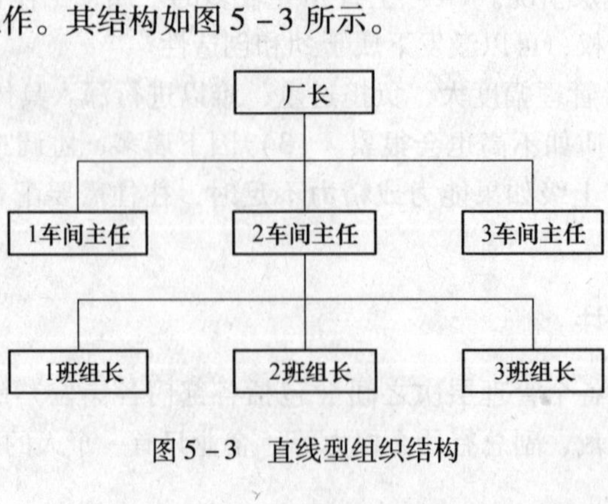

图5－3　直线型组织结构

其优点是：结构简单、权力集中、权责分明，上下级关系明确，决策迅速、命令统一。其缺点是：缺乏横向联系；权力完全集中于一人，对最高领导者的依赖性大，容易发生失误。因而这种组织结构一般适用于生产规模小、生产非常简单的小型企事业单位。

（二）职能型组织

职能型组织结构是按分工负责的原则组成的机构，是在直线管理的同时，设立相应的职能机构，分担企业某些职能管理的业务。这些职能机构对上级主管直接负责，在自己的业务范围内，有权对下级管理机构和人员下达命令和指示，因此下级行政负责人除接受上级行政负责人的指挥外，还要接受上级各级职能机构的领导和指示，其结构如图 5－4 所示。

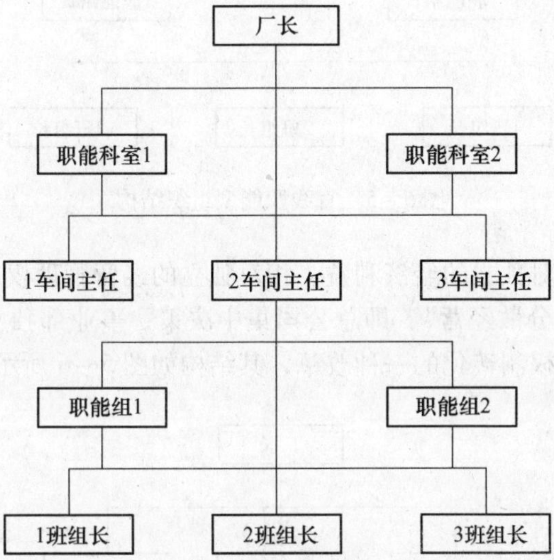

图 5－4 职能型组织结构

其优点是发挥职能机构的专业管理作用；减轻直线主管负担。其缺点是多头领导；不利于明确划分直线人员与职能部门的职责权限 。

（三）直线职能型

直线职能型是当前各类组织中最常采用的一种结构。无论机关、学校、医院，这种结构随处可见。它的特点是设置了两套系统：一套是按命令统一原则组织的指挥系统；另一套是按专业化原则组织的管理职能系统。直线部门和人员在自己的职责范围内有决定权，对其所属下级的工作实行指挥和命令，并负全部责任，而职能部门和人员仅是直线主管的参谋。只能对下级机构提供建议和业务指导，没有指挥和命令的权力。可见，这种组织形式实行的是职能的高度集中化。其结构如图 5－5 所示。

其优点是领导集中、职责清楚、秩序井然、工作效率较高，整个组织有较高的稳定性。其缺点是下级部门的主动性和积极性发挥受到限制；职能部门间易产生矛盾，使上层主管的协调任务增大；整个组织系统的适应性差。

（四）事业部制

事业部是在总公司领导下进行分权管理的一种组织形式。事业部必须具备三个条件：

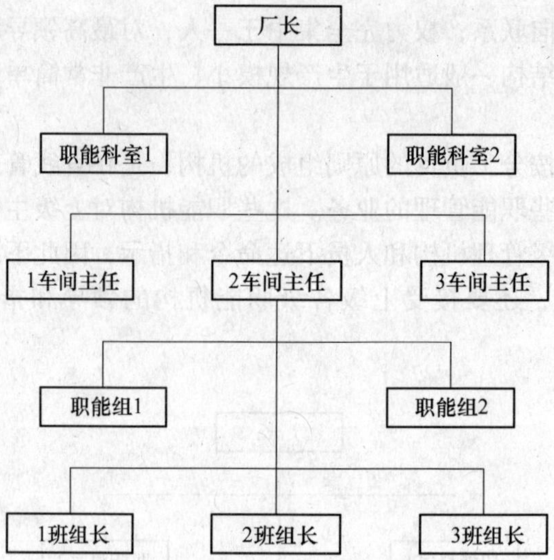

图 5-5　直线职能型组织结构

独立的产品和市场、相对独立的经济利益、相对独立的经营管理权。这种组织形式最突出的特点是“集中决策，分散经营”，即总公司集中决策，事业部独立经营，这是在组织领导方式上由集权制向分权制转化的一种改革，其结构如图 5-6 所示。

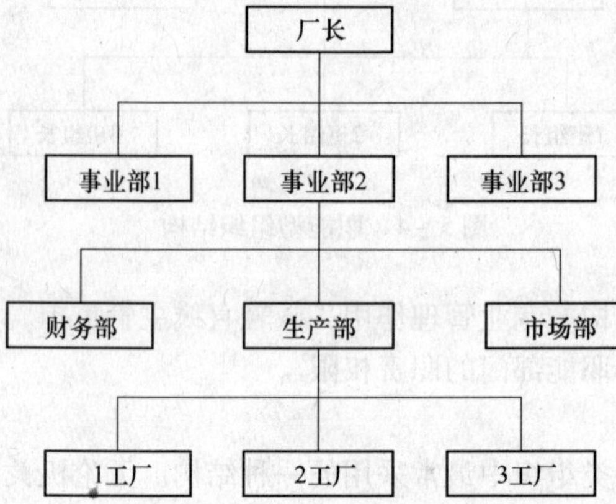

图 5-6　事业部制组织结构

其优点是组织最高管理层摆脱了具体的日常管理事务，有利于集中精力作好战略决策和长远规划，提高了管理的灵活性和适应性，有利于培养和训练管理人才。其缺点是由于机构重复，造成管理人员的浪费；由于各个事业部独立经营，各事业部之间易产生本位主义。

（五）矩阵制

矩阵制组织是将按职能划分的部门和按产品、服务或项目工程划分的项目小组组织起来而形成的一种组织结构形式。这种组织形式是为了完成特定的任务，从有关职能部门抽调专业人员而组成项目小组或专业委员会。参加项目小组的成员一方面接受职能部门的领导，另一方面在执行具体计划工作任务方面接受项目负责人的领导。任务一旦完成，成员们就回到原来的部门。其结构如图 5－7 所示。

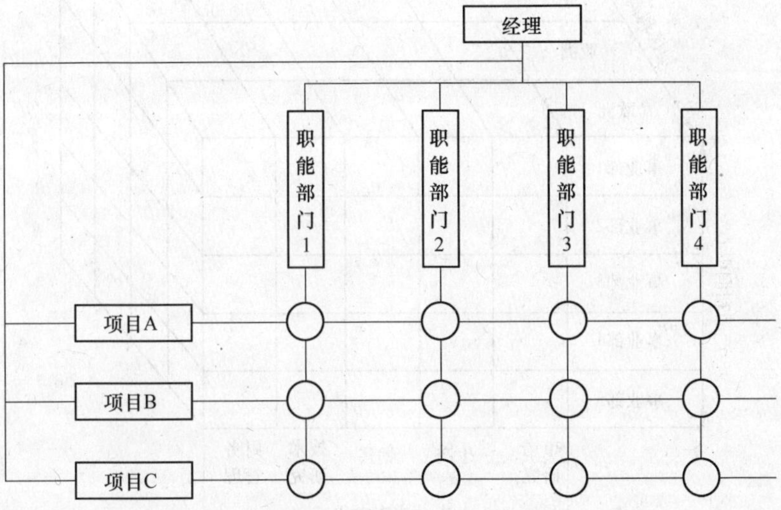

图 5－7　矩阵制组织结构

其优点是有利于加强不同部门之间的配合交流，能够克服直线职能结构中各个部门相互脱节的现象；机动灵活、弹性较大，可按特定的任务需要进行调整和改组，增强了组织的应变能力；职能人员直接参与项目，在重要决策上有发言权，有利于发挥其积极性和创造性，提高管理水平。其缺点是项目负责人的责任大于权力，因为参加项目的成员们均来自不同的部门，一般隶属关系仍在原部门，项目对他们工作的好坏没有足够的激励手段。另外矩阵制结构造成双重领导容易发生冲突，因而必须加强信息沟通和和协调。

（六）多维立体制

它是在矩阵结构基础上，适应新形势要求而产生的一种新的管理结构。这种组织形式由三方面的管理系统组成：一是按产品划分的事业部，是产品利润中心；二是按职能划分的专业参谋部门，是专业成本中心；三是按地区划分的地区事业部，是地区利润中心。其结构如图 5－8 所示。

其优点是事业部经理不能单独做出决策，而是由产品事业部经理、地区事业部经理和专业参谋部门的代表三方面共同组成产品管理委员会，集思广益对各类产品的产销进行领导，协调产品事业部、地区事业部和专业参谋部门之间的矛盾，加强了信息沟通，对于规模较大的企业较为适用。其缺点是产品事业部经理、地区事业部经理和专业参谋部门的代表之间相互协调比较困难；这种组织结构管理成本比较高；决策速度慢。

（七）控股型结构

在非相关领域开展多元化经营的企业所常用的一种组织结构形式。建立在企业间资本参与关系的基础之上。其结构如图 5－9 所示。基于持股关系，对那些企业单位持有股权的大公司便成为了母公司，被母公司控制和影响的各企业单位则成为子公司（指被绝对或相对控股的企业）或关联公司（指仅被一般参股的企业）。子公司、关联公司和母公司一道构成了以母公司为核心的企业集团。

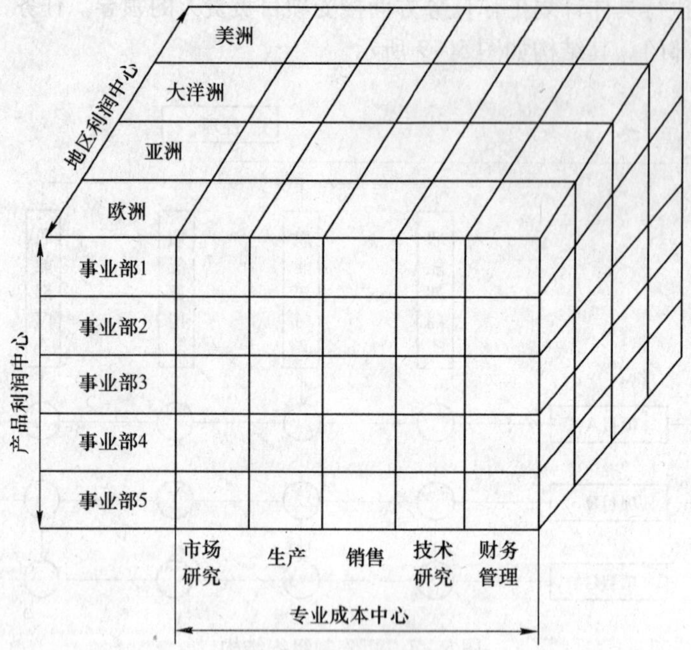

图5－8　多维立体制结构

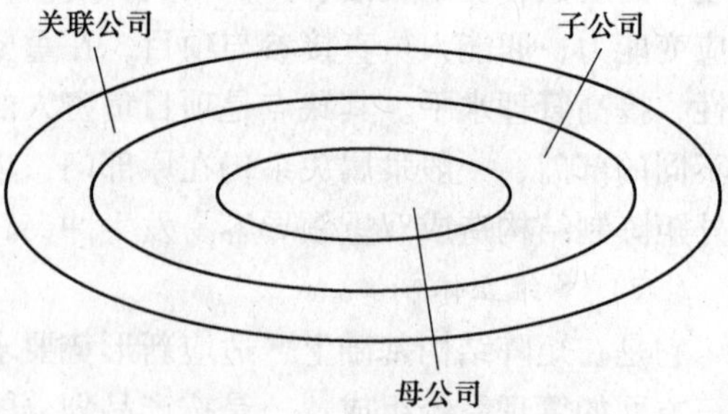

图5－9　控股型结构

其优点是母公司对子公司具有有限的责任，风险得到控制；大大增加企业之间联合和参与竞争的实力。其缺点是战略协调、控制、监督困难；资源配置也较难；缺乏各公司的协调。

（八）虚拟企业

所谓的虚拟企业，是当市场出现新机遇时，具有不同资源与优势的企业为了共同开拓市场，共同对付其他的竞争者而组织的、建立在信息网络基础上的共享技术与信息，分担费用，联合开发的、互利的企业联盟体。虚拟企业的出现常常是参与联盟的企业追求一种完全靠自身能力达不到的超常目标，即这种目标要高于企业运用自身资源可以达到的限度。因此企业自发的要求突破自身的组织界限，必须与其他对此目标有共识的企业实现全方位的战略联盟，共建虚拟企业，才有可能实现这一目标。

其优点是虚拟企业的各成员间可以实现资源共享，优势互补，产品的开发时间短，单位成本低；组织方式灵活，可以快速响应市场变化，在短时间内即可研制出适应市场的产品，有效地满足了顾客的需求。其缺点是各成员企业之间的利益可能难以协调；各成员企业之间的信息交流可能会比较困难；各成员企业之间可能难以形成一致的企业文化。

（九）网络型结构

利用现代信息技术手段建立和发展起来的一种新型组织结构。它只有很精干的中心机构，以契约关系的建立和维持为基础，依靠外部机构进行制造、销售或其他业务经营活动。

图5－10是管理当局将其经营的主要职能都外包出去的一种网络结构。该网络组织结构的核心是一个小规模的经理小组，他们的工作是直接监督公司内部开展的各项活动，并协调同其他制造、分销和执行网络组织的其他重要职能的外部机构之间的关系。图中的虚线代表这种合同关系。从本质上讲，网络型组织结构的管理者将大部分时间都花在协调和控制这些外部关系上。其优点是具有全球性的竞争能力；劳动力具有更大的灵活性和应变能力；这种组织是所有组织结构中最精干的一种，其缺点是不利于控制，也不利于技术保密；在此组织机构中员工的忠诚度可能较低。

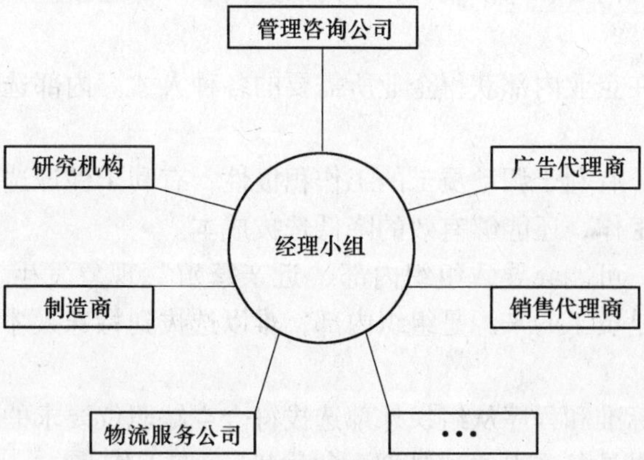

图5－10　网络型结构

第三节　人力资源管理

人力资源管理是指组织为了实现既定目标，运用现代管理措施和手段，对人力资源的配备、取得、开发、保持和运用等方面进行管理的一系列活动的总和。

一、配备岗位工作人员

配备岗位工作人员就是利用合格的人力资源对组织结构中的职位进行填充和不断填充的过程。它包括明确组织人才的需求，对现有的人力资源进行摸底，以及招募、选拔、安置、提拔、考评、奖酬、训练和培养等一系列活动。

要根据组织结构所规定的职务数量和要求，对所需人员进行恰当而有效的配备，必须坚持以下几个重要的人员配备原则：

(1) 因事择人原则。因事择人是实现人事匹配的基本要求，也是组织中人员配备的首要原则。因事择人是指应以所设职位和工作的实际要求为标准，来选拔符合标准的各类人员。选取人的目的在于使其担当一定的职务，并能按照要求从事与该职务相对应的工作。

(2) 因材任用原则。因材任用是指根据人的能力和素质的不同，去安排不同要求的工作。从组织中人的角度来考虑，只有根据人的特点来安排工作，才能使人的潜能得到最充分的发挥，使人的工作热情得到最大限度的激发。

(3) 用人所长原则。在用人时不能够求全责备，管理者应注重发挥人的长处，在组织中“通才”是不存在的，组织应该选择最合适空缺职位要求的候选人。

(4) 动态平衡原则。要使那些能力发展充分的人去从事组织中更为重要的工作，同时也要使能力平平、不符合职位需要的人得到识别及合理的调整，最终实现人与工作的动态平衡。

二、人员的选拔

人员选拔的来源有内部和外部两种，即内部选拔和外部选拔。

(一) 内部选拔

内部选拔，这是在企业内部获得企业所需要的各种人才。内部选拔的最重要方式是竞聘上岗。

内部选拔的优点：有利于调动员工的工作积极性，有利于保证选拔工作的正确性，有利于被聘者迅速开展工作，还能够有效的降低选拔成本。

内部选拔的缺点：可能会导致组织内部“近亲繁殖”现象发生，可能会引起或加剧内部矛盾，还有一点是员工的来源是组织内部，难以选拔到特殊人才。

(二) 外部选拔

根据组织制定的标准和程序从组织外部选拔符合空缺职位要求的员工。

外部选拔的优点：具备难得的“外部竞争优势”，在工作中可以很少顾及复杂的人情网络和屈服权威，能为组织带来并注入新鲜血液。

外部选拔的缺点：需要相当一段时间的磨合才能适应组织文化和融洽人际关系，降低企业原有员工士气和忠诚度，增加选拔难度与风险，为了使招聘的人员适应组织，增加了培训成本。

企业在选拔员工的过程中采用的方法主要有面试法和测评法。面试法是一种运用范围广泛、方法灵活、收集信息量大、简便且技巧性很强的人员素质测评技术。测评法又分为心理测评法和能力测评法。心理测评法主要包括智力、情商、人格、价值、自信度、职业兴趣测评等。能力测评主要包括职业能力倾向性、知识技能、工作情境模拟测评。员工选拔的程序如图 5-11 所示。

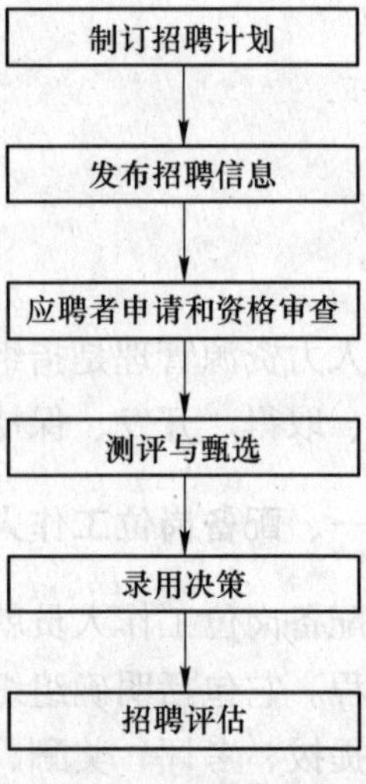

图 5-11　员工选拔的程序

三、人员的考评

(一) 人员考评的目的

(1) 为确定管理人员的工作报酬提供依据。

(2) 为人事调整提供依据。

(3) 为管理人员的培训提供依据。

(4) 有利于促进组织内部的沟通。

（二）人员考评的内容

（1）关于贡献考评。贡献考评是指考核和评估在一定期间内担任某个职务的过程中对实现企业目标的贡献。在考评中应注意两个问题：第一，应尽可能把个人的努力和部门的成就区别开来；第二，贡献考评既是对下属的考评也是对上级的考评。在考评过程中应注意把个人努力与部门成就区别开来。

（2）关于能力考评。主要是从人员的决策能力、用人能力、沟通能力、创新精神和正派作风等方面进行考评。

四、人员的培训与发展

（一）员工培训和发展的概念

培训是通过教学或实验的方法，使员工在知识、技术和工作态度方面有所改进，达到企业的工作要求。发展则是增加员工的知识和能力，以满足企业目前和将来的工作需求。发展强调企业长期的需要，利益也较为间接。

（二）人员培训和发展的原则

（1）学以致用原则。

（2）专业知识技能和企业文化并重原则。

（3）全员培训和重点提高结合原则。

（4）严格考核和择优奖励原则。

（三）人员培训和发展的作用

（1）提高工作绩效。

（2）提高满足感和安全水平。

（3）建立优秀的企业文化和形象。

第四节　组 织 文 化

【相关案例】

麦当劳公司的企业文化

（1）"走动式"管理。是麦当劳公司最典型的工作方式。这种方式要求公司管理人员经常到所属公司、各部门走走、看看、听听、问问。即要在走动中对公司进行管理，以便提高管理的效率。

（2）"Q、S、C＋V"精神。"Q" – quality – 品质上乘，以质量为中心。为保证质量，还制订了各种操作规程与具体细节，因而它的经营方针是，坚持不卖味道差的食品。克罗克规定：汉堡包出炉后 10 分钟及法式炸土豆条炸好后 7 分钟，若仍未卖出，一律废弃。

"S" – service – 服务周到：为了保证服务质量，克罗克十分注重经理人员的挑选，据有关资料显示，在美国数十家快餐店中，要数麦当劳的服务最好，服务人员总是面带微笑。人们甚至称，这种"微笑服务"是麦当劳的"特色"。当然，麦当劳的服务内涵主要包括店铺建筑的快适感、营业时间的设定以及销售人员的服务态度等。

"C＋V"其中的"C" – clean – 环境清洁：店铺必须做到窗明几净，环境装饰舒适、优雅，严格的制造与服务的卫生标准，良好的店员精神面貌。工作人员不能留长发，女职工必须要戴上发网。店铺内不允许出售香烟与报纸。甚至要求一旦顾客在店铺内丢落纸，必须马上捡起来。统一服饰、说话方式、不能同顾客发生口角等。“V” – value –“价值”。即强调“更有价值地提供物品（食品）给顾客”的精神。

(3)“麦当劳叔叔”。为了解决父母带孩子们聚餐时的一些不必要的麻烦,吸引孩子们经常去吃“麦当劳”,并且在就餐中能够给孩子们带来更多的欢乐,麦当劳在分店内专门设置了儿童乐园,供孩子们边吃边玩。为了吸引顾客尤其是“回头客”,几乎每家店铺都有一个形象可爱的“麦当劳叔叔”玩偶形象,或站在麦当劳外厅门口或坐在麦当劳餐厅门口。

(4) 麦当劳的作风。麦当劳一向十分强调，“把自己放在顾客的位置上，将心比心”。因而，坚持“顾客第一，时时处处坚持为方便顾客着想”。讲求服务的高效、快速。特别是在美国国内的高速公路旁边设立的麦当劳分店，利用对讲机等现代通信手段，基本上保证顾客“一手交钱、一手取货”。采用“自我服务”的方式。顾客经过一次排队，就可以取走所需的各种食品，而不需要“坐下来等”。

明显的标志服务。他们为了保证顾客能清楚地辨认麦当劳的位置，每家店铺的门面都十分醒目。具体做法一是服务人员的制服，二是拱形“M”字霓虹灯标志。

“苛刻”的管理。麦当劳的“苛刻”主要包括：质量要求苛刻，对员工素质与工作要求苛刻，对经理的要求苛刻，如不能坐在办公室中，而是经常“走动式”管理。麦当劳的“苛刻”是举世闻名的，它的每项活动都是标准化的，甚至小到“洗手程序”的规定。

(5) 麦当劳的营销策略。以“情”感人。特别是在过节时，到麦当劳能体验到“过节”效应。强化职工培训。

地毯式宣传策略，它已成为目前世界上单一品牌公司中广告宣传费用最多的公司。每年有14亿美元的广告预算。可想而知它的广告攻势。像“清晨起来，开始新的一天”的广告语随处可以听到，甚至在一些国家，麦当劳叔叔比圣诞老人还要出名与为人皆知。

知人善任的用人策略，坚持“用人不疑、疑人不用”，而且坚持以“激励为主”的策略来调动员工的积极性。

一、组织文化的概念及特征

（一）组织文化的概念

“文化”一词来源于古拉丁文“Culture”，本意是耕作、培养、教习、开化。在中国最早把“文”、“化”联系起来的是《易经》“观乎天文，以察时变；观乎人文，以化成天下”。组织文化就是一个组织区别于其他同类企业的特色，属于亚文化范畴，具有文化的一切特征。组织文化有广义和狭义之分。广义的组织文化是指企业在建设和发展中形成的物质文明和精神文明的总和。包括组织管理中硬件和软件，外显文化和内隐文化两部分。狭义的组织文化是组织在长期的生存和发展中所形成的为组织所特有的且为组织多数成员共同遵循的最高目标价值标准、基本信念和行为规范等的总和及其在组织中的反映。具体地说：组织文化是指组织在长期的实践活动中所形成的并且为组织成员普遍认可和遵循的具有本组织特色的价值观念、团体意识、行为规范和思维模式的总和。组织文化作为规范一个组织成员的行为的价值系统，包括许多方面，诸如不成文的规则、企业内处理上下左右关系的准则、一些传统、惯例、规矩、典型事例甚至事实上存在的某种偏见等。

组织文化可分为显性文化和隐形文化两类。显性文化也称组织的“硬文化”，是组织的物质文化层，主要指企业中的设施、工具、机器、材料、技术、设计、产品、包装和商标等；隐性文化也称组织的“软文化”，是组织的精神文化层，主要指企业的价值观、信念、作风、习俗、传统等。

（二）组织文化的特征

1. 共有性

共有性也称认同性。即组织文化必须为组织成员认同、共有形成组织统一的思想和一致的行动。这是组织文化最显著的特征。当然，在不同的社会组织中，组织文化被认同共有的程度会有差异。

2. 人为性

组织文化不是自发产生的，而是人为形成的；不是一次形成的，而是长期渗透的结果。一个成功的组织必然会有目的有意识地确立和培育自己的组织文化，使之带有明显的人为印记。

3. 人身依附性

人是组织文化的载体，组织文化融入于人的头脑里，体现在人的思维方式、工作作风和习俗惯例中。

4. 稳定性

组织文化一旦形成，就会延续相当长的时期，不会轻易改变，呈现出一定的稳定性。当然，组织文化的稳定性不是绝对的，它也要随着环境的变化而变化，也要不断修正、充实和完善，但组织文化的相对稳定性还是显而易见的。

5. 继承性

继承性是指对社会文化传统的继承。社会文化传统是指一定社会所特有的价值观、生活方式和风俗习惯，不同国家、地域、民族有着不同的文化传统。

二、组织文化的作用

（一）组织文化的正面作用

组织文化是一个组织指导管理活动的灵魂，对组织经营管理活动具有重要影响。组织文化的正面作用可以具体地归纳为以下六个方面：

（1）组织文化的导向作用。组织文化能对组织整体和组织每个成员的价值取向及行为取向起引导作用，使之符合组织所确定的目标。组织文化只是一种软性的理智约束，通过组织的共同价值观不断地向个人价值观渗透和内化，使组织自动生成一套自我调控机制，以一种适应性文化引导着组织的行为和活动。

（2）组织文化的约束作用。组织文化对每个组织员工的思想、心理和行为具有约束和规范的作用。组织文化的约束不是制度式的硬约束，而是一种软约束，这种软约束等于组织中弥漫的组织文化氛围、群体行为准则和道德规范。

（3）组织文化的凝聚作用。当一种价值观被该组织员工共同认可之后，它就会成为一种黏合剂，从各个方面把其成员团结起来，从而产生一种巨大的向心力和凝聚力。而这正是组织获得成功的主要原因，“人心齐，泰山移”，凝聚在一起的员工有共同的目标和愿景，推动组织不断前进和发展。

(4) 组织文化的激励作用。组织文化具有使组织成员从内心产生一种高昂情绪和发奋进取精神的效应，它能够最大限度地激发员工的积极性和首创精神。组织文化强调以人为中心的管理方法。它对人的激励不是一种外在的推动而是一种内在引导，它不是被动消极地满足人们对实现自身价值的心理需求，而是通过组织文化的塑造，使每个组织员工从内心深处为组织拼搏的献身精神。

(5) 组织文化的辐射作用。组织文化一旦形成较为固定的模式，它不仅会在组织内发挥作用，对本组织员工产生影响，而且也会通过各种渠道对社会产生影响。组织文化向社会辐射的渠道是很多的，但主要可分为利用各种宣传手段和个人交往两大类。一方面，组织文化的传播对树立组织在公众中的形象有帮助；另一方面，组织文化对社会文化的发展有很大的影响。

(6) 组织文化的调适作用。组织文化可以帮助新近成员尽快适应组织，使自己的价值观和组织相匹配。在组织变革的时候，组织文化也可以帮助组织成员尽快适应变革后的局面，减少因为变革带来的压力和不适应。

(二) 组织文化的负面影响

组织文化既有正面作用，还会产生负面影响。负面影响大致表现在以下几个方面。

(1) 组织文化的惯性。由于组织文化具有稳定性特征，一旦形成，不容易变化，进而形成文化惯性。一个组织的文化形成于过去环境，当外部环境发生变化后，组织文化就可能出现某些不适应的状况。首先，组织基于的思维定式使人们的感觉钝化，察觉不到环境的变化。其次，即使管理者看到了环境的变化，采取了新的发展战略，组织文化惯性仍然会顽强地表现自己，将其传统的思想观念、思维方式、行为规范仍然继续滞留，阻碍新战略的推行。总之，组织文化惯性的存在使组织文化具有某种稳定性。它在组织战略实施中会起到一种阻碍作用，根深蒂固的观念很难改变，产生时滞效应，这些障碍主要表现在组织变革与创新上。

(2) 扼杀个性抑制思想观念多元化。共同的组织文化的形成会导致思想观念和思维方式的同一化，而同一化必然会扼杀个性的发挥，抑制思想观念和思维方式的多元化，这样是不利于员工和组织的发展的。

(3) 排斥外来文化。一个组织的文化一旦形成、为广大员工所认同，往往会逐步强化，甚至发展到唯我独尊的程度，这样就会出现排斥外来文化的现象。这样既不利于不同文化的相互交融，又不利于企业的多元化经营和跨国经营的开展。

三、组织文化的内容

组织文化的结构层次有：表层文化、中介文化、深层文化。即物质层、制度层、精神层。

(一) 物质层

物质层包括组织标志、工作环境、企业的产品、企业广告等等可以被人们直接看到、感受到的物化部分。物质层文化是组织文化中最直观、最表象的部分。

(二) 制度层

制度层文化是指具有本组织文化特色的各种规章制度、道德规范和员工行为准则等的总和。它是组织文化的中介层。

（三）精神层

精神层文化是指组织员工长期形成并共同接受的思想意识活动，包括组织精神、组织哲学、价值观念、道德规范、管理思维方式等。精神层最能体现组织文化特征，是组织文化的源泉，在整个组织文化的框架中，它处于最深层次，是组织文化的核心部分。其基本内容包括：

（1）组织价值观。组织管理层和全体员工对该组织的经营活动以及指导这些活动的基本观点，包括组织存在的意义和目的、组织结构的作用、行为准则和利益分配等。

（2）组织精神。组织精心培养而逐步形成的并为全体组织成员认同的心理趋势、价值取向、主导意识和思想境界。反映了组织的基本素养和精神风貌，成为凝聚组织成员共同奋斗的精神源泉。

（3）伦理规范。社会公德，通过公众舆论规范组织成员的行为。

（4）组织素养。包括组织中各层级员工的基本思想素养、科技和文化教育水平、工作技能、精力以及身体状况等。素养越高，组织中的管理哲学、敬业精神、人本主义的价值观念、道德修养等就越深厚。

（5）组织形象。组织形象是指社会公众和组织成员对组织、组织行为与组织各种活动成果的总体印象和总体评价，反映的是社会公众对组织的承认程度，体现了组织的声誉和知名度。包括人员素质、组织风格、人文环境、发展战略、文化氛围、服务设施、工作场合和组织外貌等内容。

四、组织文化的塑造

（一）选择价值标准

组织价值观是组织文化的核心和灵魂，选择正确的组织价值观是塑造组织文化的首要问题。两个前提：第一，要立足于本组织的具体特点；第二，要把握住组织价值观与组织文化各要素之间的相互协调。

选择正确的组织价值标准要注意以下四点：

（1）组织价值标准要正确、明晰、科学、具有鲜明特点。（2）组织价值观和组织文化要体现组织的宗旨、管理战略和发展方向。（3）要使得组织文化标准和员工的基本素质相和谐。（4）要坚持群众路线，充分发挥群众的创造精神。

（二）强化员工认同

第一，充分利用一切宣传工具和手段，通过日常管理活动渗透；第二，树立榜样人物，使抽象的组织文化具体化、生动形象化；第三，利于教育培训，教育培训是组织文化渗透的最积极主动的途径和方法。

（三）提炼定格

（1）精心分析。详细分析和仔细比较实践结果与规划方案的差距，积极收集并精心分析实践及有关专家和员工合理化意见。

（2）全面归纳。总结归纳，删除落后的、不为员工所认可的内容与形式，保留进步的为广大员工接受的内容和形式。

（3）精炼定格。在总结归纳的基础上，提炼精华，定格组织文化的内容和形式。

（4）巩固落实。首先，建立必要的制度，以制度来要求和规范，逐步巩固内化组织文化于员工心中。其次，领导者率先垂范，通过共同活动，言传身教，传播并强化组织文化，加强其在员工心理的巩固和落实。

(5) 丰富发展。一个成功的组织，必定有丰富、优秀的组织文化。组织文化既相对稳定，同时也随着组织的发展变化而不断丰富和发展。

第五节 组织变革

【相关案例】

青蛙效应

"青蛙效应"源自19世纪末，美国康奈尔大学曾进行过一次著名的"青蛙试验"：他们将一只青蛙放在煮沸的大锅里，青蛙触电般地立即蹿了出去。后来，人们又把它放在一个装满凉水的大锅里，任其自由游动。然后用小火慢慢加热，青蛙虽然可以感觉到外界温度的变化，却因惰性而没有立即往外跳，直到到后来热度难忍而失去逃生能力而被煮熟。科学家经过分析认为，这只青蛙第一次之所以能"逃离险境"，是因为它受到了沸水的剧烈刺激，于是便使出全部的力量跳了出来，第二次由于没有明显感觉到刺激，因此，这只青蛙便失去了警惕，没有了危机意识，它觉得这一温度正适合，然而当它感觉到危机时，已经没有能力从水里逃出来了。

"青蛙效应"告诉人们，企业竞争环境的改变大多是渐热式的，如果管理者与员工对环境之变化没有疼痛的感觉，最后就会像这只青蛙一样，被煮熟、淘汰了仍不知道。一个企业不要满足于眼前的既得利益，不要沉湎于过去的胜利和美好愿望之中，而忘掉危机的逐渐形成和看不到失败一步步地逼近，最后像青蛙一般在安逸中死去。而一个人或企业应居安思危，适时宣扬危机，适度加压，使处危境而不知危境的人猛醒，使放慢脚步的人加快脚步，不断超越自己，超越过去。

组织作为一个开放的系统，需要不断地与外界环境发生作用。而现代市场环境变化迅速，以往组织所面临的环境正发生着巨大的变化，组织原有的稳定和平衡已经渐渐不能适应新形势变化的要求，必须进行组织变革。

一、组织变革的概念

组织变革是指运用行为科学和相关管理方法，对组织的权利结构、组织规模、沟通渠道、角色设定、组织与其他组织之间的关系，以及对组织成员的观念、态度和行为，成员之间的合作精神等进行有目的的、系统的调整和革新，以适应组织所处的内外环境、技术特征和组织任务等方面的变化，提高组织效能。它狭义上仅限于正式结构的变革，广义上还包括行为变革和技术变革。打破原有的稳定和平衡不是组织变革本身的目的，组织变革的根本目的就是为了提高组织的效能，使组织更具环境适应性。组织通过变革，建立新形势下新的稳定和平衡，把组织的变动性和稳定性有机地结合起来。

任何一个组织，无论过去如何成功，都必须随着环境的变化而不断地调整自我并与之相适应。特别是在动荡不定的环境条件下，要想使组织顺利地成长和发展，就必须从人员、结构、作业流程、技术方法等方面进行变革。

二、组织变革的动力与阻力

（一）组织变革的动力

1. 外部环境

一个组织要求生存、发展就必须经常不断地与外界进行信息、人员、物资等方面的交换，使组织自身与外界环境取得平衡。组织的外部环境大体上可以分为三个层次：科学技术、社会行为和社会制度。科学技术的发展、社会行为价值观念的变迁以及社会的体制因素是外界环境变动的三个来源。因此，组织要适应外部环境，就必须不断地进行自我变革。

2. 组织内部因素

创新的需要，创新是组织活力的源泉。组织结构的创新可以提高组织的管理水平，提高组织的活力和灵活性，增强组织的核心竞争力；同时还可以推动组织其他方面（如过程、制度和政策等）的创新。因此，要使组织激发和保持创新精神和活力，就需要组织结构的创新和变革以充分发挥组织的创新潜能。

3. 组织结构

任何组织都有自己的结构，任何组织的结构也都有一个逐步完善的过程，结构的变化往往影响到整个系统。组织结构本身的某些调整虽不直接引起组织本质的变化，但组织结构的重大变化必然导致组织的部分质变。此外，权力结构的变化也与组织结构直接相关。

4. 科学技术的发展

科学技术是组织变革的另一个动因，它对组织结构和社会心理系统所产生的影响是重大的，以空前的深度和广度影响和变化着社会生产和生活的各个方面。科学技术的变化可能造成组织的部门合并，使层级数目减少、控制幅度扩大，也有可能使平行式部门被功能式部门取代，最终技术变成控制结构的一部分。

5. 目标和价值观

组织变革的又一大动因是组织目标的变化。组织目标的变化包括目标的转换和承续。而价值观系统的变化又有可能引起目标的变化，或保持目标不变，最终导致人们往“适宜”的行为方面变化。就好比一个组织在过去认为不重要没有价值的要素，转化为现在变成了最有价值的要素。

6. 社会心理因素

人作为组织的重要构成要素发挥人的作用是任何一个组织成功地实现其预定目标的关键。组织成员的士气、动机、态度、行为等的改变，对于整个组织及其变革都是具有重要意义的。当组织进行一项技术革新时，若组织的全体成员都持着消极、抵制或事不关已的态度，那么，这项变革也将是难以实现的。

7. 管理

组织变革的关键性动因是管理。一个组织要找到一种符合组织活动的要求，并能带来高效能的管理方式是不容易的。特别是一个组织要找到一种符合组织活动要求的并能带来高效率的管理方式是不容易的。特别是一个组织原来只是运用经验管理，而现在为了实现高效率而采取科学管理方法，或原来运用某一管理方法，而现在要改变为另一种管理方法时，组织的变革更是势在必行。

通常，推动组织变革的动因是多方面的，常常是好几个方面因素同时发生，以不同程度来影响组织的变革。组织变革正是组织作为一个动态系统在其发展过程中必然伴随的一种现象。

（二）组织变革的阻力

组织变革是一个破旧立新的过程，必然会遇到各种抵制和阻力。现代组织理论认为组织变革的阻力从某种意义上说是积极的，它使行为具有一定的稳定性和可预见性，如果没有阻力的话，组织行为会变得混乱而随意。阻力有来自个人的，也有来自群体的，可以是公开的、即时的，也可以是潜在的、延后的。

1. 个人阻力

个人阻力主要包括利益上的、心理上的影响。

（1）利益上的影响。变革从结果上看可能会威胁到某些人的利益，如机构的撤并、管理层级的扁平等都会给组织成员造成压力和紧张感。

（2）心理上的影响。变革意味着原有的平衡系统被打破，要求成员调整已经习惯了的工作方式，而且变革意味着要承担一定的风险。对未来不确定性的担忧、对失败风险的惧怕、对绩效差距拉大的恐慌以及对公平竞争环境的担忧，都可能造成人们心理上的倾斜。另外，平均主义思想、厌恶风险的保守心理、因循守旧的习惯心理等也都会阻碍或抵制变革。团体阻力：组织结构变动的影响、人际关系调整的影响。

2. 团体阻力

团体阻力主要包括组织结构变动的影响和人际关系调整的影响。

（1）组织结构变动的影响。组织结构变动可能会打破过去固有的管理层级和职能机构，并采取新的措施对责权利重新做出调整和安排，这就必然要触及某些团体的利益和权力。

（2）人际关系调整的影响。组织变革意味着组织固有的关系结构的改变，组织成员之间的关系也随之需要调整。非正式团体的存在使得这种新旧关系的调整需要有一个较长过程。

在这种新的关系结构未被确立之前，组织成员之间很难磨合一致，一旦发生利益冲突就会对变革的目标和结果产生怀疑和动摇，特别是一部分能力有限的员工将在变革中处于相对不利的地位。随着利益差距的拉大，这些人必然会对组织的变革产生抵触情绪。

（三）组织变革阻力的管理对策

组织变革过程是一个破旧立新的过程，自然会面临推动力与制约力相互交错和混合的状态。组织变革管理者的任务，就是要采取措施改变这两种力量的对比，促进变革的更顺利进行。

改变组织变革力量及其对比的策略有三类：

一类是增强或增加驱动力；二类是减少或减弱阻力；三类是同时增强动力与减少阻力。有实践表明，在不消除阻力的情况下增强驱动力，可能加剧组织中的紧张状态，从而无形中增强对变革的阻力；在增加驱动力的同时采取措施消除阻力，会更有利于加快变革的进程。

三、未来组织的发展趋势

（一）管理从任务式向流程式转变

企业组织结构将以流程为中心，以顾客为导向，实现从职能式管理向流程式管理过渡。世界著名的流程再造专家 Michael Hammer 特别提出：“我们不能再以职能分工来管理，而要以流程为管理的核心。每一个组织必须去找出核心的流程，指派专人去负责那个流程，而不是去管理某一个部分。”

组织结构应该以运作流程而非任务为中心。也就是说应该由一个人或一个团队来完成流程中的所有步骤，让那些需要得到流程产出的人自己执行流程。当与流程关系最密切的人自己可以完成时，大大消除了原有各工作组之间的摩擦，从而减少了管理费用。

（二）组织结构扁平化

信息技术的进一步发展，使人们获得信息的成本迅速下降，组织内部每一个接点之间可以实现沟通，甚至组织内部和外部之间也容易沟通。特别是在信息时代，通过建立良好信息系统，可以实现组织内部信息较好交流，在保证信息传递准确度的前提下，信息交流的广度大幅度的提高，因此在知识时代，组织结构发生变化，组织的层次可以大幅度的减少。垂直结构逐步让位于水平结构的组织扁平化是一种必然趋势。

扁平化的水平结构不仅是减少了管理层次，而且带来了管理理念上的根本变化。在这种模式下，提倡无边界组织的观点，结构中不同部门之间，不同层次之间的信息得到比较充分的交流，根据信息论的原理，这些信息结点就可以自我协调、自我适应，大幅度地减少组织内部的摩擦和消耗。在水平结构模式下，组织的运作不完全依靠命令和控制进行，而是依靠组织成员之间的充分沟通，达成一致的组织战略目标；依靠共同的价值观和企业文化来协调大家的步骤。

（三）跨部门虚拟团队将是未来基本组织单位

为了能够应对日益变化快捷的竞争环境，企业必须拥有一种高效、统一、灵活的机构。跨部门虚拟团队（小组）通常是为了一个特定的任务而设立的，可以是以产品为中心，也可以是以流程为中心，甚至是可以以地区为中心。它由各职能部门的成员组成，可以完成整个业务过程，包括从研究、开发到生产、销售直至售后服务等环节，并且得到其他支持性职能部门的支持，比如财务、人力资源等。

跨部门虚拟团队的核心是有着共同的目标,有利于克服传统组织中各个职能部门之间的利益目标不一致。克服了传统组织内部的部门间的边界,实现了不同部门之间的充分协调。同时小组成员仍然和专业职能部门保持着密切的联系,可以充分得到职能部门的有效支持。

（四）职能部门的任务转变

职能部门是保持组织可塑性过程中的一种稳定性结构，在知识经济条件下，为了将员工的知识才干进一步的使用和拓展，必须有一个部门负责这项工作，这就是职能部门的工作。在新型组织中职能部门扮演两个主要角色：第一是提供学校的功能，通过系统化地总结现有技术、寻找新技术，并将知识传授给自己的成员，而成员通过跨部门小组在组织价值增值的过程中贡献力量；第二是建立指导原则，而对着位于组织价值渠道上的同级，职能部门应该建立一套指导原则，指引跨部门小组的正确运营。

（五）企业组织从传统型转向学习型

学习型组织是企业未来发展的趋势，一个企业只有成为学习型组织的时候，才能保证有源源不断的创新，才能具备快速应变市场的能力。未来成功的企业必然是学习型的企业，而学习型组织的实质是学习型的组织文化。学习型组织文化的内涵是指以系统思考为主线把自我超越和改善心智模式这两项理念的突变与团队学习这项组织制度结合起来，建立一个强有力的动力机制——共同愿景，并以此形成一种组织长久生存、发展的信念和精神力量，使整个组织充满创造性，具有较强的学习能力，能够自觉地、不断地修正自己，使自己在竞争中立于不败之地。

本 章 小 结

组织是为了一定目的形成的人群协作系统。组织管理是将组织成员组合起来，有效实现组织目标的过程。组织结构是组织体系的基本架构，不同的组织结构反映不同的环境特征和产权系统，对组织发展有重要的影响。人力资源管理是指对企业员工进行恰当而有效地选拔、培训和考评，其目的是为了配备合适的人员去充实组织机构中所规定的各项职务，以保证组织活动的正常进行。组织文化包括组织价值观、组织精神、伦理规范、组织素养、组织形象五方面的内容，组织文化对企业在进行生产、经营、管理方面起着重要的作用。组织变革是指为了提高组织成效而对现有组织进行改造的过程，这种改造涉及组织的方方面面，并将影响组织成员的职权、职责，以及组织内部的信息沟通。

本章结构图

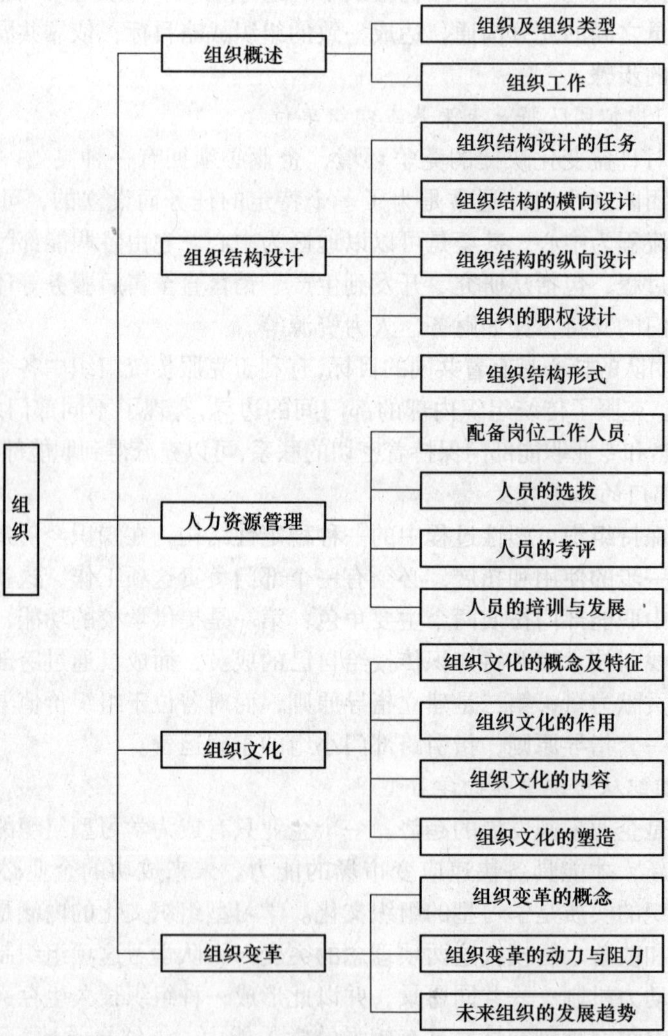

练习与思考题

5-1 选择题

(1) 以下四种做法，哪一种最能够说明该组织采取的是较为分权的办法？(　　)
A. 采取了多种有利于提高员工个人能力的做法
B. 努力使上级领导集中精力于高层管理
C. 更多较为重要的决定可由较低层次的管理人员做出
D. 采取积极措施减轻上级领导的工作负担

(2) 对于管理者而言，进行授权的直接原因在于 (　　)。
A. 使更多的人参与管理工作
B. 充分发挥骨干人员的积极性
C. 让管理者有时间做更重要的工作
D. 减少管理者自己的负担

(3) 如果你是一位公司总经理，当你发现公司中存在许多小团体时，你的态度是(　　)。
A. 立即宣布这些小团体为非法，予以取缔
B. 深入调查，找出小团体的领导人，向他们提出警告，不要再搞小团体
C. 只要小团体的存在不影响公司的正常运行，可以对其不闻不问，听之任之
D. 正视小团体的存在，允许，鼓励其存在，对其行为加以积极引导

(4) 组织设计最为重要的基础工作是 (　　)。
A. 部门划分与结构形成　　B. 职务设计与人员调配
C. 管理人员的素质和能力　　D. 职务设计与分析

(5) 事业部制的主要不足在于 (　　)。
A. 不利于调动下层的积极性　　B. 不利于灵活调整经营战略
C. 不利于事业部之间的市场竞争　　D. 不利于企业发展壮大

(6) 王力是一个民营企业的职员，他工作中经常接到来自上边的两个矛盾甚至冲突的命令。这一现象的根本原因可能是 (　　)。
A. 该公司在组织设计上采取了职能型结构
B. 该公司在组织运作中出现了越级指挥问题
C. 该公司的组织层次设计过多
D. 该公司在组织运行中有意或无意地违反了统一指挥原则

5-2 简答题

(1) 组织设计原则有哪些？
(2) 简述各种组织结构的特点、优缺点及适用范围。
(3) 什么样的企业组织适宜于采用事业部制的组织形式？
(4) 怎样理解“组织变革应该成为组织发展过程中的一项经常性的活动”，“组织的准确名称其实应该叫再组织”？
(5) 什么环境越不确定，各层次管理者的管理幅度越小？

5-3 案例分析

旭日升：变革的痛与思

诞生：1993年，河北省冀州供销社成立了旭日集团，出于公司总裁段恒中对国内外饮料市场的敏锐考察，创造了一个全新的“冰茶”概念。

创业初期，旭日集团派出上百名冀州员工，奔赴全国各大城市，通过地毯式布点，密集型销售，形成遍地开花的“旭日升”营销网络。一夜之间独占了中国茶饮料市场鳌头。

发展：1995年，旭日升冰茶销量达5000万元，1996年，这个数值骤升至5个亿，在市场销售最高峰的1998年，旭日升的销售额达到30亿元。2000年旭日升总产量是103.6万吨，是中国饮料十强排名第二，曾一度占据茶饮料70%以上的市场份额，被誉为中国茶饮料大王。

迟暮：旭日升巨大的成功引来了众多竞争对手的跟风。在康师傅、统一、可口可乐、娃哈哈等“冰红茶”和“冰绿茶”的围追堵截中，旭日升创造出来的概念日渐稀释、弱化。

然而，从2001年开始，旭日却滑向了“迟暮”的轨迹，2002下半年，旭日升停止铺货。曾一度风光无限的“旭日升”，日渐成了人们心中一道“蓝色记忆”。

变革：第一步是从外部引入“空降兵”，给企业高层大换血，意在将原有的粗放、经验主义的管理向量化、标准化管理转变。第二步是把1000多名原来一线的销售人员安排到生产部门试图从平面管理向垂直管理转变。第三步是把旭日集团的架构重新划分为五大事业部，包括饮料事业部、冰茶红酒事业部、茶叶事业部、资本经营事业部和纺织及其他事业部，实现多元化经营。

分析：

旭日升的组织变革问题：

(1) 组织变革的主要动因是什么？

(2) 组织变革的种类属于哪一种或几种？

(3) 推行组织变革的策略属于哪几种方式？

(4) 组织变革是否一定在组织老化阶段发生？

实践与训练

【项目名称】

模拟公司组织结构设计与组织文化塑造。

【实训目标】

(1) 培养学生组织结构的设计能力。

(2) 培养学生组织文化的运用能力。

【实训内容与要求】

(1) 以模拟公司为单位，根据所设定的公司情况，画出组织结构图。并说明：各主要职位、部门的职责权限及职权关系；主要的制度规范。

(2) 文化建设构想（包括物质层、制度层、精神层）。

【成果与检测】

(1) 每个公司上交书面材料一份。

(2) 班级交流，师生共同评定成绩。

第六章　领　　导

学习目标

知识目标：

- 了解领导的概念、作用
- 了解领导的权利及其运用

能力目标：

- 掌握主要的领导理论
- 学会运用领导理论进行管理的能力
- 掌握领导方法和艺术

【导入案例】

美的集团董事长何享健

美的集团创业于1968年，是一家以家电业为主、涉及物流等领域的大型综合性现代化企业集团，旗下拥有三家上市公司、四大产业集团，拥有中国最大最完整的小家电产品群和厨房家电产品群，是中国最具规模的白色家电生产基地和出口基地之一。在“2008中国最有价值品牌”的评定中，美的品牌的价值达到412.08亿元，名列全国最有价值品牌第六位。

与20世纪80年代成长起来的企业家不同的是，美的公司的董事长何享健早在1968年就开始创业，那是一个根本就不允许有“企业”存在的年代，何享健在创业的前10年里面明白了一个道理：企业生存发展既不能依赖资源政策，也不能凭借机会主义，只能靠企业自身的经营能力。

这个道理在随后的岁月里逐步转变为一种“方向感加驱动力”的巨大领导力。何享健始终坚持以白色家电为主业，在很多诱惑面前坚持说“不”，确保美的战略决策不出现重大失误，避免企业面临“生命垂危”的危机。然而，在稳健背后，何享健却没有停止过变革，他对美的进行了多次的命运大调整，正如他自己所言：“美的的成功在于敢于变革，自己唯一不变的特点就是在不断地创新求变。”

一、1992年的股份制改革

1992年，何享健主动提出要进行股份制试点。当时股份制改革在中国前途未卜，一个乡镇企业搞股份制，能否成功谁也难以预料。但事实证明何享健的眼光是正确的。由于改制起步早，美的成为中国第一家上市的乡镇企业，并累计从证券市场上获得十多亿元的资金，使美的从一个乡镇企业变成一家规范化的公众企业。

二、1997 年危机中的“事业部制”和“三权分立”

1997 年，何享健通过事业部改制和分权经营，巧妙地劝退了一部分创业元老，建立了专业化的职业经理人队伍，引导企业开始走向股东、董事会、经营团队“三权分立”的经营模式。通过 MBO，政府退出来，公司管理层成为公司第一大股东，这对实现股份公司的公司化运作有很大好处，同时经理层的激励机制问题也迎刃而解。

三、2005 年起的适度多元化

作为一个家电品牌，很多人会质疑美的为什么不做电视机、手机、DVD？何享健的回答是：我们没掌握核心技术，不能做。“战术失误是可以弥补的，战略失误却不可弥补”。在 2005 年前，美的坚持以白电为主导的相关多元化，从 2005 年起，美的制定的则是以白电为主的适度多元化。这个适度多元化的原则就是围绕美的产业链和掌握的核心技术。

四、“影子”管理

放权后，何享健每年花很大一部分时间在国外考察和在国内看市场，他说他现在的职责就是“推开窗口看世界”。即使是回到集团总部，在参加日电集团和制冷集团每个月的经营工作会议之余，也总是自己一个人开着车到处在各个事业部之间转悠，找管理层谈话。何享健还有一个习惯，就是在开会的时候，往往会让一些非高主管级别的中层经理列席会议，然后逐个点名询问意见，一旦他觉得对方正确，就会很直接地承认自己的错误，或者指出对方错在哪里。

该案例告诉我们：美的集团能不断战胜危机，不断茁壮成长，这与其 CEO 何享健的“方向感加驱动力”的大领导力是密不可分的。在美的成长过程中，何享健始终意识到自己不仅仅是企业的管理者，而更应该是企业的领导者，是关系到企业的全盘布局、中长期规划发展的领头羊。正是因为有这种以美的集团的利益目标为最高目标的领导意识，不断创新求变，才使美的不断渡过险关，在危机中成长。

第一节　领导概述

领导是管理的重要职能之一。任何组织目标能否得以顺利实现，其根本原因在于其内部员工的积极性能否得以充分发挥，而组织内部员工工作积极性的高低与领导行为是否有效有着极其密切的关系。因此，任何一个组织都离不开领导。

一、领导的概念

（一）领导与领导者

关于领导的含义，通常有两种解释。其一为名词，即人们常把领导者称为领导；其二为动词，指领导的活动，是领导者在一定客观环境中，指引和影响个体、群体或者组织为实现某种预定目标而进行的各种活动过程。

领导作为一个活动过程，主要包含三个基本要素：领导者、被领导者以及二者所处的环境。领导者是领导活动的主体，是实现领导行为的人。被领导者是领导的对象和基础。

所以，对领导的确切概念，可作如下表述：

（1）领导一定要有领导者和被领导者。（2）领导者对被领导者的影响，比被领导者对领导者的影响更大。（3）领导者的目的是影响被领导者实现群体或组织目标。

（二）领导与管理

领导与管理两者既有联系又有不同。一般来说，管理的范围比领导的范围相对要大些。管理的对象通常包括人、财、物等多种要素，管理工作包括计划、决策、组织、协调和控制等诸多方面；而领导工作的对象主要是人，领导工作主要是制定方针做出决策，以及人事安排和对于各种活动的协调等。

从工作的主体方面来看，领导者必然是管理者，而管理者并不一定都是领导者。领导人员是管理人员的一部分，担负着领导职务并拥有决策指挥权。一个人可能是个管理者，但并不是个领导者。管理是建立在合法的、有报酬的和强制性的权力基础上的，而领导更多的是建立在个人影响力和专长权以及模范作用的基础上。领导的本质是组织成员的追随与服从，是通过影响、激励和引导人们执行某项任务，以达到特定目标的一种行为。它不是由组织赋予的职位和权力所决定的，而是取决于追随者的意愿，因此，有些握有职权的管理者如果没有部下的服从，也就谈不上是真正意义上的领导者。

二、领导的作用

在企业组织中，其内部有着周详合理的计划、精心设计的组织结构和有效的控制系统，其内部成员有被人了解和激励的需求，有为实现组织目标尽其所能作出贡献的需要，领导的作用就是在组织中协调人员需求和组织要求之间的关系。事实上，组织中的个人需求很少与组织目标相同，但通过领导的有效引导，其下属在满足个人需求的同时，又有助于完成组织的目标。具体来说，领导的作用主要有以下三点：

（1）指挥引导作用。领导者需根据环境条件的变化以及员工的要求或期望，制定具体政策，指明活动的方向，制定为实现企业目标所必需的各种措施和方法。同时，领导者还必须是个行动者，能率领员工为企业的目标而努力。领导者只有站在群众的前面，用自己的行动带领人们为实现组织的目标而努力，才能真正起到指挥的作用。

（2）沟通协调作用。领导者在制定组织战略目标后，还必须协调组织中的各种资源或因素，促使组织战略目标的实现。在许多人协同工作的集体活动中，即使有了明确的目标，但因各人的才能、理解能力、工作态度、进取精神、性格、作风、地位等不同，加上外部多种因素的干扰，人们难免出现在思想认识上发生分歧、行动上出现偏离组织目标的现象，这就需要领导者注意在上下级之间、下级相互之间要加强信息沟通与协调。

（3）激励鼓舞作用。组织是由不同需求、欲望和态度的个体组成的，组织成员的个体目标与组织目标不可能完全一致，领导活动的目的就是要使个人目标与组织目标结合起来，在此基础上，调动每个成员的工作积极性，充分挖掘员工的潜力，使其为实现组织目标作出贡献。

三、领导的权力构成及运用

领导的核心在权力。领导权力通常是指影响他人的能力，在组织中就是指排除各种障碍完成任务、达到目标的能力。领导的权力包括两个方面：一是领导者的职位权力，即领导者所处工作岗位的正常权力，人们称为职权或正式权力；二是来源于领导者的个人影响力，人们称为非正式权力或威信。

(一) 领导者权力构成

1. 正式权力及其构成

A　法定权

法定权指领导者拥有领导职位所具有的正式权力，是被组织、法律、传统习惯所认可的。组织赋予管理者一定的职务，从而使管理者占据权势地位和支配地位，在其分管的工作范围内具有确定工作目标、建立相应组织、制定规章制度、组织开展活动的决策权和对下属的工作调配权。这种权力不一定要领导者本人实施，而可以通过制定、实施政策和规章制度来实施。

B　奖励权

奖励权是指领导者给予奖励或报酬的权力，例如提高工资、奖金、表彰理想的工作安排和其他任何令人愉悦的东西等。领导者掌握的奖励手段越多，奖励权力就越大。

C　强制权

强制权是指领导者通过运用精神和物质上的制裁，从而强制下属服从的权力。例如批评、处罚、扣除工资奖金等实施惩罚性措施等。领导者对下属采取强制性措施越严厉，强制权力越大，则下属反抗意识也较强。

2. 非正式权力及其构成

A　专长权

专长权是指领导者拥有某方面的专业知识，或是某一领域的专家，从而对下属拥有相当大的影响力。这种影响力主要是基于领导者帮助下属明确方向、排除障碍的能力。人们往往愿意听从某一领域有丰富知识人士的忠告，如有名的医生、科学家、律师等等，就是因为他们拥有相当大的影响力。

B　感召权

感召权是指领导者的个人魅力对下属的行为所产生的影响力。与领导者个人的品质、魅力、经历、背景、知识、感情等相关的好的思想品质、好的作风、好的风尚等等，它是抽象的，往往因为领导者的言谈、行为举止给下属形成一种认同感。

正式权力来源于职位、职务，一般组织内的各级主管人员都具有这三种权力；非正式权力来源于领导者个人的领导水平，领导艺术、素质修养和行为举止等，即使不在领导岗位，仍能对人产生影响。一位有效的领导者应该同时拥有上述五种权力，而仅仅拥有前三种权力是远远不够的。因此作为一个有效的领导者就应通过各种途径，学习和掌握各种专业知识和管理知识，不断地完善本人各方面的素质，不断地提高领导艺术和领导水平。

(二) 领导者权力的运用

为了确保领导者在实际工作中能够正确地运用权力，必须遵循权力使用中的三条原则：

(1) 慎重用权。企业领导者有着一定的人事和财务等管理权力。如果领导者对权力认识不足，以为有了权力就有了一切，往往自觉或不自觉地炫耀手中的权力。这种做法，只能适得其反，招致同事的反感和群众的厌恶，损害自己的形象，降低自己的威信。所以，成熟的领导者必须十分珍惜组织和组织成员给予自己的权力，慎重用权。

（2）公正用权。领导者运用权力的最重要的原则是公正廉明，在运用权力时做到不分亲疏，不徇私情，不谋私利。只有如此，才能服众。如果一个领导者不能够秉公办事，他拥有的制度权力虽然未变，但其实际上的指挥、协调和激励能力就会大大削弱，造成扯皮推诿、组织涣散、营私舞弊等现象的蔓延。所以，领导者必须充分认识到公正用权的重要性，做到公开、公正和廉明。

（3）例外处理。规章制度是组织成员共同遵守的行为准则。领导者必须维护规章制度的严肃性，按照规章制度的要求正确使用他手中的权力。但在特殊的时候，领导者有权进行特殊事件的例外处理。但例外处理必须有充分正当理由，必须在坚持组织根本目标和员工普遍利益的前提下，并且牢记使用权力的目的是为了建立所期望的行为模式。通过实施例外处理，使员工们一方面了解到领导者是尊重事实和通情达理的，另一方面也从该事件中对领导者期望自己表现出何种行为产生明确的认识。

【相关链接】

如何正确地对待权力

战国时期，苏秦在未发迹之前，周游列国，游说诸侯，但都未受到重用。几年之后，穷困潦倒，回到故乡洛阳，妻子对他不理不睬，嫂子不煮饭给他吃，父母亲也不跟他说话，兄嫂弟妹都在背后偷笑他。数年之后，他终于说服赵王，受封为“武安君”，游说各国，和诸侯订约合纵以对抗强秦。当时他声名远扬，有人描述他：“一怒而诸侯惧，安居而天下息。”

有一次，他在前往楚国游说楚王的途中，路过洛阳，他的父母听到消息，立刻打扫房屋，预备酒席，前往迎接。回到家里，妻子对他不敢仰视，嫂嫂低着头料理食物，准备款待他。他笑着问：“嫂嫂为什么如此的前倨而后恭？”嫂嫂很坦白地说：“因为小叔现在地位高，而且多金。”苏秦于是喟然长叹：“富贵则众人仰慕，贫贱则亲戚鄙视，人生在世，功名富贵，岂可以请勿哉！”

有权与无权，不仅决定个人在组织中的影响力，而且会影响到别人对他的整体看法和态度。因此领导者不可一日无权。然请不要忘记柏拉图曾说：“权力使人腐败，绝对权力使人绝对腐败。”所以，领导者也要慎重用权。

第二节　领导理论

为了解决有效的领导问题，西方学者从不同角度进行了研究，领导理论主要分三大部分：研究领导者个人特质的领导特质理论，研究领导者工作作风和领导有效性的行为理论，研究不同情况采用不同领导方式的领导权变理论。

一、领导特质理论

领导特质理论主要研究领导者个人最有效的品质特征，即与领导过程的有效性相联系的领导者品质特征。关于领导特质理论，传统观点认为领导者的品质是天生的而不是后天造就的，如美国心理学家吉普的研究，天才的领导者应具有善言、外表英俊、智力过人、具有自信心、心理健康、有支配他人的倾向、外向而敏感等特性，生而不具有这些领导特性的人，不能成为领导者。但这种领导特质的研究完全忽视情境因素，受到后人的批评。

现代观点认为，有效的领导者具有某些品质特征，如责任感强、知人善任、善于激励、精通业务、善用科技、胆大心细、品德高尚等，这些品质特征部分是后天造就的，更需要通过培训和学习获得。因此，选择领导者需要明确标准，同时对领导者的使用和培训也需要有具体的方向和内容。

二、领导行为理论

由于领导的特质理论在预测领导者的有效时局限很大，因此研究者转而去讨论领导者的外在行为。领导行为理论试图从研究领导者的行为特点与绩效的关系，来寻找最有效的领导方式。

（一）领导风格理论

美国心理学家和行为学家库尔特·勒温等人共同研究，确定出三种基本的领导风格：

（1）专权型。即指领导者把一切权力集中于个人，一切由领导者个人决定，下属执行。

（2）民主型。即指领导者鼓励下属参与管理，共同讨论商议，集思广益后作出决策。

（3）放任型。即指领导者对下属采取自由放任的态度，下属愿怎样工作就怎样工作，领导不采取任何后续跟进工作。

实践证明，不同领导风格对群体行为产生不同的影响：专权型领导风格能够通过严格管理达到目标，但组织成员没有责任感，情绪消极，士气低落。民主型领导风格工作效率最高，不但能实现工作目标，而且组织成员之间关系融洽，工作积极主动，富有创造性。放任型领导风格工作效率最低，能达到组织成员的社交目标，但难以实现工作目标。因此在实际管理情境中，大量的领导者所采取的领导风格是一种混合型风格。领导者应根据自身素质、能力以及客观环境、工作性质、被领导者等条件，根据实际情况，选择合适的领导方式。

（二）利克特的四种领导方式理论

美国密歇根大学利克特等人把领导者分为两种基本类型，即“以工作为中心”的领导与“以员工为中心”的领导。前者任务分配结构化、严密监督、工作激励、依照详尽的规定办事；而后者则重视人员行为反应及问题。利用群体实现目标，给组织成员较大的自由选择的范围。利克特倡议员工参与管理，认为是领导一个群体最有效的方法。利克特假设了四种领导方式，以此作为研究和阐明他的领导原则。

（1）专制－权威式。这种方式的特点是，领导者对下属很少信任，领导者制定决策，发布指示，下属执行且不参与决策；领导者很少用奖励的方法激励下属，而较多地采用处罚的方式。沟通方式是自上而下的，不注意自下而上的信息反馈。（2）开明－权威式。这种方式的特征是，领导者兼用奖励和处罚的方法管理下属；自上而下和自下而上地双向沟通信息，适当地听取下属对决策的意见；适当地授权给下属，但加以严格的政策控制。（3）协商式。这种方式的特征是，领导者在决策前，较充分地听取下属的意见，并且适当地加以采纳；兼用奖励和处罚的方式管理下属，注意信息的双向沟通，在制定总体决策和主要政策时，允许下属部门对具体问题做出决策，并在某些情况下进行协商。（4）群体参与式。这种方式的特征是，管理者与组织成员相互信任，上下级处于平等地位，共同协商讨论问题，组织成员广泛地参与重大决策过程。领导者提出挑战性的目标，由下属根据目标自行决策并制定实施规划，主要采用奖励的方法，而较少采用处罚的方法来管理下属；保持上下级之间、同级之间信息渠道的畅通，使整个组织形成一种良好的气氛。

研究表明：用第四种方式进行管理的组织，由于员工参与管理的程度较深，个人目标和组织目标融为一体，工作的积极性和创造性能充分地发挥出来，全体成员感到在实现价值，满足需要和愿望，达到目标和期望方面有共同的利益。因此在这类组织中，在制定目标和实现目标等方面是十分有效的。

（三）领导行为四分图

四分图理论是由美国俄亥俄州立大学企业研究所的研究小组在 1945 年提出来的。他们列出了一千多种刻画领导行为的因素，通过高度概括，归纳为两个方面：定规维度和关怀维度。定规维度是指领导者规定他与工作群体的关系，建立明确的组织模式、意见交流渠道和工作程序的行为，具体包括设计组织机构、明确职责、权力、相互关系和沟通办法，确定工作目标与要求，制定工作程序、工作方法与制度；关怀维度是指建立领导者与被领导者之间的友谊、尊重、信任关系方面的行为，具体包括尊重下属的意见，给下属以较多的工作主动权，体贴下属的思想感情，注意满足下属的需要，平易近人，平等待人，关心群众，作风民主。

研究结果认为，这两方面的具体组合就形成四种领导行为，它们是：低关心组织高关心人、高关心组织低关心人、高关心组织高关心人和低关心组织低关心人，如图 6－1 所示。

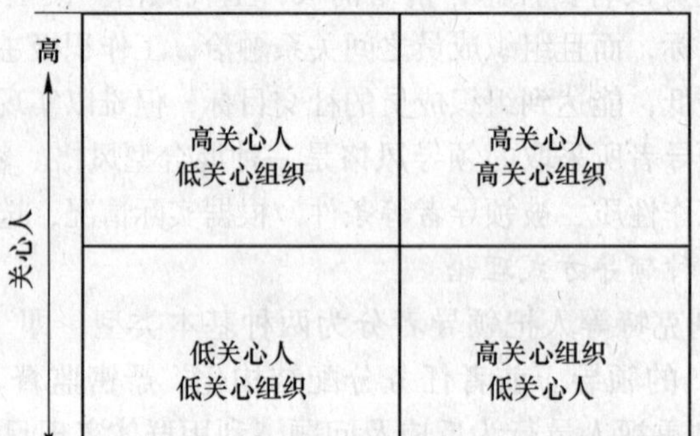

图 6－1 领导行为四分图

四种领导行为中，究竟哪种最好要视具体情况而定。例如有人认为在生产部门中效率与“组织”之间的关系成正比，而与“体贴”的关系成反比，而在非生产部门中情况恰恰相反。一般来讲，高关心组织高关心人的领导行为比其他三种类型的领导行为更能使下属取得高工作绩效和高满意度，能够产生积极效果。

（四）管理方格理论

管理方格理论又称管理坐标理论，是美国管理学者布莱克和莫顿，在俄亥俄州立大学领导行为四分图基础上进一步研究后提出的。这一理论提出以后，影响很广，人们普遍认为这是研究领导方式的一种好方法。管理方格理论将领导对生产工作的关心和对人的关心用坐标图来表示。其中，横坐标表示对生产工作的关心，纵坐标表示对员工的关心，纵横坐标都分为九等分，纵横交错，形成一个有81格的管理图，表示81种领导方式，如图6－2所示。

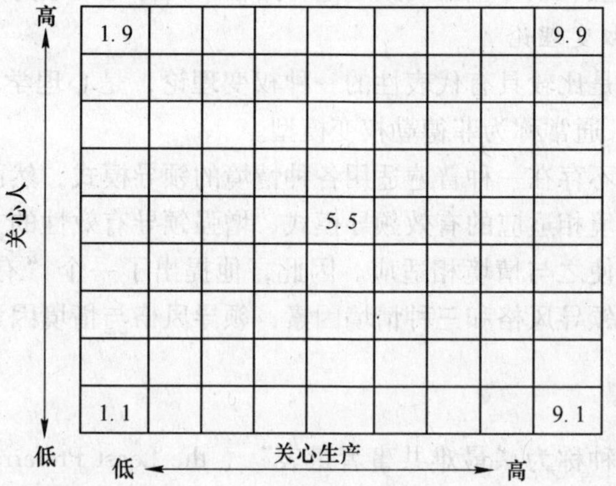

图6－2　管理方格图

其中有五种典型的领导方式：

（1）1.1型管理方式，又称贫乏型管理方式。领导者既不关心人，也不关心生产，对组织运行放任自流，无所作为，放弃领导应有的责任。这种方式无疑会使企业失败。

（2）9.9型管理方式，又称团队型管理方式。领导者对人和生产的关心都达到了最高点，善于把组织集体的目标和个人目标之间有机地结合起来，工作效率高而且工作环境好，这是最有效的一种管理方式。

（3）5.5型管理方式，又称中庸之道型管理方式。这种领导方式既不过于偏重人的关心，也不过于偏重生产任务。领导者能维持足够的生产效率和士气，但是创新不够。

（4）1.9型管理方式，又称乡村俱乐部型管理方式。领导者不关心生产和工作，主要关心人，组织内员工们都轻松地工作，友好地相处，但是组织目标实现却十分困难。

（5）9.1型管理方式，又称任务型管理方式。领导者只注重生产和工作，关心组织目标的实现，制定严格的规章制度和奖惩制度来保证任务的完成，而对员工的关心不够，组织内工作气氛不佳，员工的积极性不高。

从以上五种管理方式来看，采用9.9型管理方式的领导者最为成功。尽管9.9型的领导方式，只是理论上的理想模式，但对现实工作中具有指导意义。企业的领导者应努力地把自己的领导方式改造成（9.9）型的方式，以求企业的最高效率。

三、领导权变理论

领导权变理论是在领导特质理论和行为理论的基础上发展起来的，又称情境理论。这类理论认为：不存在一种普遍适用、唯一正确的领导方式，领导工作强烈地受所处的各种客观环境的影响，只有结合具体情景，因时、因地、因事、因人制宜的领导方式，才是有效的领导方式。其基本观点可用下列公式反映：

$$有效领导 = F(领导者,被领导者,环境)$$

即有效领导是领导自身、被领导者与领导过程中所处的环境的函数。没有最好的领导模式，只有最合适的领导模式，这就是权宜制变的权变管理原理在领导工作中的体现。领导权变理论以菲德勒模型、领导生命周期理论和路径—目标理论最为典型。

(一) 菲德勒的权变理论

菲德勒权变理论是比较具有代表性的一种权变理论，是心理学家菲德勒经过 15 年的研究于 1967 年提出，通常称为菲德勒权变模型。

菲德勒认为，并不存在一种普遍适用各种情境的领导模式，然而在不同的情况下都可以找到一种与特定情境相适应的有效领导模式，增强领导有效性的方法是帮助领导者认识自己的领导风格，并使之与情境相适应。因此，他提出了一个“有效领导的权变模型”，其中包含了两种基本领导风格和三种情境因素，领导风格与情境因素相适应，才能获得有效的领导。

1. 确定领导风格

菲德勒设计了一种称为“最难共事者量表”(the Least Preferred Coworker，LPC) 的问卷表来测定一个人的领导风格，见表 6－1。

表 6－1 LPC 问卷格式

设想一个最不能共事的人，此人是你现在的同事或是过去的同事。这个人不一定是你最不喜欢的人，而是你认为最难共事的人，请描述你对这人的印象。

令人舒服	8	7	6	5	4	3	2	1	令人不舒服
友好	8	7	6	5	4	3	2	1	不友好
拒绝	1	2	3	4	5	6	7	8	接受
对人有帮助	8	7	6	5	4	3	2	1	令人垂头丧气
不热心	1	2	3	4	5	6	7	8	热心
紧张	1	2	3	4	5	6	7	8	轻松
疏远	1	2	3	4	5	6	7	8	接近
冷漠	1	2	3	4	5	6	7	8	热情
合作	8	7	6	5	4	3	2	1	不合作
支持	8	7	6	5	4	3	2	1	敌对
讨厌	1	2	3	4	5	6	7	8	有趣味
喜欢争吵	1	2	3	4	5	6	7	8	幽默
自信	8	7	6	5	4	3	2	1	犹豫
有效率	8	7	6	5	4	3	2	1	无效率
低沉	1	2	3	4	5	6	7	8	愉快
开诚	8	7	6	5	4	3	2	1	设防

这种表的使用方法是让领导者对“最不喜欢的同事”作“正反两面”的评价。这种评价分数用来测定一个人对其他人的态度。一个领导者如果对自己最不喜欢的同事给予很高或较高的评价，那他会被认为是关心人或宽容性的领导者，又叫关系导向型领导；而那些对其最不喜欢的同事给予很低或较低评价的人，则被认为是以工作为中心的领导者，又称为任务导向型领导。

2. 确定情境

菲德勒通过调查研究，提出了三种影响领导行为效果的情境因素：

（1）职位权力。职位权力指的是与领导者职位相关联的正式职权和从上级和整个组织各个方面所得到的支持程度。领导者拥有这种明确的职位权力时，则组织成员将会更顺从他的领导，有利于提高工作效率。

（2）任务结构。任务结构是指工作任务明确程度和有关人员对工作任务的职责明确程度。当工作任务本身十分明确，组织成员对工作任务的职责明确时，领导者对工作过程易于控制，整个组织完成工作任务的方向就更加明确。

（3）上下级关系。上下级关系是指下属对一位领导者的信任爱戴和拥护程度，以及领导者对下属的关心、爱护程度和吸引力。它是决定领导者在群体中的控制力和影响力的主要因素。

3. 领导风格与情境因素相适应

菲德勒根据三个情境因素的不同组合，归纳出八种不同类型的环境条件，得出了在各种不同情况下使领导有效的领导方式。他们发现对于各种情景，只要领导风格与之相适应，都能取得良好的领导效果。在上述三个条件都具备的最有利的情势下和上述的三条件都不具备的最不利的情势下，采取以任务为中心的指令型领导方式效果较好，而在这些条件不具备的中间状态的环境中，则采取以人为中心的宽容型领导方式效果最佳，如图6－3所示。

上下级关系	好				差			
任务结构	明确		不明确		明确		不明确	
职位权利	强	弱	强	弱	强	弱	强	弱
情境类型	1	2	3	4	5	6	7	8
情境特征	有利			中间状态				不利
有效的领导方式	任务型			关系型				任务型

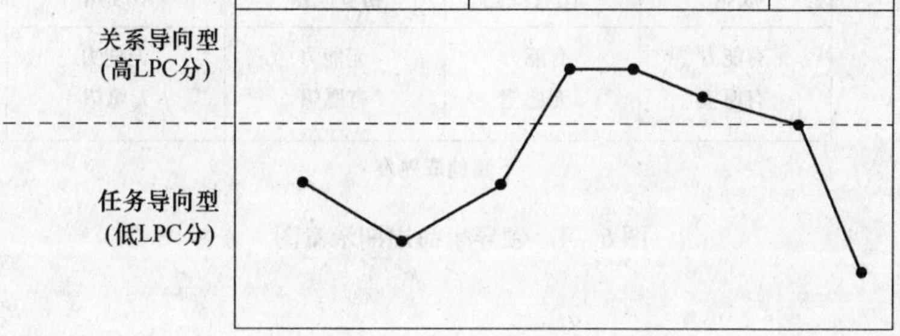

图6－3 菲德勒权变模型

根据费德勒模型，提高领导有效性的途径有二：就是改变领导方式以适应情势；或是改变情势因素，以适应领导方式。费德勒指出，有效的领导者应该是具有适应能力的人，能够根据不同的情势采取不同的领导方式。同时，他还提出了改变情势的建议，如通过改组下属人员组合来改善领导与下属的关系；通过加强对工作任务限定使其定型化或减少这种限定使其非定型化来改变任务结构等。

（二）领导生命周期理论

领导生命周期理论由科曼首先提出，后由赫西和布兰查德予以发展，是一种重视下属的权变理论。该理论认为领导者采用什么样的领导方式最为有效，与被领导者的成熟程度密切相关。

所谓成熟程度，是指被领导者完成工作任务时所掌握的知识和经验多少、独立工作能力高低、承担责任的愿望以及对成就感的向往等等。每一个人都有一个从不成熟到成熟的发展过程，即不成熟、初步成熟、比较成熟、成熟四个阶段。面对分别处于这四个阶段的员工，领导行为不能一成不变。有效的领导应根据下属的成熟程度以及情境的需要采取不同的领导风格。这就是领导生命周期理论的精髓。

领导生命周期理论认为，随着下属的成熟度由低到高，适宜的领导风格依次是命令式、说服式、参与式和授权式，如图6-4所示。

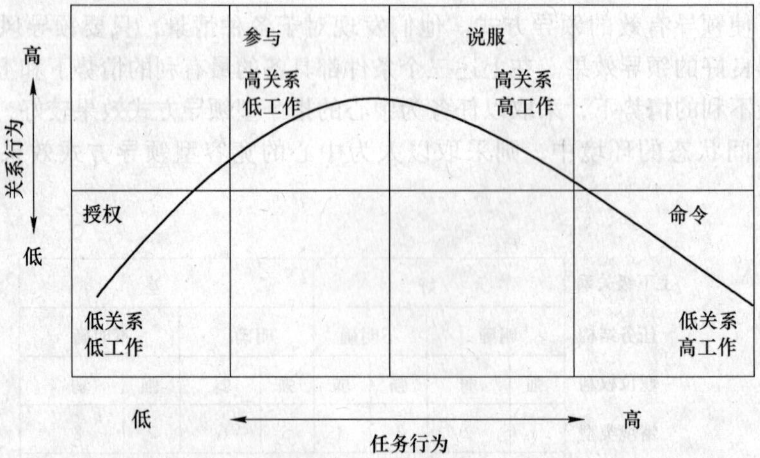

M4	M3	M2	M1
成熟	比较成熟	初步成熟	不成熟
有能力 有愿望	有能力 无愿望	无能力 有愿望	无能力 无愿望

下属的成熟度

图6-4　领导生命周期示意图

1. 命令式

表现为高工作低关系型领导方式。对于低成熟度的员工，他们通常由于缺少工作经验，因此不能也不会对工作自觉承担责任，这时就使用命令式的领导方式，采取单向沟通的方式，领导者对下属进行分工，明确规定工作目标和工作规程，告诉他们做什么，如何做，在何地、何时去完成它。

2. 说服式

表现为高工作高关系型领导方式。对于较不成熟的员工，虽然已经熟悉工作，并愿意担负起工作责任，但他们尚缺乏工作技能，不能完全胜任工作，这时，领导者既要给下属以一定的指导，又要注意保护和鼓励下属的积极性。这种领导方式通常是领导者做出决定，通过解释和说服以获得下属心理上的支持。

3. 参与式

表现为低工作高关系型领导方式。当下属比较成熟后，他们不仅具备工作所需要的技术和经验，而且也有完成任务的主动性并乐于承担责任，由于他们能胜任工作，因此并不希望领导者对他们有过多的控制和约束。领导者与下属共同参与决策，领导者着重给下属以支持及其内部的协调沟通。

4. 授权式

表现为低工作低关系型领导方式。当下属成熟度高的时候，下属不仅具备独立的工作能力，而且也愿意并具有充分的自信来主动完成任务并承担责任，领导者就应该充分授权，几乎不加指点，放手由下属自己独立地开展工作，自行决策，自主行动，以此发挥他们的能动性。

（三）途径—目标理论

途径——目标理论又称为目标导向理论，是由加拿大埃文斯（M. G. Evans）于1986年提出的，并由其同事豪斯（R. J. House）作了进一步的补充和发展。该理论认为，有效的领导能够帮助下属在达成企业目标的同时，也达成个人目标，包括报酬目标和成就目标，即在完成工作任务的同时，得到满足和激励。为此，领导的责任是：为下属明确到达目标的途径，即说明工作的意义、方向、内容、任务等；帮助下属排除实现目标途径上的障碍，即解决工作中遇到的问题；支持下属为实现目标所做的努力；在工作中给下属以多种多样满足需要的机会，使他们感到满意，从而顺利地通过途径到达目标。根据该理论，领导方式可以分为四种：

（1）指示型领导方式。领导者应该对下属提出明确的要求，指明方向，给下属提供他们应该得到的指导和帮助，使下属能够按照工作程序去完成自己的任务，实现自己的目标。

（2）支持型领导方式。领导者与下属友好相处，平易近人，平等待人，关系融洽，关心下属的生活福利。

（3）参与型领导方式。领导者经常与下属沟通信息，商量工作，虚心听取下属的意见，让下属参与决策，参与管理。

（4）成就导向型领导方式。领导者做的一项重要工作就是树立具有挑战性的组织目标，要求下属成员有高水平的表现，激励下属想方设法去实现目标，迎接挑战。

与菲德勒模型不同的是，途径——目标理论认为上述领导方式是同一个领导者在不同情况下所采用的，也就是说领导人的风格和行为是能改变的，并使之适应特定的情景。有时，领导人根据不同的情况可分别采取不同的领导方式。如当领导者面临一个新的工作环境时，他可以采用指示型领导方式，指导下属建立明确的任务结构和明确每个人的工作任务；接着可以采用支持型领导方式，有利于与下属形成一种协调和谐的工作气氛。当领导者对组织的情况进一步熟悉后，可以采用参与者式领导方式，积极主动地与下属沟通信息，商量工作，让下属参与决策和管理。在此基础上，就可以采用成就指向式领导方式，领导者与下属一起制定具有挑战性的组织目标，然后为实现组织目标而努力工作，并且运用各种有效的方法激励下属实现目标。

第三节　领导方法和领导艺术

一、领导方法

领导方法，就是领导者为达到某种领导目标而进行的认识活动和实践活动的方式和手段。因为领导工作是认识活动和实践活动的统一，因此，简单地说，领导方法就是领导者从事领导活动所运用的方式和手段。作为实现领导目标的手段和方法，领导方法有其自身的规定性，在领导实践中，领导者对这些规定性的认识、把握和运用的能力和技巧会影响领导行为达到预期目标的程度。

（一）领导方法的特征

1. 客观性

领导方法的客观性是领导方法的所有规定性之中首要的。因为，客观事物和方法自身的客观性是不可改变的，但是领导活动中的主体却是领导者，最终实现领导目标的程度取决于领导自身对待和运用领导方法的态度和技巧，因此领导方法的客观性在领导实践当中主要落实在领导者的主观态度的客观性方面。

2. 动态性

领导系统的不断发展变化，会自然的影响领导者对领导方法的选择和应变，即“随时而变，因俗而动”，不断适应变化了的新的时空条件下的领导系统。就是在同一个领导系统发展过程中的不同阶段，也要及时采用不同的领导方法。这就是领导方法的动态性。领导方法的动态性使领导活动协调和谐，最大限度的、最有效地实现领导目标。缺乏动态性的领导方法，会最终失去对环境的应变能力，导致领导活动的失效。当然，领导方法的动态性并不排斥它在某些方面、环节和特定历史阶段的相对稳定性。它要求领导者要通过动态的领导方法来实现领导活动的稳步进行。领导者对这种动态性的把握以及运用自如的感悟能力体现了领导科学同个人魅力与风格融合之后的艺术性质。

3. 条件性

领导方法的条件性是指领导方法的产生与使用要受一定条件的影响和制约，如：领导者本身的特点，被领导者的状况，客观物质条件，环境因素等。一个知识内容丰富、知识结构合理、领导经验广博的领导者与一个知识贫乏、结构失衡、经验不多的领导者，共同面对一个对象，使用相同的领导方法，其效果不会是一样的。领导方法的条件性，表明有些方法所作用的对象相似时，它们之间可以通用，或稍加改造而相互适用。这种条件性，要求领导者不能生搬硬套，要具体问题具体分析，灵活变通，综合运用。

4. 目的性

领导方法要为一定的领导目标服务，要达到一定的目的。这就是领导方法的目的性。领导方法的选择取决于领导的目的。具体表现为领导者使用某种领导方法的自觉性；很少有人不知所以然地使用某种方法。在相同的条件下，领导者选用这种而不是那种方法，表明领导方法的目的性通过人们使用它的自觉性体现出来。但是，要注意，领导方法一般都是综合运用或几种方法相互配合使用。因此，实现同一目标可以有多种方法，同一方法可以实现多种目标。这也说明不存在一种十全十美的万能领导方法。

5. 时效性

如果用经济学上的术语来说，这是指一种领导方法的边际效益。新的方法的采用往往会在最初的实施过程中取得较大的成果，但是这种效果会随着时间的推移呈下降的趋势。例如在领导方法中，经常会采用奖酬激励的方法来激发下属人员的积极性。最初实施这种奖酬的时候，人们会产生一定的积极性，工作的热情和业绩也自然会提高。但是当这成为一种常规时，就逐渐失去了对人们的激励作用。并且，在奖酬数量不断增加的情况下，人们所提升的热情和取得的工作业绩与奖酬的提升呈反比。这就是说，领导方法往往存在时间上的“保鲜期”，因此“方法供给”在领导活动中也是一个至关重要的因素。

（二）领导方法的重要性

方法是完成任务的手段。在任何工作的过程中，要完成一项任务，办好一件事情，都必须采用一定的方法。毛泽东曾经用过河要有桥或船的生动形象的比喻，深刻说明了领导方法的极端重要性。他指出：“我们不但要提出任务，而且要解决完成任务的方法问题。我们的任务是过河，但是没有桥或没有船就不能过。不解决桥或船，过河就是句空话。不解决方法问题，任务也只是瞎说一顿。”无数实践证实，凡属正确领导，总是同运用正确的工作方法相联系。从一定意义上说，能不能实施正确有效的领导，取决于领导者有没有科学的领导方法。

在领导工作中，领导者都是自觉或不自觉地运用这样那样的方法去解决问题，只不过有的领导方法好,有的不好,有的是科学的,有的是不科学的罢了。领导方法不同,其工作效果就不同。方法不对头,事与愿违;方法得当,事半功倍。从一定意义上讲,能不能实现正确的有效的领导,取决于领导者是否有科学的领导方法,这对工作的好坏至关重要。

二、领导艺术

领导活动既有科学性，又有艺术性。领导实践表明，领导艺术包含着科学的成分，领导科学只有被艺术地表现和运用，才能获得较高的领导绩效。

领导艺术指领导者在个人素质的基础上，以丰富的领导经验、深厚的领导科学造诣，对各种条件、方式方法成熟并富有创造性地运用，表现出领导的风格和艺术形象。简言之就是领导技巧与风格的巧妙结合。具体表现为四个统一：一是灵活性与原则性的统一。领导艺术的运用是因事、因时、因地而宜，即时即兴而发。体现了领导者在千差万别的事物面前，在复杂多变的情况下，在艰难的环境中，发挥积极性、创造性，及完成各项任务的灵活性。二是经验性与理论性的统一。领导艺术的表现形式本身就是经验的升华，同时又是领导理论的实践应用。三是创造性与规律性的统一。面对内外环境的变化，领导者实施领导艺术的过程就是尊重客观规律、不断因地制宜、不断创造的过程。四是多样性与综合性的统一。领导者自身素质的多样性使得领导艺术呈现出与众不同的个性，但作为领导的一项技能，运用领导艺术的过程既要以领导者的知识和经验为基础，又要以领导者的才能和素质为前提，还要以领导者的有效方法和灵活技巧为手段。因此，领导艺术是领导者多样个性与素质的综合反映。

领导艺术主要包括以下几方面。

（一）领导者授权艺术

授权艺术，即适度放权的艺术。指上级授予下属一定的权力，使下属在一定范围内，有相当的自主权和行动权，允许下属做出决策。合理授权是领导者的一种重要领导方法，授权成为艺术，是指权授而不乱，“事半功倍”。通过合理授权，可以使领导者集中精力、时间去考虑和处理关系到企业全局的重大问题，发挥领导者应有的作用；可以加深下级和上级之间的沟通，激发下属的责任心、上进心，提高工作效率，同时使下属感受到适当的压力，锻炼工作能力。要正确授权，必须遵循授权艺术的原则：

(1) 有目的授权。授权应围绕组织的目标来进行，不能盲目授权，否则必然带来混乱不清。只有目标明确的授权，才能使下属明确自己所承担的责任。(2) 因事择人，视能授权。择人的标准就是看员工是否有这方面的专长和处理该事的能力。被授权者的才能大小和知识水平高低、结构合理性是授予权力的依据。(3) 明确权责，适度授权。向直接下属明晰所授权的权力和责任范围及执行该任务要达到的具体目标，使下属摸清领导的意图，充分发挥主动性和创造性。授权一般是一事一授，任务完成及时收回权力。(4) 授权留责。即领导者在下授权力时并不下授责任。出了问题，领导要勇于承担责任，这样下属就会乐意接受授权并大胆工作。(5) 逐级授权。即领导者应按组织的层次结构原则逐级进行，对其所属的直接下级授权。(6) 信任原则。授权必须基于领导者和部属之间的相互信任关系。(7) 加强授权后的监督。授权不是撒手不管，既要授权又要避免失控，既要调动部署的积极性和创造性，又要保持领导者对工作的有效控制。以免偏离目标方向，或出现滥用权力的现象。(8) 有效授权的及时奖励。有效的奖励将会使授权本身产生推动的力量，使你的授权达到新的境界。

(二) 领导者理事艺术

人的时间和精力是有限的，要胜任领导工作就要讲究理事的艺术，在肯干苦干的基础上巧干。领导工作千头万绪，作为一名企业领导者，要干好自身的本职工作，就必须既要善于抓住关键，突出重点，又要处理好日常工作。

领导者的主要职能包括决策、用人、指挥、协调和激励等。领导者应着重抓好如下几方面的具体工作：制定企业经营战略；设计企业组织结构及运行机制；选好干部，建设领导班子；培育企业文化；处理重要的社会关系等。这些都是关系到企业生存与发展的大事，领导者应把它们摆在头等大事的位置上，但这绝对不是说都由领导者亲自去做，而是要发挥总设计师的作用，在大的方面提出问题、定原则、把好关。在集中主要精力抓大事的同时，领导者也要安排好日常工作。包括日常行政事务、学习，经常性调查研究，日常沟通工作等。如批阅文件报告、参加各种例会、处理突发性事故或纠纷、学习理论、专业等知识，以及调查研究等。

领导者在实际工作中，要正确处理好两者之间的关系，对工作进行统筹安排，就要掌握理事艺术。所谓理事艺术，就是领导者把握事物的特性和分寸，灵活运用多种处事方法和技巧，提高理事效果。理事艺术的要领有以下几点：

(1) 增强领导意识。与领导者理事相关的主要是全局、目标、决策三大意识。全局意识指领导者明确自己在组织团体中的地位，时时事事从全局出发审视领导活动的全过程，发现和识别与全局、长远有关的事，并着力抓好、处理好。目标意识就是领导者时时事事以目标为准绳，把目标当做评判鉴别组织内各种人事的标准。决策意识就是领导者能打开思路，突破狭隘的经验框架，冲破思维定势，敢于创新，敢于决策。有决策意识的领导者能听取多方面的意见，从群众中吸取营养，减少主观固执和唯我独尊，从而拥有更加灵活多样的方式方法应对领导活动中的多类情况和多种问题。

（2）提高工作的有序性。就是对日常事务理性分析和分类处理。对所有要做的工作分清主次、急缓，按先主后次，先急后缓的原则有条不紊、井然有序地进行工作。

（3）要严格权责范围。领导者应该明确各职位、各岗位权责划分，不面面俱到，事必躬亲。

（4）提高会议效率。会议是领导活动的一项主要内容，是实施领导的常用工具。领导者必须善于开会，注重会议的质量和实效，提高会议效率。要做到：第一，树立会议价值观。领导者必须综合会议功能和成本两个方面，以目标为依据，具体研究不同会议的功能，适当选择会议的地点、形式、研究决定参加会议的人数和会议的时间等问题。第二，掌握好开会的原则。明确会议主题，注重会议的效率，严肃会议纪律。第三，控制好会议的规模。按照会议的性质和目的决定参加会议的人员人数。第四，控制好会议进程，营造良好的会议气氛，做好会议总结。

（三）领导者用人艺术

领导的对象就是人，领导者在执行领导职能的时候，必须掌握待人的方法与艺术。

（1）“知人善任”。这是用人艺术的基本要领。“知人”就是要了解下属的专长、能力，兴趣、爱好等等。“善任”就是扬长避短，各尽所能。不仅能为不同专长、能力的人员安排最能发挥其特长的岗位，而且能针对下属不同的性格、爱好采取不同的领导方式。

（2）用人方法要得当。领导者必须采用职务分析的方法，科学地设计职位；掌握干部的结构，搭配人员时注意知识互补，性格互补。做到事得其人，人尽其才。同时要珍惜人才，用、养结合，领导者不仅应使用好人才，更应重视人才的开发与培养。

（3）“以诚相待”。领导者对自己选拔的人才应充分相信，并授给他们工作范围内一定的权力，明确责任，充分发挥其聪明才智，做到用人不疑，疑人不用。领导者与被领导者要和谐相处，平等待人，不徇私情，同时还要适时奖惩，处罚有度。

（4）正确激励下属。有效的激励方法能调动下属的积极性。首先，领导者要掌握激励理论，这可以使领导者对如何使员工们努力工作有一个深入的认识。其次，要了解下属的需要。抓住优势需要来激励下属。不同层次的人有着不同的需求。领导者应善于掌握下属不同的优势需要，把物质激励和精神激励有机地结合起来，予以激励。第三，满足下属的参与需求。领导者要通过各种形式多听取下属的意见，并说明下属的工作对企业的重要性。领导者通过奖赏或惩罚等手段对下属的行为结果加以控制，从而修正其行为。奖励要重于批评，以保护下属的积极性。

（四）领导者运时艺术

运时艺术，即支配时间的艺术。我们熟知“时间就是金钱”、“时间就是生命”、等格言，都知道时间的珍贵。古今中外成大事者都能够珍惜时间，很好地运用时间。

实现运时艺术要求把握三个环节：（1）从整体上规划时间。把主要时间使用在最重要的事情上，不要被杂事、琐事拖累，以求获得最大的效果。（2）要将工作分类。可做可不做的事不做，可合并做的事合并，可用更简便的措施做的一定用简便的措施做。（3）将时间化零为整。要善于把自己能控制的零碎时间汇集成整段时间集中使用。

在处理任何工作之时都要用三个标准进行检验：能否取消，能否与另一工作合并，能否用简便的东西代替。这样可节省时间与精力，无形之中可提高效率。做某件事或考虑某一问题时，最好能一次完成，中间不被中断。同时，由于生物节律的原因，一天中每个人工作效率最高的时间段是不同的。有人是上午，有人是晚上。要根据自己的生物节律，把最棘手最重要的事放到自己的最佳时间去办，而那些不太重要的工作则可放在精力较差的时段中去完成，以取得最高的工作效率。

【相关链接】

认识你自己——你适合当领导吗？

注意事项：请阅读以下20个问题，并对照自己的情况。如发现自己与描述情况很像，则给5分，与自身情况稍像给4分，对情况不确定则给3分，与自己情况不太像则给2分，完全不像则给1分。

(1) 我能够指挥别人工作。(2) 我经常检查自己的工作绩效。(3) 我不愿意议论办公室的规章制度。(4) 我喜欢干具有永无止境目标的工作。(5) 当一切很顺利时，我能工作得很好。(6) 我喜欢当着众人讲话。(7) 我确信我有能力完成艰巨的任务。(8) 我不喜欢写作。(9) 我喜欢解决疑难问题。(10) 我是一个有条不紊的人。(11) 我不愿意向别人指出他们犯的错误。(12) 每天我喜欢按计划工作。(13) 我认为文书工作是一些不重要的工作。(14) 我喜欢帮助别人学习新东西。(15) 我比较喜欢单独工作。(16) 我相信了解人比了解工作更重要。(17) 我乐于同时做几件事。(18) 我善于理财。(19) 我宁愿退出争论也不愿激化争论。(20) 我会操作电脑。

统分及评价标准：把以上20个问题的得分相加，算出总分，并与以下3项相比较。(1) 80~100分，说明你是一个合格的领导者。(2) 40~79分，说明你有一定的领导才能。(3) 40分以下，说明你的领导才能欠缺。

本章小结

领导是领导者在一定条件下为实现组织目标影响和控制组织中个人或群体的行为过程。领导者是实施领导的人，是管理的“中心角色”。领导与管理两个概念有所不同，管理的范围比领导的范围相对要大些。在管理中，领导具有至关重要的作用，包括：指挥引导作用、沟通协调作用、激励鼓舞作用等。领导者要对他人施加影响力，就要掌握和运用好两种权力：职位权力和个人影响力，即正式权力和非正式权力（或威信）。

领导理论有很多，主要包括领导特质理论、领导行为理论、领导权变理论。特质理论对领导者的个人品质差别进行探讨。领导行为理论又包括：领导风格理论、利克特的四种领导方式理论、领导行为四分图和管理方格理论等。通过不同的领导行为方式和领导风格，探讨领导者对组织管理的影响。领导权变理论又称情境理论，认为不存在一种普遍适用、唯一正确的领导方式，领导工作强烈地受所处的各种客观环境的影响，只有结合具体情景，因时、因地、因事、因人制宜的领导方式，才是有效的领导方式。包括：菲德勒的权变理论、领导生命周期理论、途径—目标理论等。

要做好领导工作，领导者需具备一定的方法，掌握必要的领导艺术。常见的领导艺术主要包括处事艺术、授权艺术、用人艺术和运时艺术。

本章结构图

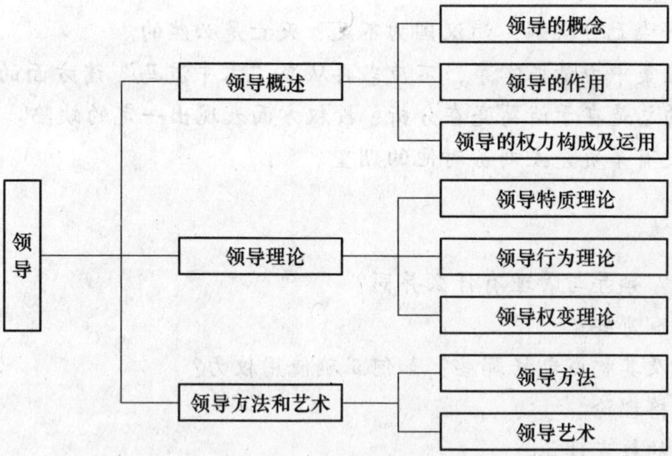

练习与思考题

6-1 选择题

(1) 按照管理方格理论的观点，对工作和人都高度关心的领导行为类型是（　　）。

A. 乡村俱乐部式管理　　B. 任务式管理

C. 中间型管理　　D. 团队式管理

(2) 有的人拥有磨盘大的权力拣不起一粒芝麻，而有的人仅有芝麻大的权力却能推动磨盘。这句话反映的情况说明（　　）。

A. 非正式组织越来越盛行，并且正在发挥越来越大的作用

B. 非正式权力所产生的影响比正式权力所产生的影响力小

C. 非正式权力所产生的影响力有时会大于正式权力所产生的影响力

D. 这里所描述的只是一种偶然的管理现象，并不具有任何实际意义

(3) 领导生命周期理论认为，当被领导者群体已经表现出相当程度的工作成熟度时，最适宜的领导方式是（　　）。

A. 指令型领导　　B. 说服式领导　　C. 参与式领导　　D. 授权式领导

(4) “上梁不正下梁歪”说明领导具有（　　）。

A. 感召权　　B. 合法权　　C. 惩罚权　　D. 专长权

(5) 领导工作是否有效包括三个必不可少的要素，以下不属于这三个要素之一的为（　　）。

A. 授权　　B. 领导者　　C. 被领导者　　D. 环境

(6) 提出权变理论的是（　　）。

A. 吉沙利　　B. 菲德勒　　C. 布莱克　　D. 施米特

(7) 侧重于研究领导人的性格、素质方面特征的领导理论是（　　）。

A. 特质理论　　B. 行为理论　　C. 权变理论　　D. 归因理论

(8) 诸葛亮一生有许多丰功伟绩，鞠躬尽瘁，他的病故，也造成了蜀汉提前的灭亡，这件事情说明（　　）。

A. 诸葛亮一生无可挑剔，蜀汉国力不足，灭亡是必然的。

B. 诸葛亮应集中力量抓军事，不应当再从事“木牛流马”诸方面的设计工作。

C. 最本质的总是在于诸葛亮在分析、授权方面表现出一定的缺陷。

D. 诸葛亮没有辜负先主刘备对他的期望。

6-2 简答题

(1) 什么是领导？领导与管理有什么异同？

(2) 领导的作用有哪些？

(3) 领导的权力及其构成包括那些？如何正确使用权力？

(4) 简述领导方格理论。

(5) 简述菲德勒的权变理论。

(6) 常见的领导艺术有哪些？结合现实谈谈自己的认识。

6-3 案例分析

三个20世纪60年代名牌大学的大学生，毕业后各奔前程，少有来往，某天在党校学习时不期而遇，想不到由于工作的需要，他们都被推上了领导岗位，分别在三个局担任局长工作。B约A、C两位老同学星期日到家一叙。老同学聚会，自然而然地谈起了各自走马上任后的情况。

A说，他上任后做的第一件事是，召开机关处室负责人的座谈会，通过这种座谈形式，让大家了解自己，也使自己熟悉各处室的负责人，从而对局内的整个情况有个大概了解。

B与A的情况不同，他做的第一件事是，与局领导班子的其他成员逐个谈心，向他们了解局里的情况，同时也谈了自己新上任的一些想法，借以沟通思想，使彼此有所了解，为今后顺利开展工作打下了基础。

C走马上任后的第一件事是，通过多种渠道，采取各种形式，广泛地开展调查研究，在较短的时间内，基本上掌握了该局的历史、现状以及当前面临的问题，同时与上下左右沟通了思想，建立了感情，密切了相互之间的联系。

A与B两人对C的做法很感兴趣，C接着说，他上任后的第二件事是，要求全局各处室，群策群力，拿出“两制一规范”的方案。所谓“两制”，就是岗位责任制、奖惩制；所谓“一规范”，就是职位分类规范。C亲自挂帅抓这项工作，他与各处室领导密切配合，分工合作，出主意、想办法，制定了岗位责任制、奖惩制、职位分类规范，使大家明白局机关是为基层服务的。“两制一规范”的制定，使局机关全体成员各司其职、各负其责，减少了扯皮现象，克服了官僚主义，提高了工作效率，做到优胜劣汰，奖罚分明。这样，逐步建立起一支素质好、技术过硬、清正廉洁、效率高、有实绩的干部队伍。C上任后的第三件事是，提议创办一份（快讯）小报，他与大家一起讨论办报方针和信息输入、信息输出渠道等事宜，通过讨论使小报编辑人员明白，这是一张信息快报，要求编辑人员把从国外书报杂志中看到的有关新技术、新知识、新书目及时传递。其中，涉及经济、科技、规划、管理等新动向的信息，要及时反映给局领导。

C 谈完后，三个老同学展开了热烈的讨论。

分析：

(1) 结合案例，应用所学的领导理论分析三个人各自的领导风格。

(2) 你认为各自的优点和不足，谈谈你的建议。

实践与训练

【项目名称】

调查领导方法。

【实训目标】

(1) 加强对领导理论的认识。

(2) 掌握运用领导理论解决实际问题的能力。

【实训内容与要求】

(1) 以模拟公司为单位，每组调查一个企业领导者，了解其领导风格和领导方法。

(2) 选取该领导者在领导活动中的一个典型事件进行讨论，设想不同领导方法的运用，哪一种更有效。

【成果与检测】

(1) 将讨论结果形成书面调查报告。

(2) 在班级进行交流，师生共同评价、打分。

第七章　激　　励

学习目标

知识目标：

- 了解激励的含义
- 了解激励的要素和过程
- 了解激励理论的主要内容

能力目标：

- 能运用适当的激励理论分析解决实际问题
- 掌握激励的具体方法
- 能灵活运用激励的手段和方法，提升领导能力

【导入案例】

管理中的"非薪金激励机制"

甲企业吴总在一次销售会议上宣布，由于公司业务迅速下滑，盈利水平严重下降，经公司相关领导研究，决定将所有销售人员的工资下调30%。这是已经决定的事情，希望大家顾全大局，不要有什么情绪。当天会议还是照常进行，也没有发生什么意外情况，吴总以为这件事情也就这么过去了。

第二天，刚进办公室，秘书小苗就送来了6个分公司（办事处）经理的集体辞职报告。吴总咆哮了起来，狠命地拍了下桌子，说道："企业的业绩好时要人给人，要钱给钱。员工需要激励，我就给员工发奖金、买奖品。员工累了，我就让他们带薪休假、组织他们出去旅游，但怎么业绩还没上去？这一帮狼心狗肺的东西，平时公司的口号喊得嗷嗷叫，要死心塌地跟着公司干，现在怎么能说翻脸就翻脸呢？这几年公司哪点亏待过他们啊？现在不是经营出现问题了嘛！怎么就没有一点忠诚度呢？要走都走吧！"可转而一想，6个经理掌握的是公司销售的半壁江山啊，他们一走，公司的市场不等于是折损过半？事情还没有完，后面接二连三地有不同层级的销售人员提出辞职，吴总陷入了"辞职门"泥沼，苦不堪言。

这一幕可能在很多公司都出现过。老总们通常很失望也很气愤，作为支撑，他们已经尽了全力。而且他们也常常想，人力、财力几乎随叫随到，怎么还是出现这种局面。

乙企业的经营也出现了和甲企业同样的被动局面，公司营销高层决定也采取降薪策

略，减少人力资源成本来应对出现的危机。公司包了一个依山傍水景色宜人的度假山庄，将200多名城市经理及以上级别的销售骨干召集起来，开研讨会。重点是讨论经济危机给当前行业和企业带来的威胁，公司如何平稳度过当前所处的危机。会上，总经理与董事长分别做了开场发言，充分肯定了各级销售人员给公司创造的价值，将公司当前所面临的实际问题做出了深入阐述。态度诚恳，措辞感人，员工无不为之动容。接下来就分组讨论，过程轻松，氛围融洽，总经理不停地穿插于各个小组参与讨论。其间，几乎每个小组都将降薪作为首要话题讨论，有的提出降薪的比例，有的提出干部带头等建设性的意见。参会人员都纷纷表态，愿意与公司共同渡过难关。

公司根据大家讨论的结果进行汇总，在降薪幅度上，分公司经理级别以上人员薪水降低35%，城市经理降低30%，基层主管与一线员工降薪25%、在会议结束晚宴上，董事长与总经理高度评价了员工识大体、顾大局的思想觉悟。

以上案例值得我们深思。甲企业和乙企业面临的困境相同，目的一致，但是造成的结果却截然相反。乙企业在解决“薪金危机”时无形中运用了“非薪金激励手段”，结果使员工与企业达到“自愿和满意”的效果。

管理大师赫茨伯格指出，真正的激励因素包括成就、对成就的认可、工作本身、责任和晋升。即使算作是一项激励因素，薪水也只是位于这一组因素之后，在所有因素中仅列第六。赫茨伯格发现前面五项因素才是真正驱动员工获取成功的动力所在，这些才是领导者所应该追求的。

第一节　激励概述

任何社会和组织首先是人的集合体，组织的一切活动都要靠人来进行，组织的各种要素是在主动参与活动的人的利用下才能发挥作用的。因此，只有使参与组织活动的人始终保持旺盛的士气、高昂的热情，组织才能实现较好的绩效。管理的激励功能就是要研究如何根据人的行为规律来提高人的积极性。

如何激发组织全体成员的积极性，使之自觉地为组织做出更多的贡献，以提高工作绩效，实现组织目标，应是管理者关心的重大问题。激励问题贯穿于领导职能研究的全过程，在领导工作中居于核心地位。

一、激励的含义

激励，就其表面意思而言是指激发和鼓励。在管理工作中可以将其定义为调动人的积极性的过程，是一个为了特定的目的而对人们的内在需要或动机施加影响，从而强化、引导或维持人们行为的反复过程。

管理中的激励是指管理者运用各种管理手段，刺激被管理者的需要，激发其动机，使其朝着所期望的目标前进的心理过程。更具体地说，激励就是组织通过设计适当的外部奖酬形式和工作环境，以一定的行为规范和惩罚性措施，借助信息沟通，来激发、引导和保持组织成员的行为，以有效地实现组织目标及其成员的个人目标的系统活动。激励的含义主要应从下面几个方面来理解：

(1) 激励是一个过程。人的很多行为都是在某种动机的推动下完成的。对人的行为的激励，实质上就是通过采用能满足人需要的诱因条件，引起行为动机，从而推动人采取相应的行为，以实现目标，然后再根据人们新的需要设置诱因，如此循环往复。

(2) 激励过程受内外因素的制约。各种管理措施只有与被激励者的需要、理想、价值观和责任感等内在的因素相吻合，能产生较强的合力，从而激发和强化工作动机，否则不会产生激励作用。

(3) 激励具有时效性。每一种激励手段的作用都有一定的时间限度，超过时限就会失效。因此，激励不能一劳永逸，需要持续进行。

二、激励的特点

激励最重要的作用是通过动机的激发，调动被管理者工作的积极性和创造性，自觉自愿地为实现组织目标而努力。即其核心作用是调动人的积极性。激励作为一种领导手段，最显著的特点是内在能动性和自觉自愿性。由于激励是起源于人的需要，是被管理者追求个人需要满足的过程，由此，这种实现组织目标的过程，不带有权威性和强制性，而完全是靠被管理者内在动机驱使的、自觉自愿的过程。具体来说，激励具有以下明显的特征：

(1) 目的性。任何激励行为都有其目的性，这个目的可能是一个结果，也可能是一个过程，但必须是现实而明确的。所以从这个意义上讲，虽然一般来说激励是管理者的工作，但任何希望达到某个目的的人都可以将激励作为手段。

(2) 自觉性 。人们的行为来自动机，而动机源于需要，激励活动正是对人的需要或动机施加影响，从而强化、引导或改变人们的行为。因此，从本质上说，激励所产生的人们的行为是主动、自觉的行为，而不是被动、强迫的行为。

(3) 驱动性。由于激励起源于人的需求，因激励而产生动机及行为，是被管理者追求个人需求满足的过程，因而，这种实现组织目标的过程，不带有任何强制性。

三、激励的过程

(一) 激励的要素

激励过程的关键要素是需求、动机、外部刺激和行为。需求是动机产生的基础，动机是行为的内驱力，动机的目标是为了满足需求。

1. 需要

需要是人的一种主观体验，是人们在社会生活中对某种目标的渴求和欲望，是人们行为积极性的源泉。人的需要一旦被人们所意识，它就会以动机的形式表现出来，从而驱使人们朝着一定的方向努力，以达到自身的满足。需要越强烈，它的推动力就越强、越迅速。因此研究人的行为及对人的行为的激励，就必须首先了解人的需要。人的需要有三个方面：一是生理状态变化引起的需要，如饥饿时对食物的需要；二是外部因素影响诱发的需要，如对某种新款商品的需要；三是心理活动引起的需要，如对事业的追求等。

2. 动机

动机是在需要的基础上产生的，当人们有了某种需要而又未能满足时，心理上便会产生一种紧张和不安，这就成为一种内在的驱动力，促使个体采取某种行动。人们在管理中所采取的各种行动都是由动机驱使的，有什么样的动机，就会产生什么样的行为。激励的关键环节就在于使被激励者产生所希望的动机，以期引起有助于实现组织目标的行为。所以，激励的核心要素是动机，关键环节就是动机的激发。

3. 外部刺激

外部刺激是激励的条件。它是指在激励的过程中，人们所处的外部环境中诸种影响需要的条件与因素。在管理激励中，外部刺激主要是指管理者为实现组织目标而对被管理者所采取的种种管理手段及相应形成的管理环境。

4. 行为

当某种需要没有满足，激发了行为动机后，就会产生相关的行为。行为是需要和动机的外在表现。被管理者采取有利于组织目标实现的行为，是激励的目的，也是激励能否取得成效及成效大小的衡量标准。动机、行为、需要等外部刺激要素的相互组合与作用，构成了对人的激励。在通常情况下，积极的动机引发积极的行为，消极的动机则会导致消极的行为。管理者只有明确了动机和行为之间的关系，并自觉地进行自我调节，才可能利用其规律性，把握其偶然性。

（二）激励的过程

从心理学角度看，激励过程就是在外界刺激变量（各种管理手段与环境因素）的作用下，使内在变量（需要、动机）产生持续不断的兴奋，从而引起主体（被管理者）积极的行为反应（为动机所驱使的、实现目标的努力）。

激励的目标过程表现为：在各种管理手段与环境因素的刺激下，被管理者产生了未被满足的需要；从而造成心理与生理紧张，寻找能满足需要的目标，并因此产生要实现这个目标的动机；由动机驱使，被管理者采取努力实现目标的行为；目标实现后，需要得到了满足，紧张的心理消除了，激励过程宣告完结。当一种需要得到满足后，人们会随之产生新的需要，作为未被满足的需要，又开始了新的激励过程。激励的过程，如图 7－1 所示。

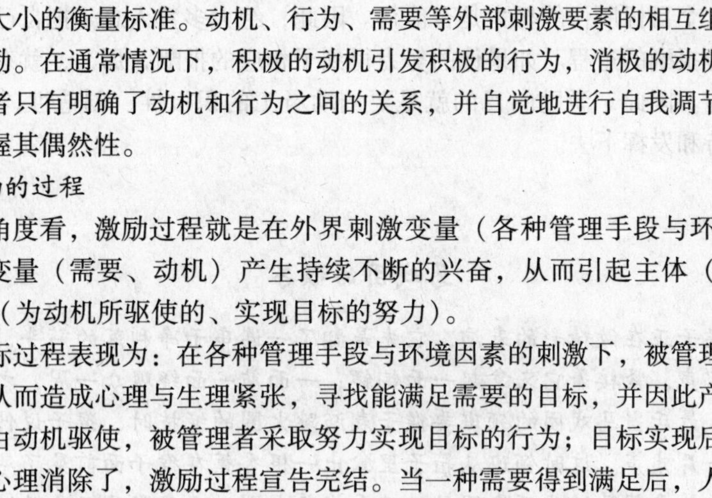

图 7－1 激励的过程

四、激励的作用

美国哈佛大学心理学家威廉·詹姆士通过对员工激励的研究发现，在计时工资制下，一个人若没有受到激励，仅能发挥其能力的 20%～30%；如果受到正确而充分的激励，其能力就能发挥到 80%～90%，甚至更高。由此得出一个公式：

工作绩效＝能力×动机激发

这就是说，在个体能力不变的条件下，工作成绩的大小取决于激励程度的高低。激励程度越高，工作绩效越大；反之，激励程度越低，工作绩效就越小。因此作为管理者分析员工的行为特点和影响因素，创造和维护一种良好的工作环境，以调动人的积极性、激发人的创造性，就显得尤为重要。

激励在管理中发挥着积极促进作用，主要表现在以下几个方面。

（一）激励有利于调动人的积极性和创造性

激励是调动员工创造性和积极性，使他们始终保持高昂的工作热情的一种管理手段。它的主要作用是通过动机的激发，调动被管理者工作的积极性和创造性，自觉自愿地为实现组织目标而努力，其核心作用是调动人的积极性。激励的过程直接涉及员工的个人利益，直接影响到能否调动员工的积极性。一般来说，每一位员工总是由一种动机或需求而激发自己内在的动力，努力去实现某一目标。当达到某一目标后，他就会自觉或不自觉衡量自己为达到这个目标所作的努力是否值得。因此，绝大多数人总是把自己努力的过程看做是为获得某种报酬的过程。如果他的努力得到了相应的报酬，那么，就有利于巩固和强化他的这种努力。因此，激励的目的就是要调动员工的积极性、创造性，并使这种积极性、创造性保持和发挥下去。

【趣味阅读】

马戏团的猴子

马戏团的猴子正在做精彩的表演，它先是翻了一连串干净利落的筋斗，博得了观众一阵阵的喝彩和掌声，紧接着它又拿起一面铜锣，一面敲一面绕观众一周，之后又表演了一套精彩的舞蹈。最后当马戏团的领班要猴子表演跳火圈的绝技时，猴子说什么也不肯，引得周围观众的一片嘘声。这时领班从箱子里拿出一根香蕉在猴子面前晃了晃，猴子正要伸手去拿，领班却把香蕉举过头顶，用另一只手指着火圈，示意猴子只要跳过这个火圈就可以享用这根香蕉。猴子搔了搔脑袋，忽然一个纵跃就穿过了火圈，赢得观众一阵长时间的热烈掌声。猴子也从领班手里接过香蕉美美地吃了起来。

（二）激励有利于发挥人的能动作用

激励作为一种管理手段，其最显著的特点就是内在驱动性与自觉自愿性。由于激励是起源于人的需要，它的功能就在于以个人利益和需要的满足为基本作用力，是被管理者追求个人需要满足的过程，因此，激励不仅可以提高人们对自身工作的认识，还能激发人们的工作热情和兴趣，使成员对本职工作产生强烈的、积极的情感，并以此为动力，以自己全部精力为达到预定的目标而努力，有利于充分发挥员工的能动性。

（三）激励有利于挖掘人的潜力，提高工作效率

员工的积极性与组织的绩效密切相关，在组织行为学中有这么一个公式：

$$绩效 = f(能力, 激励, 环境)$$

从这个公式中可以看出，组织的绩效本质上取决于组织成员的能力、被激励的情形和工作环境条件。由此可见，激励是提高绩效的一种很重要的有利因素，当然，能力和环境也都是不可或缺的。

（四）激励有利于增强企业凝聚力

企业是由若干员工个体、工作群体组成的，为保证企业作为一个整体协调运行，除了用严密的组织结构和严格的规章制度进行规范外，还需通过运用激励方法，满足员工的多

种心理需求，调动职工工作积极性，协调人际关系，进而促进内部各组成部分的协调统一，增强企业的凝聚力和向心力。

【相关链接】

日立公司内的“婚姻介绍所”

在把公司看做大家庭的日本，老板很重视员工的婚姻大事。例如，日立公司内就设了一个专门为员工架设“鹊桥”的“婚姻介绍所”。一个新员工进入公司，可以把自己的学历、爱好、家庭背景、身高、体重等资料输入“鹊桥”电脑网络。当某名员工递上求偶申请书，他（或她）便有权调阅电脑档案，申请者往往利用休息日坐在沙发上慢慢地、仔细地翻阅这些档案，直到找到满意的对象为止。一旦他被选中，联系人会将挑选方的一切资料寄给被选方，被选方如果同意见面，公司就安排双方约会。约会后双方都必须向联系人报告对对方的看法。日立公司人力资源部门的管理人员说：“由于日本人工作紧张，职员很少有时间寻找合适的生活伴侣。我们很乐意为他们帮这个忙。另一方面，这样做还能起到稳定员工、增强企业凝聚力的作用。”

第二节 激励理论

【导入案例】

皮格马利翁效应

美国心理学家R·罗森塔尔（R. Rosenthal）曾做过这样一个实验：他们来到一所小学，煞有介事地进行智能测验，然后提供给学校一些学生名单，并告诉校方，他通过测试发现，该校有几名天才学生，只不过尚未在学习中表现出来，并再三叮嘱校方要保密。其实，这是从学生的名单中随意抽取出来的几个人。然而，有趣的是，在学年末的测试中，这些学生的学习成绩的确比其他学生高出很多。罗森塔尔认为，这就是源于教师期望的影响。由于教师认为这个学生是天才，因而寄予他更大的期望，在上课时给予他更多的关注，通过各种方式向他传达“你很优秀”的信息；学生感受到教师的关注，因而产生了一种激励作用，学习时加倍努力，最终取得了好成绩。由此可见，积极期望对人行为的影响有多大，相反，消极期望对人行为的影响也不容置疑。

罗森塔尔把这种现象称为皮格马利翁效应，它在学术界也称为罗森塔尔效应。皮格马利翁（Pygmalion）是古希腊神话中的塞浦路斯国王，擅长雕刻。他用象牙雕刻了一座他理想中的美女雕像。他天天以雕像为伴，把全部热情和希望放在自己雕刻的少女雕像身上，少女雕像被他的爱和痴情所感动，从架子上走下来，变成了真人。皮格马利翁便娶了少女为妻。

请同学们思考：皮格马利翁效应带给我们什么启示？

【管理启示】

要有效地进行激励，还需要科学正确的激励行为。根据人的行为特点，按照正确的激励方式，采取科学的激励措施来达到有效激励的效果。

上述案例告诉我们：作为管理者，在对下属实施领导时，一定要善于把握和运用激励手段调动他们的积极性，这是领导工作中卓有成效的有力武器。

自20世纪20～30年代以来，许多管理学家、心理学家和行为科学家从不同角度提出了各种激励理论，在管理实践中也得到了广泛的应用。这些理论基本上可以分为三大类：内容型激励理论、过程型激励理论、行为改造型激励理论。

一、内容型激励理论

内容型激励理论主要研究激发人动机的因素，即研究如何从满足人生理和心理上的需要来激发员工的工作积极性。有代表性的内容型激励理论主要有马斯洛的需要层次理论、赫茨伯格的双因素理论、麦克利兰的成就激励理论。

（一）需要层次理论

需要层次理论是由美国心理学家亚伯拉罕·马斯洛教授在1943年出版的《人类动机理论》一书中提出的。这一理论揭示了人的需求与动机的规律，受到管理学界的普遍重视，是影响较大的一种激励理论。

1. 需要层次理论的主要内容

马斯洛认为人类的需要是以层次的形式出现的，并把人的需要分为五个层次，如图7－2所示。

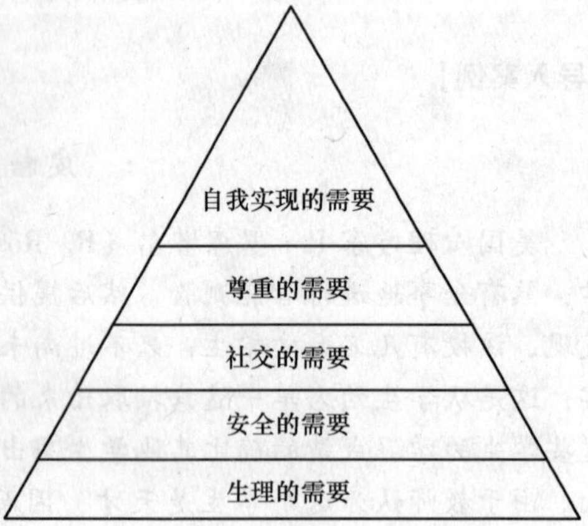

图7－2　马斯洛需要层次理论

第一层需要，生理的需要，也是人类生存最基本的需要。指个人对维持生存所需的衣、食、住、行以及与人的生命延续有关的各种物质条件。当这些需要得不到满足时，其他需要就不会产生激励作用。

第二层需要，安全的需要，指对人身安全、就业保障、工作和生活环境安全、经济安全等的需要。主要包括人身、财产、食物、住所、就业、养老、医疗等方面。

第三层需要，社交的需要，指人们需要希望获得友谊、爱情和归属的需要，希望与他人建立良好的人际关系，希望得到他人的关心和爱护，希望成为社会的一员，在其所处群体中占有一席之地。如果这些得不到满足，就会影响员工的精神健康，导致员工对工作不满、情绪低落、效率低下。社交需要的程度因人的个性、经历、受教育程度的不同而有所差异。当生理及安全需求得到相当的满足后，社交需求便成为一项重要的激励因素。

第四层需要，尊重的需要。当一个人开始满足归属感的需要以后，他通常不只是满足做群体中的一员，而且要产生自尊的需要：希望别人尊重自己的人格和劳动，对自己的工作、人品、能力和才干给予公正的评价；希望自己在同事之间有较高的地位、声誉或者威望，从而得到别人的尊重并发挥一定的影响力。所以，领导者在激励员工时，要充分尊重他们的人格，员工取得了成绩，要及时给予表扬和奖励；布置工作任务时，要强调工作的坚决性、取得成绩所需要付出的努力和必须掌握的技能技巧，使员工产生自信和获得成功的欲望。

第五层需要，自我实现的需要，指要实现个人理想和抱负，最大限度地发挥个人潜力并获得成就，实现自我价值。马斯洛认为这是最高层次的需要。这种需要往往是通过胜任感和成就感来获得满足的。所谓胜任感，是指希望自己的工作与知识能力相适应，工作带有挑战性，负有更多的责任，工作能取得好的结果，自己的知识与能力在工作中也能得到成长。而所谓成就感，表现为进行创造性的活动并取得成功。一般情况下，具有这种特点的人一般给自己设立相当困难但又可以达成的目标，而且往往把工作中取得的成就本身看得比成功以后所得到的报酬更为重要。

马斯洛认为，人的这五种需要就像阶梯一样从低到高，按层次逐级递升，一般把生理的需要和安全的需要称为较低级的需要，而社交的需要、尊重的需要和自我实现的需要称为较高级的需要。当一种需要得到基本满足后，另一种更高层次的需要就会占据主导地位，个体的需要是逐层上升的。从激励的角度看，没有一种需要会得到完全满足，但只要其得到部分满足，个体就会转向追求其他方面的需要。虽然不存在完全获得满足的需要，但那些得到基本满足的需要也不再具有激励作用，或者说其激励作用变得很低。按照马斯洛的观点，如果希望激励某人，就必须了解此人目前所处的需要层次，然后着重满足这一层次或在此层次之上的需要。

【趣味阅读】

小猴进城

小猴想进城，可没人拉车。他想呀想，终于想出了一个好主意。他在车上系了三个绳套：一个长，一个短，一个不长也不短。他叫来了小老鼠，让他闭上眼，拉长套；又叫来小狗，让他闭上眼，拉短套；他再叫来小猫，在小猫背上系了一块肉骨头，让小猫闭上眼，拉不长不短的绳套。小猴爬上车，让大家一齐睁开眼。小老鼠看见身后有猫，吓得拉着长套拼命跑；猫看见前面有只老鼠，拉着套使劲地追；小狗看见猫背上的肉骨头，馋得直往前撵。小猴快快活活地坐在车里，不一会儿就进了城。

调动员工的积极性，最重要的是要分析员工的不同需要，为员工设置看得见的目标，让他们感到有奔头、有动力，领导者在激励时要考虑到人的不同需求从而“投其所好”。

2. 需要层次理论的应用

需要层次理论使人们正确认识被管理者需要的多层次性，并进行科学分析，区别对待，有针对性地进行激励。在管理实践中具有重要意义，在现实的激励活动中被广泛应用。但需要层次理论仍旧存在着一些固有的缺陷：

（1）对需求层次的分析简单、机械。在现实中，需要的发展往往并不是非要经历某一层次之后才能上升到更高层次的需要，随着环境和人的情况的变化可能出现一些特例。此外，几种需要同时产生动机的现象也时有发生，而且动机之间不仅有强弱之分，也有相互之间的斗争。

（2）理论基础有局限性。需要层次理论是以人本主义为理论基础的，认为人的需要都是本能的活动，都是与生俱来的，人的一切行为都是出于利己本能，这种理论基础本身就具有很大的局限性。

(3) 没有反映社会意识和环境对人的需要的影响。社会意识和环境对人的需要的影响是十分明显的，也是十分重要的。但是，需要层次理论却将其忽略，这是它的一个重大缺陷。

（二）双因素理论

20 世纪 50 年代后期，美国著名心理学家赫茨伯格和同事们对匹兹堡地区的 8 个工商事业机构的 200 多位工程师和会计人员进行了访问调查，试图研究组织中个人与工作的关系问题。调查结果表明，使受访人员不满意的因素多与他们的工作环境有关，而使他们感到满意的因素通常是由工作本身所产生的。在此基础上，赫茨伯格提出了“双因素理论”。

1. 双因素理论的主要内容

该理论认为影响人们行为的因素主要有保健因素和激励因素两类。

A　保健因素

保健因素是那些与人们的不满情绪有关的因素，如公司的政策、管理和监督、人际关系和工作条件等，这些因素的改善只能消除职工的不满、怠工和对抗，但不能使职工变得满意；但处理不好会引发员工对工作不满情绪的产生。

B　激励因素

激励因素是那些与人们的满意情绪有关的因素，一般与工作内容本身联系在一起，包括工作的成就感、工作成绩得到认可和赞誉、工作本身的挑战和兴趣、个人晋升的机会、工作中的成长、责任感等。与激励因素有关的工作处理得好，能够激励职工的工作热情，提高工作效率；处理不当顶多是没有满意情绪，不会产生不满。具体内容见表 7－1。

表 7－1　保健因素和激励因素

保健因素	激励因素
薪金	工作本身
管理方式	赏识
地位	工作成就
安全	责任
工作环境	成长
政策与行政管理	晋升
人际关系	工作发展
⋮	⋮

【相关案例】

真正的需要

财务部陈经理结算了一下上个月部门的招待费，发现有一千多元没有用完。按照惯例他会用这笔钱请手下员工吃一顿，于是他走到休息室叫员工小马通知其他人晚上吃饭。快到休息室时，陈经理听到休息室里有人在交谈，他从门缝看过去，原来是小马和销售部员工小李两人在里面。

"呃，"小李对小马说，"你们部陈经理对你们很关心嘛，我看见他经常用招待费请你们吃饭。""得了吧！"小马不屑地说道，"他就这么点本事来笼络人心，遇到我们真正需要他关心、帮助的事情，他没一件办成的。你拿上次公司办培训班的事来说吧，谁都知道如果能上这个培训班，工作能力会得到很大提高，升职的机会也会大大增加。我们部几个人都很想去，但陈经理却一点都没察觉到，也没积极为我们争取，结果让别的部门抢了先。我真的怀疑他，有没有真正关心过我们。"陈经理只好满腹委屈地躲进自己的办公室。

2. 双因素理论对管理的启示

双因素理论的最大贡献在于，它强调管理人员必须重视如何使下级从工作中得到满足。换句话说，它把激励工作的重点放在完成任务的工作内容和担负的责任上来了。双因素理论对管理实践有以下三点启示：

（1）善于区分管理实践中存在的两类因素，对于保健因素要给予基本的满足，以消除下级的不满。例如，工作条件、住房、福利等。

（2）要抓住激励因素，进行有针对性的激励。根据赫茨伯格的理论，对员工最有效的激励就是让员工对所从事的工作本身满意。管理者应动用各种手段，如调整工作的分工、宣传工作的意义、增加工作的挑战性、丰富工作的内容等来增加员工对工作的兴趣，千方百计地使员工满意自己的工作，从而收到激励的效果。

（3）正确地识别与挑选激励因素在管理实践中不是绝对的。它受到社会、阶层和个人的经济状况、社会身份、文化层次、价值观念、个性、心理等诸多因素的影响。因此，在不同国家、不同地区、不同时期、不同阶层、不同组织乃至每个人，最敏感的激励因素是各不相同的，有时差别还很大。因此，必须在上述因素的基础上，灵活地加以确定。例如，工资在发达国家的一些企业员工中不构成激励因素，而在我国的许多企业员工中仍是一个重要的激励因素。

双因素理论的另一突出贡献在于，它改变了传统观点把满意的对立面定为不满意的境况，如图7－3所示，赫茨伯格认为产生工作满意的因素和引起工作不满意的因素是有区别的，工作"满意"的反面是"没有得到满意"，而不是"不满意"；工作"不满意"的对立面是"没有感到不满意"，而不是"满意"。

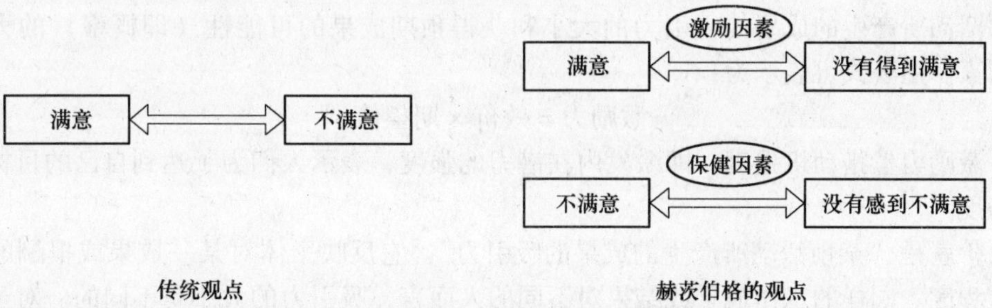

图7－3　传统观点和赫茨伯格的观点的比较

根据赫茨伯格的观点，带来工作满意的因素和导致工作不满意的因素是不相关的和有区别的。因此，领导者努力消除工作中的不满意因素可能只会带来平静，却不一定有激励作用。这些因素只能安抚员工，而不能激励员工，即为保健因素。当它们得到充分改善时，人们就没有不满意感了，但也不会感到满意。赫茨伯格认为，要想真正激励员工努力工作，必须注重激励因素，因为只有这些因素才能增加员工的工作满意感，从而努力工作。

3. 双因素理论的缺陷

A 调查取样的数量和对象缺乏代表性

20 世纪 50 年代末期，赫茨伯格和他的助手们在美国匹兹堡地区对二百多名工程师、会计师进行了调查访问，并在此基础上得出了其双因素理论的结论。其样本数量仅为 203 人，而且所选取的职业都带有工资较高、安全性强、工作条件好等特点，因而结论会产生一定的误差。

B 问卷的调查方法和题目设计有缺陷

人们通常有这样的心理，将好的结果归于自己的努力，而将不好的结果归于客观条件或他人，这种心理无法在问卷中体现出来。此外，在问卷的设计中只使用了满意和不满意两个概念，而没有引入满意尺度。

C 认为满意和生产效率的提高有必然联系

双因素理论认为员工的满意会导致生产效率的提高，而实际上，员工的满意程度跟生产效率的提高没有这种必然的联系。

许多行为科学家认为，不论是有关工作环境的因素或工作内容的因素，都可能产生激励作用，而不仅是使职工感到满足，这取决于环境和职工心理方面的许多条件。

二、过程型激励理论

过程型激励理论着重研究从动机产生到采取行动的心理过程。即管理中如何为员工设定合理的外在目标来激励员工，着重对行为目标的选择，即动机的形成过程进行研究。激励的过程理论主要包括弗鲁姆的期望理论、亚当斯的公平理论。

（一）期望理论

期望理论是美国心理学家维克托 · 弗鲁姆（Victor Vroom）在 1964 年他出版的著作《工作与激励》一书中首先提出的。

弗鲁姆提出的期望理论认为：一个人从事某项工作的动力（激励力）的大小，取决于这项活动所产生的成果的吸引力的大小和获得预期成果的可能性（即概率）的大小这两个因素。用公式可表示为：

$$激励力 = 效价 \times 期望值$$

其中，激励力量指动机强度，即激发内在潜力的强度，表示人们为了达到自己的目标而努力的强度。

效价就是“某项活动所产生的成果的吸引力”。它反映个体对某一成果或报酬的重视与渴望程度。同样的工作成果或结果对不同的人而言，吸引力的大小是不同的。对于急需钱或金钱欲望很强的人来说，某一成果的吸引力很大，效价很高；对于富有的人或没有金钱欲望的人来说，该成果的吸引力就很小甚至为零，效价很低。

期望值就是“获得预期成果的可能性”。这往往与行动者自身的能力和环境条件有关，如果成果很诱人，效价很高，但自己却力不能及或周围条件不允许，只能是可望而不可即，期望值就很低甚至为零，因此激励力也很低甚至为零。管理者在实际管理中可通过调整行动结果的效价和提高其实现的可能性，来激发员工的动机，增强激励程度。

为了使得激励最大化，弗鲁姆提出了人的期望模式，如图7-4所示。期望模式实际上提出了在进行激励时要处理好三方面的关系，这些也是调动人们工作积极性的三个条件。

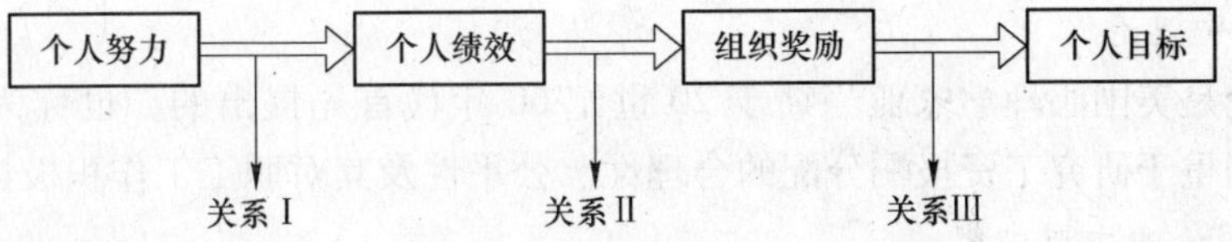

图7-4 期望模式

1. 努力与绩效的关系

人总是希望通过一定的努力能够达到预期的目标，如果个人主观认为通过自己的努力达到预期目标的概率较高，就会有信心，就可能激发出很强的工作力量；如果他认为目标太高，通过努力也不会有很好的绩效时，就失去了内在的动力，导致工作消极。这种关系可在公式的期望值这个变量中反映出来。

2. 绩效与奖励的关系

人总是希望取得成绩后得到一定的奖励。这种奖励是广义的，既包括提高工资、多发奖金等物质方面的奖励，也包括表扬、自我成就感、同事们的信赖、个人威望等精神方面的奖励，还包括物质与精神兼而有之的奖励。如果取得预期绩效后获得合理的奖励，就有可能产生工作热情，否则就会缺乏积极性。

3. 奖励与个人目标之间的关系

人总是希望自己所获得的奖励能满足自己的需要，实现个人目标。然而由于人们在年龄、性别、资历、社会地位和经济条件等方面存在差异，他们对各种需要得到满足的程度不同。所以，对待不同的人，采用同一种奖励满足的需要程度不同，所激发出来的工作动力也不相同。

由期望理论可知，领导者在选择激励方式时，必须选用员工感兴趣、评价高，即认为绩效大的方式，才能起到较好的激励效果。确定目标的标准不宜过高，应是大多数员工通过努力能够实现的，以提高目标实现的可能性，增加激励的作用。领导者还要从客观实际出发，否则，主观推行对员工来说效价不高、实现可能性不大的激励方式，激励作用将很难达到，员工会因实现目标无望而放弃努力。

【趣味阅读】

军民的期望

宋朝时期，某位将军被派驻边地镇守。他到了边地之后发现守城的尽是些老弱残兵，虽然人人都会武艺，但全都是些花拳绣腿，根本无法打仗。用这样的军卒来防守，根本抵挡不了如狼似虎的金兵，怎么办？这位将军计上心头。他颁布了一条命令，即用一块银子作靶，凡是射中者，银子便归他所有。此后，边地军民争以习箭为任，箭术均有提高，个个精于箭术。不久，金兵入侵，边地军民同仇敌忾，把金兵打得抱头鼠窜，成功地守住了边城。

正是这位将军把军民期望得到银子的心理运用到训练中，使得军民人人习箭，最终达到了守城的目的。作为领导者，也可以将这种心理应用于激励下属的措施中，定会取得良好的效果。

（二）公平理论

公平理论是美国心理学家亚当斯于20世纪60年代首先提出的，也称为社会比较理论。该理论侧重于研究工资报酬分配的合理性、公平性及其对职工工作积极性的影响。

1. 公平理论的主要内容

公平理论认为，当一个人做出了成绩并取得报酬以后，他不仅关心自己所得报酬的绝对量，还关心自己所得报酬的相对量。因此他会进行横向和纵向两种比较来确定自己所获报酬是否合理，比较的结果则会直接影响其今后的工作积极性。

A 横向比较

所谓横向比较就是把自己所获得的报酬与投入的比值和组织内其他成员的这一比值做比较，只有相等时，他才认为是公平的。这里的“报酬”主要是指金钱、工作安排以及获得的赏识等：而“投入”是指教育程度、所作努力、用于工作的时间、精力和其他无形损耗等。用O_P表示自己对所获报酬的感觉；O_C表示自己对他人所获报酬的感觉；I_P表示自己对个人所作投入的感觉；I_E表示自己对他人所作投入的感觉，横向比较会产生以下三种结果：

第一种，$O_P/I_P = O_C/I_E$，此时人们认为自己所获得的报酬是公平的。

第二种，$O_P/I_P > O_C/I_E$，为减少不平衡的感觉，人们可能会在开始时主动多做一些工作，但久而久之，便会重新估计自己的技术和工作情况，终于觉得自己确实应当得到那么高的待遇，于是其工作积极性又恢复到原先的水平。

第三种，$O_P/I_P < O_C/I_E$，此时就会产生不公平的感觉，工作积极性会受到影响。他可能会要求增加自己的收入或者减小自己今后的努力程度，以便使比值趋于相等；还可能要求组织减少比较对象的收入或让其今后增大努力程度以便使比值趋于相等。此外，他还可能另外找人作为比较对象以便达到心理上的平衡。

【相关案例】

张宁的不平衡

张宁从大学计算机系毕业以后，到一家计算机软件公司工作。三年来，他工作积极，取得了一定的成绩。最近他作为某项目小组的成员，与组内其他人一道奋战了三个月，成功地开发了一个系统，公司领导对此十分满意。这天张宁领到领导亲手交给他的红包，较丰厚的奖金令小张十分高兴，但当他随后在项目小组奖金表上签字时，目光在表上注视了一会儿后，脸便很快阴沉了下来。对奖金发放公平性的不满，使得小张产生了心理不平衡。

B 纵向比较

除了横向比较之外，人们也经常做纵向比较。所谓纵向比较，就是把自己目前投入的努力与目前所获得报酬的比值，同自己过去投入的努力与过去所获得报酬的比值进行比较，同样也是只有相等时，才会认为是公平的。用 O_P 表示自己对现在所获报酬的感觉；O_h 表示自己对过去所获报酬的感觉；I_P 表示自己对个人现在所作投入的感觉；I_h 表示自己对个人过去所作投入的感觉，纵向比较也会产生以下三种结果：

第一种，$O_P/I_P = O_h/I_h$，这时人们才会认为自己所获得的报酬是公平的。

第二种，$O_P/I_P > O_h/I_h$，人们不会因此产生不公平的感觉，但也不会感觉自己多拿了报偿而主动多做些工作。

第三种，$O_P/I_P < O_h/I_h$，人们会有不公平的感觉，这可能导致工作积极性下降。

2. 公平理论对管理实践的启示

（1）在管理中高度重视相对报酬问题。员工对自己的报酬进行横向、纵向的比较，这是必然的现象，因为自古就有“不患寡而患不均”的社会观念。管理者必须始终将相对报酬作为有效激励的方式加以运用。

（2）尽可能地实现相对报酬的公平性。打破大锅饭，实行“多劳多得，少劳少得”正是体现了这种公平理论的要求。

（3）当出现不公平现象时，要做好思想工作，积极引导，并通过管理的科学化，消除不公平，或采取措施，对不公平产生的不安心理进行安抚和疏导，将其引导到正确的行事轨道上来。

公平理论提出的基本观点是客观存在的，但公平本身却是一个相当复杂的问题。它与个人的主观判断、个人所持的公平标准、业绩的评定、评定人等有关。因此管理者要慎重对待公平问题。

三、行为改造型激励理论

行为改造理论主要研究如何修正和改造人的行为，变消极为积极的一种理论。主要有：斯金纳的“强化理论”、凯利的“归因论”等。下面介绍一下“强化理论”。

1. 强化理论的主要内容

强化理论由美国心理学家斯金纳提出。该理论认为人的行为是对其所获刺激的一种反应。如果刺激对他有利，他的行为就有可能重复出现；若刺激对他不利，则其行为就可能减弱，甚至消失。因此，管理人员可以通过强化手段，营造一种有利于组织目标实现的环境和氛围，以使组织成员的行为符合组织的目标。

A 正强化

正强化就是奖励那些符合组织目标的行为，以使这些行为进一步加强，重复地出现。正强化手段主要包括：奖金、提薪、晋升、表扬、进修等。强化理论认为，科学有效的正强化方法应该是，保持强化的间断性，强化的时间和数量也尽量不要固定，而由管理人员根据组织的需要和职工的行为状况，不定期、不定量地实施强化。实践证明，组织采用这种方法的效果更好。

B 负强化

负强化就是一种事前的规避，与正强化和惩罚是在行为发生之后再进行处理不同，它通过对什么样的行为会不符合组织目标的要求，以及如果员工发生不符合要求的行为将予以何种惩罚的规定，使员工从力图避免得到不合意、不愉快结果的考虑中对自己的行为形成一种约束力。这种约束、规避的作用会使组织成员的行为趋向于符合要求的比较规范的状态，所以，这是一种非正面的对所希望行为的强化，称之为负强化。规定本身并不一定就是负强化，只有当它使员工对自己的行为形成了约束即“规避”作用时才是。

C　惩罚

当员工出现那些不符合组织目标的行为时，采取惩罚的办法，可以迫使这些行为少发生或不再发生，与正强化是鼓励所希望的行为更多地出现并维持下去不同，惩罚是力图使所不希望的行为逐渐削弱，甚至完全消失。惩罚的手段包括减薪、扣奖金、罚款、批评、处分、降级、解聘等。管理者根据所发生行为的性质及严重程度不同，惩罚可以间隔地或者连续地进行。相对于间隔性惩罚是间隔一段时间或某种行为发生了固定或不固定的次数才进行的惩罚处理，连续性惩罚则是每次发生所不希望的行为都及时给予惩罚处理，这样可以消除人们的侥幸心理，减少直至完全消除这种行为重复出现的可能性。

【相关链接】

拿破仑与落水男孩

拿破仑一次打猎的时候，看到一个落水男孩，一边拼命挣扎，一边高呼救命。这河面并不宽，拿破仑不但没有跳水救人，反而端起猎枪，对准落水者，大声喊道：“你若不自己爬上来，我就把你打死在水中。”那男孩见求救无用，反而增添了一层危险，便拼命地奋力自救，终于游上岸。

启示：

自觉性强的员工也有满足、停滞、消沉的时候，也有依赖性，适当的批评和惩罚能够帮助他们认清自我，重新激发新的工作斗志。

D　自然消退

自然消退是指对过去可接受的某种行为强化的撤销。由于在一定时间内不予强化，此行为将自然下降并逐渐消退，从而达到无为而治的效果。与惩罚一样，自然消退也可能使组织或管理者所不希望的行为弱化下来，但因为这种行为弱化过程并不需要管理者的干预，所以常称为自然消退。

2. 强化理论的管理启示

（1）正强化比惩罚更有效。在强化手段的运用上，应以正强化为主，过多地运用惩罚，会带来许多消极作用，但必要时也要对坏的行为给以惩罚，做到奖惩结合。

（2）依照强化对象的不同采用不同的强化措施。人们的年龄、性别、学历、经历、职业不同，需要就不同，强化方式也应不一样。

（3）目标明确。对于人的激励，首先要设立一个明确的、鼓舞人心而又切实可行的目标，只有目标明确而具体时，才能进行衡量和采取适当的强化措施。同时，还要将目标进行分解，分成许多小目标，完成每个小目标都及时给予强化，这样不仅有利于目标的实现，而且通过不断激励可以增强信心。

(4) 及时反馈。通过某种形式和途径，及时将工作结果告诉行动者。要取得好的激励效果，就应该在行为发生以后尽快采取适当的强化方法。

强化激励理论是控制和塑造职工行为的一种强有力的管理工具，通过适当运用及时的奖惩手段集中改变或修正员工的工作行为，但它的缺点在于忽视了诸如目标、期望、需要等个体要素，仅仅注重人们采取某一行动所带来的后果。

第三节 激励实务

【相关案例】

海尔的有效激励

海尔的竞争聘任制：

海尔集团的用人制度可用四句话来概括，即“在位要受控，升迁靠竞争，届满要轮换，末位要淘汰”。

在位要受控包括两层含义：一是干部主观上应自我控制，自我约束，有自律意识；二是集团建立控制体系，以控制工作方向和目标，避免犯方向性错误。海尔集团对在职干部进行严格的考评，无论是从集团公司到各职能部门，还是从各事业部到各车间，都在最明显处设置考评栏，下分表扬栏和批评栏。对受到表扬和批评的干部分别给予加分（加薪）和减分（减薪）。对在工作中不思进取，受批评不及时改正，或一年内受到3次书面批评的干部，将免去其职务。

升迁靠竞争即对干部的选拔实行公开招聘。海尔集团每月由干部处公布一次空岗情况和招聘条件，鼓励厂内外有志者根据自身能力和特长选择岗位参加竞聘，经严格的笔试、面试，挑选出好学上进和有实践经验的人员走上管理岗位。同时，海尔还设立干部人才库，将一些干部后备资源动态地收录到库中，一旦哪个岗位空缺，进入人才库的人员将在公开竞聘中得到优先选择的机会。

届满要轮换即对于任期届满的干部，企业有计划地组织岗位轮换。一方面，干部面对全新的工作环境、工作内容和要求，会产生一种新鲜感和应付挑战的激情，从而提高工作积极性，以防止干部长期任职于某部门而思路僵化，缺乏创造力与活力；另一方面，轮岗制还可增加年轻干部的锻炼机会，利于他们全面熟悉业务，取得不同岗位的工作经验，迅速成长为业务技术骨干，为企业发展储存更多的人力资源。

末位要淘汰就是在一定的时间和范围内，必须有百分之几的人员被淘汰，这在某种意义上说很残酷，但对企业长远发展很有好处。在海尔，“没有功劳也有苦劳”的说法是不存在的，无功便是过。可以说，在一定时期一定范围内，按一定比例实行定额淘汰，是海尔内部以竞争保持活力的一大法宝。海尔集团总裁杨绵绵说：“在海尔，没有吹吹拍拍、拉势力范围、搞小圈子的现象。管事凭效果，管人凭考核。大家瞄准一个方向，共同努力，产生的合力就非常大。”

重视员工兴趣的激发和培养：

海尔的严格管理在我国企业中是有名的。在严格管理中，工作报酬与绩效考核挂钩，用物质利益激发员工的工作动力，引导员工对工作发生兴趣。海尔不仅有严格管理的一面，还有注重员工自我管理、自我控制的一面，注意在精神激励上下工夫。主要做法是：让员工在各自的领域真正处于主导地位，尊重人的价值，提高人的素质，各尽其能，而且是处于自觉的状态中。达到比严格管理更高一层的境界，其实质还在于充分发挥工作兴趣这一内在动机在人的心理和行为中的积极作用。一般来说，员工工作兴趣的激发与培养依赖于以下一些因素。

岗位安排：岗位与人的相互匹配有利于员工提高工作兴趣。

目标设置：目标的具体性、挑战性和个人价值性影响人的工作兴趣、水平。目标设置应当遵循具体、难度适中、具有个人价值、可以被个人接受的原则。

激励机制：工作的过程既是实现组织和团体目标的过程，也是实现个人目标的过程，组织目标与员工目标应该成为命运的统一体。

工作设计：工作设计是否得当对于激发员工工作兴趣有重要影响。工作丰富化和工作扩大化对提高工作兴趣具有一定的促进作用。

教育培训：人们对世界的探求和对自我发展的追求是工作兴趣的主要来源，教育培训有利于满足人们的这种需求，而且教育培训也有利于员工更好地适应岗位工作的变化，同时有利于保持和提高员工和组织在发展目标上的一致性。

分析思考：

(1) 分析海尔的激励制度以及这些激励制度所体现的激励原则。

(2) 从本案例中你能得到哪些启示？

激励是运用科学手段，以灵活的制度调动人的情感和积极性的艺术。组织发展一般根据实际情况，综合运用多种激励机制，加强对员工的激励。

一、激励的方法与手段

激励方法是实现激励目标的途径和具体形式，激励方法的合理使用，能够充分、有效地激励员工的积极性。

(一) 物质激励

物质利益激励即采用物质的手段，如增加员工的工资、生活福利、保险，发放奖金、奖励住房、工资晋级等来激发员工的积极性。主要包括以下形式。

1. 目标激励

通过推行目标责任制，把利润指标层层落实，并使之与每个员工的经济利益直接挂钩，使员工既有目标又有压力，产生强烈的动力和紧迫感，努力完成任务。

2. 利润分享和全员持股奖励

在薪酬管理中，若按员工职位、考核成绩与收益挂钩，会使员工干劲更高。现行的一般做法是按员工与组织共同承担风险的比例来持有股份，使员工个人利益与组织利益紧密捆绑在一起，使员工真正认识到自己是主人。

3. 晋级激励

一般情况下企业每年进行一次晋级。为了使晋级真正发挥激励的作用，应与员工绩效挂钩，使优秀员工工资增长率高于一般员工。同时，也应有一定比例的员工不晋升工资。

4. 带薪休假激励

带薪休假是对努力工作并取得好绩效的员工的激励，对员工个体和企业都有利。一般的休假安排在企业业务不忙时，统一安排进行。

5. 长期工作荣誉奖励激励

长期在企业工作的员工，一般对企业很忠诚，为企业成长壮大做过贡献。应对在企业工作5年、10年、25年的员工发放荣誉奖品，并规定相应的福利待遇。

6. 特别福利激励

特别福利激励即按员工的需求进行特别奖励，它更能调动员工的工作积极性。对于在全年工作中表现突出的员工，可根据个人的需要和公司的能力，奖励以下项目：增加养老金数额、增发保险金、提供住房、提供交通工具、按月增发特殊补助等。

（二）社会心理激励

社会心理激励是指管理者运用各种心理学方法，刺激被管理者的社会心理需要，以激发其动机的方式与手段。这类激励是以人的社会心理因素作为激励的诱因，主要包括以下形式。

1. 目标激励

目标激励即以目标为诱因，通过设置适当的目标，激发动机，调动员工积极性。用于激励的目标主要有三类：工作目标、个人目标和个人生活目标。管理者以通过对这三类目标的恰当选择与合理设置有效调动员工的积极性。

2. 教育激励

指通过教育方式与手段，激发动机，调动下属积极性的形式。具体包括：（1）政治教育。如通过世界观教育、爱国教育、敬业爱岗教育等，提高员工的觉悟，激发他们的政治热情和工作积极性。（2）思想工作。要通过个别沟通、谈心等多种方式，做深入细致的工作，以收到预期的效果。

3. 表扬与批评

表扬与批评是管理者经常运用的激励手段。运用表扬与批评的艺术，提高表扬与批评的效果。应注意几点：（1）坚持以表扬为主，批评为辅。表扬为主，能够满足人们受尊重心理需要，易于为下属所接受，效果也好。（2）必须以事实为依据。无论是表扬，还是批评，都必须尊重事实。（3）要讲究表扬与批评的方式、时机、地点、注重实际效果。（4）批评要对事不对人。（5）要限制批评的频次，尽量减少批评的次数，注意一事一评，重点不突出。（6）批评与表扬的适当结合。应首先肯定其优点与成绩，这样受批评者觉得受到公正对待，容易接受批评。

4. 感情激励

感情激励指以感情作为激励的诱因，调动人的积极性。现代人对于社会交往和感情的需要强烈，感情激励已成为现代管理中调动人的积极性的重要手段。主要包括以下几个方面内容：（1）在上下级建立融洽和谐的关系。管理者对下属影响的来源是亲和力，这要求管理者应高度重视与下属的个人关系。（2）促进下属间关系的与协调与融合力。对组织成员间的关系，特别是非正式组织的关系进行积极引导，尽可能地满足各成员的社会交往的需要。（3）营造健康、愉悦的团体氛围，满足成员的归属感。管理者应以维系感情为中心，组织展开各种健康、丰富多彩的组织文化活动，营造愉悦的团体氛围，使每个成员以置身于这一团体感到满意自豪，满足其归属感，令其自觉地、心情愉快地实现组织目标，努力工作。

5. 尊重激励

随着社会发展，人们越来越重视尊重的需要，管理者应利用各种机会信任、支持、鼓励下属，努力满足其工作积极性。

(1) 尊重下属人格。上下级只是管理层次和职权的差别，管理者应尊重自己的下属，特别是尊重其人格，使下属始终获得受尊重的体验。

(2) 满足下属的成就感。要尊重下属自我实现的需要，创造条件鼓励和支持下属实现自己的工作目标，追求事业的成功，以满足其成就感。

(3) 支持下属自我管理自我控制。管理者要授权下属，充分信任他们，放手让下属实行自我管理，自我控制，以满足其自主心理。

6. 参与激励

参与激励即以让下属参与管理为诱因，调动下属的积极性和创造性，下属参与管理，有利于集中群众意见，以防决策失误；满足下属受尊重的心理需要，提高决策的认同，并积极参与管理，主要注意三点：(1) 增强民主管理意识，建立参与的机制。(2) 真正授权下属，使下属实实在在地参与决策和管理过程。(3) 有效利用多种参与形式，鼓励全员全面参与管理活动，以最大限度地开发员工的潜能，调动其积极性和创造性。

7. 榜样激励

"榜样的力量是无穷的"，管理者应注意用先进典型来激发下属的积极性。榜样激励主要包括两方面：

(1) 先进典型的榜样激励。管理者要注意发现和总结先进事迹和先进人物，以他们的感人事迹来激励下属。(2) 管理者自身的模范作用。即管理者身先士卒，率先垂范，以影响、带动下属。

8. 竞赛（竞争）激励

人们普遍存在着争强好胜的心理。这是由于人谋求实现自我价值、重视自我实现需要所决定的。管理者结合工作任务，组织各种形式的竞争，就会极大地激发员工的热情、工作兴趣和克服困难的勇气与力量。在组织竞赛、鼓励竞争的过程中，注意三方面：

(1) 要有明确的目标和要求。(2) 竞争必须是公平的。竞争的基础、条件、起点、过程、成果衡量与对待，都必须是公平合理的。(3) 竞赛与竞争的结构要有明确的评价和相应的奖励，并尽可能增加竞争结果评价或奖励的效价，以加大激励作用。

【相关链接】

处罚单上的一句话

当公司制作处罚单的时候，能否加上一句话，以达到减弱处罚在员工心理上造成的负面影响？"纠错是为了更好地正确前行"。再把单子的抬头"处罚单"三字改为"改进单"。这样的处罚单比单纯的、严肃的处罚单效果要好得多。以往所有的处罚单，都是清一色的严肃的面孔，一句多余的话都没有。改动后加上了富有人情味、文化味性、启迪性的一句话，处罚单的面孔立即由严肃、冷酷、无情，变得慈祥、安静、企盼和充满着希望。当员工接到处罚的时候，看到了这句话，心理上会发生一系列的变化，由本能的反感、抵触、反抗到理解、认知、接受、改正错误，因此，抬头叫“改进单”再合适不过了。

在处罚单上做一小小的改进，面目大为改观、境界迥然。这就是处罚的艺术，这就是企业文化。处罚本是反面的教育，这样就变成了正面教育、鼓励改正错误，激励员工向正确的方向前行。

（三）工作激励

按照赫茨伯格的双因素论，对人最有效的激励因素来自于工作本身，即满意于自己的工作是最大的激励。因此，管理者必须善于调整和调动各种工作因素，搞好工作设计，千方百计地使下属满意自己的工作，以实现最有效的激励。

1. 工作适应性

工作的性质特点与从事工作的员工条件与特长相吻合，能充分发挥其优势，引起其工作兴趣，从而使员工高度满意工作；如果组合不好，员工的长处与兴趣受到压抑，不满意工作，则工作情绪低落。所以，科学合理的人与事的配合是有效激励的重要手段。管理者要善于研究人和工作的性质与特点，用人之所长，科学配合与重组，实现人与事的最佳配合，尽可能地使下属满意工作。

2. 工作的意义与工作的挑战性

员工怎样看待自己所从事的工作，直接关系到其工作的兴趣与热情，进而决定其工作积极性的高低。人们愿意从事重要的工作，并愿意接受挑战性的工作，这反映了人们追求现实自我价值，渴望获得别人尊重的需要。因此，激励员工的重要手段就是向员工说明工作的意义，并增加工作的挑战性，从而使员工更加重视和热衷于自己的工作，达到激励的目的。

3. 工作的完整性

人们愿意在工作实践中承担完整的工作。从一项工作的开始到结束，都是由自己完成的，工作的成果就是自己努力与贡献的结晶，从而可获得一种强烈的成就感。管理者应根据工作的性质与需要以及人员情况，尽可能将工作划分成较为完整的单元分派给员工，使每个员工都能承担一份较为完整的工作，为他们创造获得完整工作成果的条件与机会。

4. 工作的自主性

人们出于自尊和自我实现的需要心理，期望独立自主地完成工作，而自觉不自觉地排斥外来干预，不愿意在别人的指使或强制下被迫工作。这就要求管理者能尊重下属的这种心理，通过目标管理等方式，明确目标与任务，提出规范与标准。然后，大胆授权，让下属进行独立运作，自我控制。完全由下属自主运作，下属将受到巨大激励，会对由自己自主管理的工作高度感兴趣，并以极大的热情全身心投入，以谋求成功。

5. 工作扩大化

影响工作积极性的最突出原因是员工讨厌自己所从事的工作，而造成这种现象的基本原因之一就是工作的单调乏味或简单重复。为解决这一问题，管理者应开展工作设计研究，即如何通过工作调整，克服单调乏味和简单重复的缺点，千方百计地增加工作的丰富性、趣味性，以吸引员工的兴趣。工作扩大化旨在消除单调乏味状况，增加员工工作的种类，令其同时承担几项工作或周期更长的工作。

6. 工作丰富化

工作丰富化指让员工参与一些具有较高技术或管理含量的工作，即提高其工作的层次，从而使职工获得一种成就感，使其渴望得到尊重的需要得到满足。工作扩大化是指从横向上增加工作的种类，而工作丰富化则是指从纵向上提高工作的层次，两者的作用都在于克服工作的单调乏味，拓展工作的内涵或外延，增加职工的工作兴趣。

7. 及时获得工作成果反馈

人们对于那种工作周期长，长时间看不到或根本看不到的工作成果的工作很难有很大的兴趣。而对于只要有投入，立即就能看到产出的工作则兴趣较浓。管理者在工作中，应注意及时测量并评定、公布员工的工作成果，尽可能地使员工得到工作的反馈，及时看到他们的工作成果，就会有效地激发其工作积极性，促使其努力扩大战果。

【相关案例】

海尔的“三工”动态转换制度

海尔自1993年10月开始实行“三工”动态转换制度。所谓“三工”动态转换制度就是根据员工对企业贡献的大小，把企业所有员工按条件标准转化为“优秀员工、合格员工和试用员工”三种工种，不同的员工会获得不同的报酬，三种员工根据标准随时可以转化，“优者上，劣者下”。该制度的第一个特点是平等，企业员工上到总裁，下至一线的每个操作工，都遵守这个制度，按照规定标准进入三种工种。该制度的第二个特点是动态激励性。三种员工不是一成不变的，根据标准，员工符合了一个条件会向上一个档次或向下一个档次的形式转换，一旦转化，工资福利等将立即随之变化。这样既可以激励低级员工向高级员工转换，又可以约束高级员工使其不致对工作麻痹大意。既给后进人员关起了后退的大门，又为能者架起了前进的桥梁，起到了激励与约束的双重作用。平等竞争和动态激励性的有机结合，使人的潜能得到最大限度的开发。

二、激励的原则

（一）物质激励与精神激励相结合

物质激励主要包括奖金、股权、福利、涨薪、年终分红等。精神激励满足的是员工的精神需求。这两种激励方式大多数是相互交融，无法截然分开的，但两者对人们需求的满足有很大的不同，不可偏废，将二者结合起来可以大大激发员工的成就感、自豪感，使激励效果倍增。

（二）共性与个性兼顾

每个人的经历、受教育程度、性格特点、心理状态、生活环境均不相同，其需要和价值观也不相同。有效的激励措施应因人而异，认真研究每个员工的特点，采取相宜的激励方法。同时激励应注重成员的共性所在，引导员工树立共同的目标，设计激励措施，激发他们的归属感、主人翁的责任感和对组织的认同感。使其自觉将个人目标与组织目标结合起来，形成与组织整体共命运的协同意识。

（三）奖励与惩罚相结合

在管理中奖励与惩罚都是必要而有效的，通过树立正面的榜样和反面的典型，扶正去邪，形成一种良好的风气。有功则奖，有过则罚。坚持以正激励为主，负激励为辅。

（四）时机与力度相宜

激励时机直接影响激励效果。一般而言，正强化措施，如奖励、表扬不拖延，及时激励能有效增强某种行为重新出现的频率。负强化措施，一定要相机实施，分不同情况处理，不一定当时进行，以防止矛盾激化。激励力度要根据组织中成员的具体情况和组织自身情况确定，运用有限的资源达到理想的激励效果。

（五）内在激励与外在激励相结合的原则

凡是员工对工资、福利、安全环境、人际关系等方面需要的激励，叫做外在激励；满足员工自尊、成就、晋升等方面的需要的激励，就叫做内在激励。往往是内在激励使员工从工作本身取得了很大的满足感。所以要注意内在激励的重要意义。

（六）客观公正原则

在激励中，如果出现奖罚不当，就不可能收到真正意义上的激励效果，反而还会产生消极作用，造成不良的后果。因此，在进行激励时，一定要认真、客观、科学地对员工进行业绩考核，做到奖罚分明，不论亲疏，一视同仁，使得受奖者心安理得，受罚者心服口服。

【相关案例】

适 得 其 反

阳光煤矿2008年取得了良好的经营业绩，产销量上去了，安全管理也取得了历史最好成绩，伤亡率成为同行业最低。为此，主管局拨下10万元安全奖。矿领导专门讨论如何分配这笔奖金，最后确定并执行了这样的分配方案：矿长600元，副矿长500元，一般管理干部200元，工人100元。这一方案正好把奖金全额分配下去。奖金发放后，开始风平浪静，一个月后，事故不断发生，安全标兵的阳光煤矿不安全了。

由案例可见，激励运用不好，就会失去本来的意义，甚至适得其反。只有符合激励原则的激励行为才能收到预期的效果。

本 章 小 结

激励是一项重要的管理职能，是组织通过设计适当的外部奖酬形式和工作环境，以一定的行为规范和惩罚性措施，借助信息沟通，来激发、引导和保持组织成员的行为，以有效地实现组织目标及其成员的个人目标的系统活动。激励有助于激发和调动组织成员的工作积极性；将个体目标导向组织目标；增强组织凝聚力，使各部分协调统一。

激励的过程模式和心理学紧密相连。未满足的需要往往会使人产生紧张心理，这种紧张心理会激发人们相应的动机，动机在某种刺激下会引起行为，通过付出努力会产生满足需要和未满足需要两种结果，通过不同的途径导入一个新的激励过程，开始一个新的循环。

激励理论的内容十分庞杂，而且诸多激励理论在现实当中都得到了广泛的应用，特别是马斯洛的需要层次理论。激励理论分为内容型激励理论、过程型激励理论和行为改造型理论三大类。

激励的方法主要有三种类型：物质利益激励、社会心理激励和工作激励。物质利益激励是指以物质利益为诱因，通过调节被管理者的物质利益来刺激其物质需要，以激发其动机的方式与手段。社会心理激励，是指管理者运用各种社会心理学方法，刺激被管理者的社会心理需要，以激发其动机的方式与手段。这类激励方式以人的社会心理因素作为激励的诱因。工作激励是依据赫茨伯格的双因素理论提出的。双因素理论认为对人最有效的激励因素来自于工作本身，因此，管理者必须善于调整和调动各种工作因素，搞好工作设计，千方百计地使下级满意自己的工作，以实现最有效的激励。

本章结构图

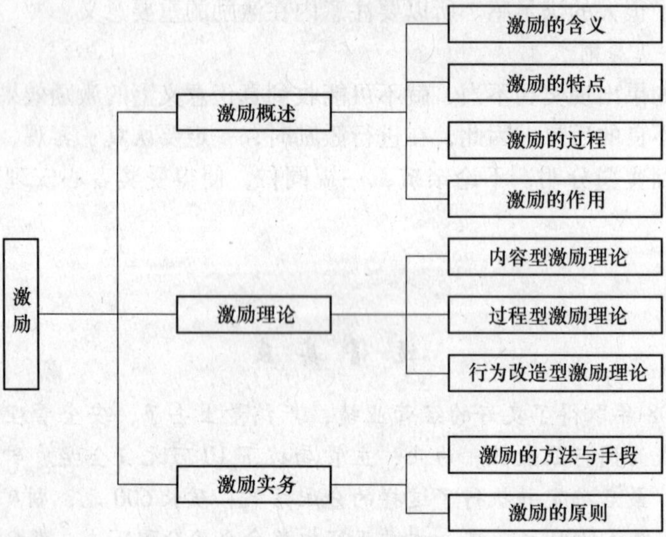

练习与思考题

7－1 单项选择题

(1) 赫兹伯格的双因素理论认为下列（ ）因素属于保健因素。

A. 工作本身 B. 职业发展 C. 工资 D. 成就

(2) 一个尊重需求占主导地位的人，下列哪种激励措施最能产生效果（ ）。

A. 提薪 B. 升职 C. 工作扩大化 D. 解聘威胁

(3) 提出期望理论的是（ ）。

A. 马斯洛 B. 赫茨伯格 C. 马斯洛 D. 弗洛姆

(4) 有效激励的原则是（ ）。

A. 坚持物质激励为主 B. 重视精神奖励

C. 物质与精神奖励并重 D. 以上各项

(5) 以下哪种现象不能在需要层次理论中得到合理的解释（ ）。

A. 一个饥饿的人会冒着生命危险去寻找食物

B. 穷人很少参加排场讲究的社交活动

C. 在陋室中苦攻“哥德巴赫猜想”的陈景润

D. 一个安全需要占主导地位的人，可能因为担心失败而拒绝接受富有挑战性的工作

7-2 简答题

(1) 说明激励的过程及动因。

(2) 过程型激励理论有哪些?

(3) 对比马斯洛需要层次理论较低层次需要与较高层次需要的不同之处。

(4) 当员工感觉到自己的投入产出比与相关他人比较时不相等，可能会出现什么结果?

(5) 请列举物质激励的方法。

(6) 请列举工作激励的方法。

7-3 论述题

根据强化理论的观点，谈谈管理者惩罚员工有何不好?

7-4 案例分析

案例1：

S保健医疗器械公司

业内人士对于S保健医疗器械公司谭经理的人品与能力，总是交口称赞的。他白手起家，只用短短不到7年的时间，就在一个竞争激烈、带有高科技性质的行业中，办起了一家民营企业，不但站稳了脚跟，而且正生气勃勃地扩展着。这毕竟不是一件易事。

在处理与职工的关系时，如何有效地激励他们是关键。谭经理觉得应奖优罚劣，按照贡献大小，拉开报酬差距。但公司创业之始，资源有限，谭经理说，那些贡献大的职工接受高的奖酬本是当之无愧的，但有些职工家境困难却因先天能力较差等原因而绩效欠佳，我们能看着他们在温饱线上挣扎吗? 所以应适当照顾，不使差距过大。可能有人会说这是“大锅饭”思想回潮，但大锅饭就真是一无是处吗? 其实还有两种办法也能形成巨大的激励力和凝聚力。一是领导要以身作则，发挥带头和示范作用。人说“凡商必贪”，我就不信。我就不争着追求个人暴富，而首先为了事业。计划经济体制下的国有企业的毛病已经暴露无遗，民营企业这种新经济成分却潜力巨大。我的事业就是要探索和办成一家充满活力的高科技民营企业，这是一项有意义的、崇高的事业。可能有人说我这是在吹牛，或者说我是呆子，是空想家，我不在乎，我要用事实证明我是真诚的。二是我把这个想法坦诚地告诉全体职工，宣讲它的崇高意义，使之成为全公司共同的目标与宗旨。这将吸引和造就一批志同道合者，构成一个团结而和谐的组织。

谭经理是这样说，也是这样做的。他是一个言行一致的实干家。他的家一直只是一室一斤的简易民宅，总工程师任先生等几位骨干的住宅条件都比他的优越得多。他时常在办公室工作到深夜，就在室中一张折叠床上过夜。他的个性偏于急躁，但为了保持好与下级的良好关系，他以巨大的毅力克服易冲动的情绪，在与下级的交往中总能做到温和而耐心。他在自己的办公桌右侧一块提示牌上亲书“戒怒”两个字作为座右铭。

分析：

(1) 分析S保健医疗器械公司谭经理的激励做法是否合理？

(2) 针对上述材料，请为谭经理提出一个更为合理的激励方案。

案例2：

黄工程师为什么要辞职？

助理工程师黄大佑，一个名牌大学高材生，毕业后工作已8年，于4年前应聘到一家大厂工程部负责技术工作，他工作诚恳负责，技术能力强，很快就成为厂里有口皆碑的"四大金刚"之一。然而，他的工资却同仓库管理人员不相上下，一家三口尚住在来时住的那间平房。对此，他心中常有些不平衡。

张厂长，一个有名的识才老厂长，"人能尽其才，物能尽其用，货能畅其流"的孙中山先生名言，在各种公开场合不知被他引述了多少遍，实际上他也是这样做的。4年前，黄大佑来报到时，厂门口用红纸写的"热烈欢迎黄大佑工程师到我厂工作"几个大字，就是张厂长亲自吩咐人事部主任落实的，并且他特意交代要把"助理工程师"的"助理"两字去掉。这确实使黄大佑当时工作更加卖力。

两年前，厂里有指标申报工程师，黄大佑属于有条件申报之列，但名额却让给一个没有文凭、工作平平的同志。他想问一下张厂长，谁知，他未去找张厂长，张厂长却先来找他了"黄工，你年轻，机会有的是"。去年，他想反映一下工资问题，来这里工作的一个目的不就是想得到高一点的工资，提高一下生活待遇吗？但是几次想开口，都没有勇气讲出来。因为张厂长不仅在生产会上表扬他的成绩，而且，有几次外地人来取经，张厂长当着客人的面赞扬他"黄工是我们厂的技术骨干，是一个有创新精神的人……"，哪怕厂长再忙，路上相见时，总会拍拍黄工的肩膀说两句，"黄工，干得不错"，"黄工，你很有前途"。这的确让黄大佑兴奋，"张厂长确实是一个伯乐"。此言不假，前段时间，张厂长还把一项开发新产品的重任交给他呢。

最近，厂里新建好了一批职工宿舍，听说数量比较多，黄大佑决心要反映一下住房问题，谁知这次张厂长又先找他，还是像以前一样，笑着拍拍他的肩膀"黄工，厂里有意培养你入党，我当你的介绍人，"他又不好开口了，结果家没有搬成。深夜，黄大佑对着一张报纸的招聘栏出神。第二天一早，张厂长办公台面上放着一张小纸条：张厂长，您是一个懂得使用人才的好领导，我十分敬佩您，但我决定走了。黄大佑于深夜。

分析：

(1) 根据马斯洛的理论，住房、评职称、提高工资和入党对于黄工来说分别属于什么需要？

(2) 根据公平理论，黄工的工资和仓库管理员的不相上下，是否合理？

(3) 张厂长应该使用什么样的激励手段才能留住黄工？

实践与训练

【项目名称】

调查企业激励方式。

【实训目标】

(1) 加强对激励理论的认识。

(2) 掌握运用激励理论解决实际问题的能力。

【实训内容与要求】

(1) 以模拟公司为单位，每组选取一个典型企业，实地调查该企业的激励方式与激励手段；了解该企业员工对激励方式的态度。

(2) 针对该企业激励的不足，提出改进建议。

【成果与检测】

(1) 将调查结果形成书面调查报告。

(2) 在班级进行交流和讨论，教师进行评价、打分。

第八章　沟　　通

学习目标

知识目标：

- 了解沟通的含义和要素
- 了解沟通的类型
- 了解沟通的过程

能力目标：

- 掌握沟通障碍的解决方法
- 掌握沟通的技巧
- 能够有效解决冲突

【导入案例】

张经理的沟通经验

某公司张经理在实践中深深体会到，只有运用各种现代科学的管理手段，充分与员工沟通，才能调动员工的积极性，才能使企业充满活力，在竞争中立于不败之地。

首先，张经理直接与员工沟通，避免中间环节。他告诉员工自己的电子信箱，要求员工尤其是外地员工大胆反映实际问题，积极参与企业管理，多提建议和意见。经理本人则每天上班时先认真阅读来信，并进行处理。

其次，为了建立与员工的沟通体制，公司又建立了经理公开见面会制度，定期召开，也可因重大事情临时召开，参加会议的员工有员工代表、特邀代表和自愿参加的员工。每次会议前，员工代表都广泛征求群众意见，提交经理公开见面会上解答。1998 年 12 月，调资晋级和分房两项工作刚开始时，员工中议论较多。公司及时召开了会议，厂长就调资和分房的原则、方法和步骤等做了解答，使部分员工的疑虑得以澄清和消除，保证了这两项工作的顺利进行。

从案例来分析思考，张经理与员工在沟通方式上所做的选择，这些方式有何特点？沟通的主要内容是什么？管理者在沟通中所起的作用？

第一节　沟 通 概 述

一、沟通的含义

沟通是指信息从发送者到接受者的传递过程。管理沟通，是指特定组织中的人们，为了达成组织目标将信息、思想和情感在特定个人或群体间传递，并且达成共同协议的过程。简单地说，就是信息的传递和理解的过程。沟通是双方的行为，必须有信息的内容，有发送者和接受者，沟通就是信息从发送者到接受者的传递和理解的过程。

二、沟通的意义和作用

（一）沟通的意义

沟通在管理的各个方面得到了广泛的运用。美国著名未来学家奈斯比特说：“未来竞争是管理的竞争，竞争的焦点在于每个社会组织内部成员之间及其与外部组织的有效沟通之上”。管理者每天的工作都离不开沟通。人际间的相互交往，与上司、下属和其他部门的人之间的协调，计划、组织、领导与控制工作的开展都离不开信息的沟通。沟通是组织内部联系的最主要手段，是管理者发挥领导职能的一个重要方面，通过信息沟通，可以让管理者更好地了解和掌握内部情况，建立并改善组织内部的人际关系，影响并改变组织成员的行为。因此，沟通是管理者开展各项工作所必须掌握的基本技能之一，任何的组织中的管理者都必须把沟通工作做好。

（二）沟通的作用

沟通的作用体现在不同的管理职能方面。如计划的制订与安排、部门之间的协调、人与人之间的交往、领导者与下属的联络、控制中的纠偏矫正工作、企业间的交流等。具体来说，沟通的作用有以下几点：

（1）收集信息，使决策能更加合理和有效。沟通的过程实际上就是信息双向交流的过程，主管人员需根据信息作出决策。任何组织的决策过程，都是把信息转变为行动的过程。准确可靠而迅速地收集、处理、传递和使用信息是决策的基础。

（2）沟通有助于改善人际关系增强企业凝聚力。沟通有利于人际交往中人际关系的改善，稳定员工的思想情绪，统一组织行动。它可以解除人们内心的紧张等不良情绪，使人感到愉悦。在相互沟通中，人们可以增进了解，改善关系，减少不必要的冲突。沟通使企业具有良好的人际关系，使员工认同企业目标，增强企业凝聚力，从而保证企业目标的实现。

（3）沟通是领导者激励下属、实现领导职能的基本途径。沟通可以通过下面的途径来激励员工。使组织成员明确形势，告诉他们做什么，如何来做，没有达到标准时应该如何改进。目标设置和实现过程中信息的持续反馈和沟通对员工都有激励作用。在沟通的过程中，信息的接收者接受到并理解了发送者的意图之后，一般来讲会做出相应的反应，改变自身的行为。这时沟通的激励作用就体现出来了。

（4）沟通对组织成员的行为具有控制作用。组织的规则、章程、政策等是组织每一个成员都必须遵守的，对成员的行为具有控制作用。而成员是通过不同形式的沟通来了解、领会这些规则、章程、政策的，因此说，沟通对组织成员的行为具有控制作用。

（5）沟通是组织与外部环境之间建立联系的桥梁。由于企业的外部环境总处于不断地变化之中，企业为了生存就必须适应这种变化。这就需要企业不断地与外界保持密切的、持久的联系。沟通为组织建立起了同外界联系的桥梁。企业必须与包括顾客、供应者、政府、社区与公众、股东等在内的各方面进行各种信息的沟通，才能把握一切成功的机会。

【相关链接】

沟通的重要意义

美国哈佛大学调查结果显示：在500名被解职的男女中，因人际沟通不良而导致工作不称职者占82%。

普林斯顿大学在1万份人事档案进行分析，结果“智慧”、“专业技术”、“经验”只占成功因素的25%，其余75%决定于良好的人际沟通。

三、沟通的分类：

管理沟通包括人际沟通和组织沟通两方面。前者存在于两人或多人之间，目的是取得他人的理解与支持；后者指组织中沟通的各种方式、网络与系统等，是组织内部进行的信息交流、联系与传递活动，目的是加强分工协作。在一个组织内部，既存在着人与人之间的人际沟通，也存在着部门与部门之间的组织沟通。因此管理者要搞好这两方面的沟通。

按照不同的标准，可以将管理沟通进行不同分类：

（1）按信息的流向划分。按信息的流向，可以将沟通分为：上行沟通、下行沟通、平行沟通和斜向沟通（即在不同系统的不同管理层次之间进行的沟通）。

（2）按信息传递的途径划分。按信息传递的途径，可以将沟通分为：正式沟通和非正式沟通。

（3）按信息传递的媒介划分。按信息传递的媒介，沟通可分为口头沟通、书面沟通、非语言沟通、电子媒介沟通。

口头沟通：是采用口头表达方式进行信息传递的沟通，如会谈、讨论、电话等。其优点是简便易行，交流迅速，便于双向沟通，反馈信息。

书面沟通：是采用书面文字的形式进行的沟通。如文件、报告、通知等。其优点是信息传递范围广，可长期保存，便于核查，准确性高。

非语言沟通：指借助非文字、语言之外的标记进行的沟通。包括：标志、符号、物体、环境布置、手势、表情动作、体态变化、眼神、说话的语气、快慢、音量等方式。

电子媒介沟通：随着电子科技的发展，电子媒介成为当今社会的重要沟通手段。除了常用的电话、传真、电报、闭路电视等手段外，计算机以及网络技术和无线通讯技术已在人们生活中扮演了重要角色。

（4）按信息传递的交互性划分。按信息传递的交互性，沟通可分为：单向沟通与双向沟通。

单向沟通是指信息朝一个方向前进，信息发送者与信息接收者之间的地位不发生变化，比较典型的沟通形式有作报告、发指示、作讲演等。

双向沟通是指信息发送者与信息接收者之间的地位不断发生变化，信息在二者之间反复变换传送方向的沟通模式，例如交谈、协商、会谈等。

四、沟通的要素

（1）沟通主体。也称为信息源，即信息的发送者。在管理沟通中，沟通主体主要是指各级管理者。为有效实施领导，管理者要不断地向被管理者传递信息，并与其进行各种交流。

（2）沟通对象。也称为信宿，即信息的接收者。在管理沟通中，沟通对象是指组织的各类人员。他们接收来自管理者的信息，并与其进行各种形式的沟通。由于管理沟通具有双向性，沟通的主体与对象界限是不恒定的，在管理实践中它是不断转化的。无论哪一方，都既要充当信息发送者，又要充当信息的接受者。

（3）沟通内容。即信息，是沟通中所传递或交流的内容。组织中沟通的信息内容是多种多样的，它包括正式组织中上级下达的命令、指令、计划以及决策；下级按规定上报的报告，反映的情况，也包括在非正式场合中员工之间的感情交流、谈心。作为沟通内容的信息，既包括书面的，也包括口头的。

（4）沟通渠道或媒介。也称为信道，是用以传递和交换信息、情感的通道或载体。沟通媒介包括交谈、讲演、会议、书面文件等。不同的沟通渠道的沟通效率是不一样的。对于一个组织来说，不仅要建立完整的沟通渠道。而且还要使沟通渠道保持畅通无阻的良好状态。

除以上四个要素外，沟通中也不可忽视噪声和反馈。噪声，即在沟通过程中出现的各种干扰。例如，在管理沟通中出现的文字、语言错误，各种虚伪失真的信息，由于人员心理、情感因素造成的干扰，以及其他影响沟通的障碍。反馈，即沟通对象对沟通主体的信息与情感的反应与回送。例如，当管理者向下级宣布某项决定时，下级所表现出的反应。

五、沟通过程

沟通是一个动态而且复杂的过程。沟通过程由发送者开始，发送者首先将头脑中的思想进行编码，形成信息，然后通过传递信息的媒介物——通道发送给接收者。这些渠道即为沟通载体。该载体可以是一种正式的书面报告、一个电话或面谈。接受者将所收到的信息通过译码，将其翻译成可以理解的形式，得出该信息的内涵。发送者进行编码和接收者进行译码都要受到个人的知识，经验、文化背景和社会系统的影响，编码与译码极有可能产生沟通错误。反馈，是指接收者把信息返回给发送者，并对信息是否正确理解进行检查，以纠正可能发生的某些偏差。

整个沟通过程都有可能受到噪声的影响。所谓噪声是指信息传递过程中的干扰因素，包括内部的和外部的，它可能在沟通过程的任何环节上造成信息的失真，从而影响沟通的有效性。

信息沟通过程的步骤如下：

（1）明确要沟通的内容。（2）编码，即把信息译成一种双方都理解的符号，如语言、文字、手势等。（3）选择信息沟通渠道。（4）译码，即研究和理解所收到的信息的内容和含义。（5）反馈，接受者把所收到的或所理解的信息再反馈到发送者那里，供发送者核查。（6）再传递，发送者根据反馈回来的信息而再发出信息。（7）反应，接受者按所接收到的信息采取行动，或做出自己的反应。

信息沟通过程如图 8－1 所示。

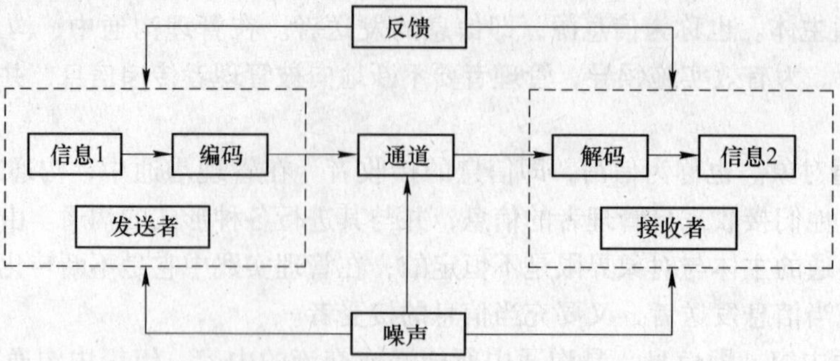

图 8－1　信息沟通过程示意图

第二节　组织沟通

组织沟通是指组织内部进行的信息交流、传递和理解的活动。在一个组织内部，既存在着人与人之间的沟通，也存在着部门与部门之间的沟通。良好的人际沟通是进行组织中部门之间沟通的前提，有效的部门之间沟通又是管理者组织协调各部分之间关系的重要条件。

一、组织沟通的类型

在一个组织中，成员之间所进行的沟通是通过不同形式的信息沟通渠道来进行的。按不同的沟通渠道，可以将沟通分为：正式沟通和非正式沟通。

（一）正式沟通

正式沟通是指在组织系统内，依据正规的组织程序，按权力等级链进行的沟通。如组织与组织之间的公函来往、组织内部的文件传达、召开会议、上下级之间的定期情报交换等。正式沟通是组织内部信息传递的主要方式。组织中大量的信息都是通过正式沟通渠道传递的。

正式沟通的渠道可依其信息流向分为下行沟通、上行沟通、平行沟通和斜向沟通。

1. 下行沟通

下行沟通是指上级向下级进行的信息传递。如一个组织的上级管理者将工作计划、任务、规章制度向下级传达。下行沟通是组织中最重要的沟通方式。通过下行沟通才可以使下级明确组织的计划、任务、工作方针、程序和步骤。

下行沟通中常用的口头沟通方式有：指示、谈话、会议、广播、电话等；常用的书面沟通方式有：各种备忘录、信函、公司手册、公司政策声明、工作程序以及年度报告等。

这种沟通方式往往带有命令性和权威性，它可以帮助管理者将各个层次的工作人员统一起来，增强合作意识，有助于管理者的决策和控制。但若组织仅仅采用自上而下的沟通方式，信息所经过的层次越多，涉及的人数越多，也就越会在传递过程中被曲解和贻误。

2. 上行沟通

上行沟通是指下级机构或人员按照组织的隶属关系与上级机构或领导者进行的沟通。

这种沟通不仅是组织成员向领导、下级向上级反映自己的要求、愿望，提出批评、建议的正常渠道，而且可以对执行上级指令作出回馈反应，使上级了解其信息被接受和执行的程度，为上级修正指令和制定新的决策指令提供资料。

上行沟通的方式主要有正式报告、汇报会、建议箱、申诉、接待日、员工士气问卷、离职谈话、信访制等形式。

通过这种自下而上的方式，管理者可以广泛地听取下级的意见，发现问题及时更正，并且通过给员工参与决策的机会来提高他们的满意度和积极性。当然这种沟通有时会受到不同层次中管理者的阻塞，他们可能对信息进行过滤，去掉对自己不利的信息。另外，许多组织对自下而上的沟通方式不重视。这就要求组织建立良好的组织文化，形成民主氛围。

3. 平行沟通

平行沟通是指组织结构中处于同一层次上的成员或群体之间的沟通。平行沟通的主要目的是谋求相互之间的理解和工作中的配合，因此，它通常带有协商性。组织的不同部门因职能不同、地区不同、产品不同或顾客类别不同，使得部门之间的本位主义加重，容易产生摩擦，因此要有效地加强平行沟通，增进相互之间的了解，以克服上述不利因素。

水平沟通的形式主要有三种：一是部门内问题的解决，这类信息主要在同一部门内方式，它关注的是任务的完成；二是部门间协作，有助于完成合作项目或任务；三是改变和改善，这类信息有助于小组和部门间分享信息以帮助组织改变、成长和改善。水平沟通在学习型组织中特别重要，许多组织是以任务小组、委员会甚至是矩阵结构等方式建立在水平沟通的基础上的。

【相关链接】

法约尔桥

"法约尔桥"又称"法约尔跳板"原理。在贯彻等级制度原则中，为了使组织既能坚持统一指挥原则，又能缩短信息联系的路线，法约尔提出可以在需要进行沟通的两个部门之间建立联系的渠道，即法约尔桥。意指在层级划分严格的组织中，为提高办事效率，两个分属不同系统的部门遇到只有协作才能解决的问题时，可先自行商量、自行解决，只有协商不成时才报请上级部门解决。

命令的统一性要求信息传递应垂直地通过等级链进行，严格地按照命令统一性将会使沟通的路线过长，上层管理者的协调任务过重，也许还会延误时机。

通过"法约尔桥"，就可以使需要进行联系的两个部门直接进行平行沟通，不必按隶属关系逐级向上级传达后再层层向下传递，减少了繁琐，使沟通变得简单、快捷，有利于企业迅速决策。

4. 斜向沟通

斜向沟通是指组织中不同层次的个人或群体之间的沟通。它时常发生在职能部门和直线部门之间，如当人事部门的一位主管直接与比他高的生产部门经理联系时，他所采取的是斜向沟通。斜向沟通的目的是为了加快信息的传递，但为了尽量减少它对组织的等级链的影响，斜向沟通也常常伴随着自上而下的沟通或自下而上的沟通。

正式沟通的优点是：沟通效果好、严肃可靠、约束力强、易于保密、沟通信息量大，并且具有权威性。缺点是：由于靠组织系统层层传递，沟通速度一般较慢，而且信息从源头传到最后的接收者要通过较长的一段时间，信息就有可能被扭曲。

在传统的垂直型组织结构中，向下和向上这两个方向的沟通是最主要的沟通方式。在学习型组织中，则更加重视平行沟通和斜向沟通，人们不断地跨部门和跨层级地共享信息。

（二）非正式沟通

指存在于正式沟通渠道之外的信息沟通。在一个组织机构中，除了正式的沟通渠道外，还存在着大量的非正式沟通渠道，即我们常说的“小道消息”。非正式沟通和正式沟通的渠道形成不同，它主要是由组织成员的感情和动机上的需要而形成的，因此非正式沟通渠道涉及组织内的各种社会关系，这种关系超越了部门、单位以及层次，与组织等级的权力没有任何关系。非正式沟通不是由管理者建立的，也不是经过组织中的正式沟通渠道传播的，所以管理者常常难以控制非正式沟通，但管理者可以利用非正式沟通为组织中的正式沟通服务。

1. 非正式沟通的类型

非正式沟通的类型在自然状态下，最常见的有：

（1）单线式，一个人传递给另一个人，通过一长串的人际关系来传递信息，而这一长串的人之间并不一定存在着正规的组织关系。（2）流言式，是指信息发送者主动寻找机会，通过闲聊等方式向其他人散布信息。（3）偶然式，每一个人都是随机地传递给其他人信息，在这种方式下，信息是通过一种随机的方式传播。道听途说就是其中一种形式。（4）集束式，是指信息发送者有选择地寻找一批对象传播信息，这些对象大多是一些与其亲近的人，而这些对象在获得信息后又传递给自己的亲近者。

2. 非正式沟通的特点

非正式沟通的渠道较正式沟通的渠道有较大的弹性，它可以是横向的、纵向的或斜向的。由于非正式沟通系统是建立在组织成员的社会关系上的，也就是由人们在社会交往过程中，或在正式组织结构基础之上由于爱好相同、兴趣接近、常常在一起交谈而形成的，因此，它有如下特点：

（1）非正式沟通几乎存在于所有的正式组织之中，它的形式具有多变性和动态性，常常随个体的差异和环境的变化而变化。一个组织的正式沟通渠道越是有限，小道消息越可能盛行。（2）通常这种信息传播是以口头方式进行，不留证据，不负责任，因此，信息传播速度快且易迅速扩散，信息往往是不完整的，因此无规律可循。（3）由于人们所感兴趣的信息常常带有感情的色彩，通常易受到人们的重视。（4）非正式沟通不受管理层控制，且大多数在无意中进行，它可以发生于任何地方，任何时间，其内容也不受限定。

3. 非正式沟通的作用

一般来讲，人们认为正式沟通才起积极作用，非正式沟通只起消极作用。但研究发现，非正式沟通系统是正式沟通系统的必要补充，它的存在是自然发生又必不可少的。具体来讲，非正式沟通可以起到以下几方面的作用：

（1）满足员工的心理需求。人们总是希望能在正式沟通渠道之外获得更多的有关工作、公司、同事等的信息，以满足自己在工作中对工作安全的需要及与组织其他成员之间的社交需要等。通过非正式沟通可以减轻人们的心理压力，增进他们的满意度。

（2）代替正式沟通渠道的功能。例如，可利用非正式沟通散布一些待决定的问题或计划出台的措施，通过观察员工的反应来进一步修改决定，从而避免与员工的正面冲突等。

（3）传递正式沟通所不愿传送的消息。一些不愿通过正式沟通传递的信息，却可能在非正式沟通中透露。如对于某人的突然辞职，管理人员可以不公开发布消息，但可以让它通过非正式沟通渠道传播，使人们对此有所了解。

（4）将上级的正式命令变成基层人员较易了解的语言，消除员工心中存有的戒备，使之富有人情味，容易被员工接受。

（5）可以防止某些管理者滥用正式沟通，有效防止正式沟通中的信息“过滤”现象。

但是，如果过分依赖这种非正式沟通途径，会导致信息遭到严重歪曲，而且无从追查责任，有些不实消息的传播，还会给组织成员造成较大的困扰，甚至给组织带来严重损失。因此，对于非正式沟通渠道的存在，管理者应注意到它的客观必然性，虽然不能阻止它的发生，但要注意引导它、利用它，设法为组织人员提供正确而清晰的事实，防止不实信息发生。

二、正式沟通网络模式

沟通网络是由若干条信息沟通渠道按一定方式集结而成的结构。它表明了在一个组织中，信息是怎样传递或交流的。正式沟通网络是通过正式沟通渠道建立起来的网络，它反映了一个组织的内部结构，通常与组织的职权系统和指挥系统相一致。

企业内部正式沟通网络常有以下五种类型，如图 8－2 所示。

（一）链式沟通

链式沟通是一个平行网络，其中居于沟通两端的人只能与内侧的一个成员联系，居中的人则可分别与两人沟通信息。在一个组织系统中，它相当于一个纵向沟通网络，代表一个五级层次，信息经层层传递，筛选，容易失真，各个信息传递者所接收的信息差异很大，平均满意程度有较大差距。此外，这种网络还可表示组织中主管人员和下级部属之间中间管理者组织系统，属控制型结构。在管理中，如果某一组织系统过于庞大，需要实行分权授权管理，那么，链型沟通网络是一种行之有效的方法。

（二）Y 式沟通

Y 式沟通是一个纵向沟通网络，其中只有一个成员位于沟通内的中心，成为沟通的媒介。在组织中，这一网络大体相当于组织领导，秘书班子再到下级主管人员或一般成员之间的纵向关系。这种网络集中化程度高，解决问题速度快，组织中领导人员预测程度较高。除中心人员外，组织成员的平均满意程度较低。此网络使用于主管人员的工作任务十分繁重，需要有人选择信息，提供决策依据，节省时间，而又要对组织实行有效的控制。但此网络易导致信息曲解或失真，影响组织中成员的士气，阻碍组织提高工作效率。

（三）轮式沟通

属于控制型网络，其中只有一个成员是各种信息汇集点与传递中心。在组织中，大体相当于一个主管领导直接管理几个部门的权威控制系统。此网络集中化程度高，解决问题

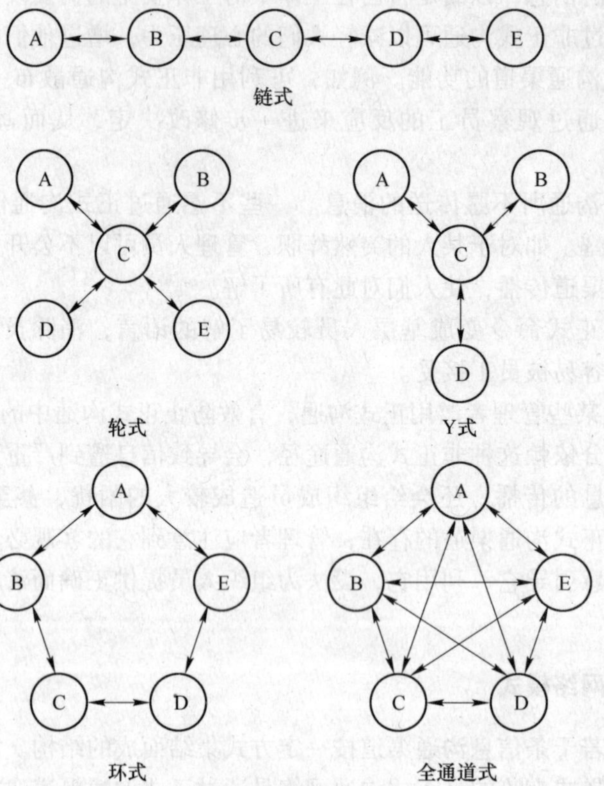

图 8－2 正式沟通网络类型示意图

的速度快。主管人的预测程度很高，而沟通的渠道很少，组织成员的满意程度低，士气低落。轮型网络是加强组织控制、争时间、抢速度的一个有效方法。如果组织接受紧急公关任务，要求进行严密控制，则可采取这种网络。

（四）环式沟通

环式沟通形态可以看成链式形态的一个封闭式控制结构。表示 5 个人之间依次联络和沟通。其中，每个人都可同时与两侧的人沟通信息。在这个网络中，组织的集中化程度和领导人的预测程度都较低；畅通渠道不多，组织中成员具有比较一致的满意度，组织士气高昂。如果在组织中需要创造出一种高昂的士气来实现组织目标，环型沟通是一种行之有效的措施。

（五）全通道式沟通

全通道式沟通是一个开放式的网络系统，其中每个成员之间都有一定的联系，彼此了解。这种类型网络中组织的集中化程度及主管人的预测程度均很低。由于沟通渠道很多，组织成员的平均满意程度高且差异小，所以士气高昂，合作气氛浓厚。这对于解决复杂问题，增强组织合作精神，提高士气均有很大作用。但是，由于这种网络沟通渠道太多，易造成混乱，且又费时，影响工作效率。

在正式沟通网络中，各有特点，没有一个网络在任何情况下都是最好的。链式传递信息速度最快；环式和全通道式能够提高组织成员的士气；轮式和链式对简单问题最有效率；环式和全通道式更适于解决复杂问题；Y式兼有轮式和链式的优缺点。但由于存在多头领导，在组织内部的正式沟通中，一般不采用Y型沟通。作为一名管理人员，在管理工作实践中，要进行有效的沟通，就需发挥其优点，避免其缺点，不断提高组织管理工作水平。

【相关链接】

通用电气公司（GE）的人员沟通

沟通是GE文化与用人之道中非常重要的一部分。无论是从下到上、从上到下的纵向沟通，或者是平行的横向沟通。

GE有13个相互独立的业务集团，加上公司不同的职能部门，如何保证高效的沟通，推动公司的变革，推动每一个项目的进展，确实不是一件易事。但对拥有价值观法宝的GE来讲，沟通却快捷而顺畅。

传统与现代结合：

电子商务为日常的沟通带来了便捷，但传统的沟通渠道并没有因为科技手段的创新而落伍，在GE，传统与现代的沟通渠道在这里交映成趣。根据不同的交流的内容，沟通的渠道也不同。

网上交流、电话交流、面对面交流、便笺式交流…传统与现代的交流方式在GE共存，目的却只有一个：信息的畅通，沟通的顺畅。

圆桌会议、全体员工会议、优秀员工座谈等这些集体的沟通方式也每天都在进行。

将“摆经理架子”的人赶出GE！

Open Door政策同样在GE实施，而且不浮于表，得到真正的执行，使GE成为奉行Open Door政策最坚决、最彻底的公司。杰克－韦尔奇最“痛恨”的，就是那些平时摆出一副官僚主义、“经理架子”的人，他创立了一种风气，坚决杜绝那些在公司中“摆谱”的人，坚决将那些“摆经理架子”的人赶出公司。所以，Open Door得以坚定不移地实施，成为员工上下级沟通的有效渠道。

无边界行为：

GE很大，13个业务集团，1300多亿美元的营业额，几十万员工。但GE要求员工不要认为自己很大，不为规模所累，而应该是一家反应敏捷的小公司。在“无边界行为”理念下，GE打破13大业务集团的界限，广泛地进行横向交流。按照人力资源、公共关系、销售、市场、财务等不同职能部门，GE有许多松散的组织、协会，如人力资源协会等等。这种职能上的协会经常横跨13大业务集团开展相关的沟通活动，比如就激励方法等经验或问题进行畅谈，对价值观的感受进行交流。

在每一个业务集团，GE也非常重视与员工的沟通。业务集团或地区总部会经常把公司最近的发展情况做及时总结，发表在公司的内部网络上，让员工及时了解。

员工大会：

GE定期举行员工大会，通过卫星直播、网上直播等方式进行。如网上直播，每隔1－2个月就进行一次，针对不同的问题，在不同的地区或在全球范围进行。沟通是互动的，在GE内部，出版有各种内部媒体，与网络一起，构成了沟通的平台，及时发布公司最新信息与管理层动态。最终目的是让 GE 全球 30 多万员工能够在第一时间及时了解 GE 领导人及高层的想法，了解公司的发展目标与政策调整的信息。公司的 CEO、各级经理也定期与员工进行面对面的沟通。

除此之外，还经常召开不定期的员工大会。GE 全球的 CEO 或 13 个业务集团的 CEO 以及其他高层领导到中国访问时，公司都会特别安排员工与他们进行面对面的交流，这是一种很难得的沟通机会，员工可以把自己的想法直接告诉公司的高层。

CEO 民意调查：

CEO 民意调查是 GE CEO 了解全球员工想法的一种非常重要的沟通方式。该民意调查每年进行一次，通过第三方的专业的咨询公司，设计专门的问卷，面向全球员工展开调查。问题如：是否喜欢 GE 的价值观；怎样看待正在实施的六个西格玛；对现在的工作是否满意……

CEO 民意调查在不记名的情况下进行，所有员工可以毫无顾忌地谈出自己的意见与建议。由专业的调查咨询公司对问卷进行统计，得出最后的数据结论。GE 根据这个客观的调查结果做出专门的报告，根据报告提出的问题制定改进的方法。通过这种调查，公司也会发现对某一焦点问题的改进情况。公司 CEO 会对全球员工的想法有一个非常客观的了解，了解员工对公司的满意程度，以及对公司的中肯建议。

第三节　沟通的障碍及克服

沟通每时每刻都会发生，但并不是所有的沟通都能成功。各种信息的传递从发送者到接收者的传递过程中，常会受到各种因素的影响，致使沟通质量不高，信息失真，这些干扰因素就是沟通障碍，或借助于通讯的概念称为噪声。只有克服沟通障碍，才能做到有效沟通。

一、人际沟通障碍及克服

（一）人际沟通的障碍

人际沟通的障碍有很多，主要从沟通的过程来研究。

1. 信息发送者的障碍

有效的沟通首先要求信息发送者能将想要沟通的内容以合适的语言加以编码，使之成为可传递的信息。这一编码过程的质量如何会极大地影响到信息沟通的总体效果水平。

A　沟通能力欠缺

有效沟通的一个基本条件，是信息发送者必须具有良好的口头、书面或其他表达能力以及逻辑推理能力。缺乏这方面的技能，如信息发送者发送的书面语言主题不突出、观点不明确、结构不合理；口头语言口齿不清、语无伦次、晦涩难懂等，都势必造成所传递信息的先天缺陷。

B　知识经验局限

任何人都无法传递自己不知道的东西。信息发送者在特定问题上所掌握的知识经验范围势必影响所传递信息的质量。

C　情绪态度不佳

信息发送者的情绪和态度会影响其编码行为。任何人都难免会在许多问题上持有自己的某种预先定型的想法，这些想法会影响和左右着个体对所沟通信息的编码。

D　社会文化系统的影响

社会文化系统通过对信息发送者的地位与威信、信仰与价值观的作用影响到信息沟通行为。比如，在“报喜不报忧”现象盛行的社会文化环境中，个体就可能对所传递的信息进行有意识的过滤、选择，从而造成沟通信息失真。

2. 沟通通道障碍

信息传递过程中需要通过合适的媒介和通道进行，任何一方选择不当也会影响到沟通效果。

A　沟通媒介选择不当

比如对于重要事情而言，口头传达效果较差，因为接受者会认为“口说无凭”，“随便说说”而不加重视。

B　几种媒介相互冲突

当信息用几种形式传送时，如果相互之间不协调，会使接受者难以理解传递的信息内容。如领导表扬下属时面部表情很严肃甚至皱着眉头，就会让下属感到迷惑。

C　沟通渠道过长

组织机构庞大，内部层次多，从最高层传递信息到最低层，从低层汇总情况到最高层，中间环节太多，容易使信息损失较大。沟通网络中的每一个环节都对信息起到了某种筛选和过滤作用，沟通的环节越多，失真现象就越严重。一项研究表明，企业董事会的决定，每下达一层，就增加一次损失，通过 5 个等级后，信息损失率平均达 80%，见表 8－1。

表 8－1　传递过程中的信息损失情况

层　级	收到信息的比率/%
董事会	100
副总裁	63
总经理	56
工厂主管	40
总领班	30
工人	20

D　外部干扰

信息沟通过程中经常会受到自然界各种物理噪声、机器故障的影响或被另外事物干扰所打扰，也会因双方距离太远而沟通不便，影响沟通效果。比如，在对公众发表演讲时，扩音器出现问题等。

3. 信息接收者的障碍

信息传递将信息编码后通过一定的通道传递，信息接受者需要将收到的信息通过解码过程而译成自己可以理解的形式。解码过程中会受到自身各种因素的影响，造成沟通的障碍。

A　信息译码不准确

如果发送者擅长说与写，接受者就应擅长听与读。信息发送者语言表达不准确固然影响沟通的正常进行，但信息接收者如果不具备相应的知识水平和理解能力，也会由于理解有误而导致信息失真。

B　对信息的筛选

人们会根据自己的需要、动机、经验、背景及其他个人特点有选择地接受信息，拒绝或片面地接受与其所期望不一致的信息。人们所选择的角度强烈地影响他们认识问题的能力与方法，从而导致信息过滤、曲解、断章取义或选择性倾听等现象。

C　心理障碍

信息接收者与发送者之间在个性、心理等方面的差异，也会影响管理沟通的顺利进行。例如，一位对管理者心存偏见的下级很难接受管理者的正常沟通信息。

D　情绪

过早地评价，先入为主，怀有成见，缺乏信任，紧张、嫉妒或恐惧等情绪，都会影响接受效果。

【相关链接】

不要过早地判断

美国知名主持人林克莱特一天访问一名小朋友，问他说："你长大后想要当什么呀?"小朋友天真的回答："嗯…我要当飞机的驾驶员！"林克莱特接着问："如果有一天，你的飞机飞到太平洋上空所有引擎都熄火了，你会怎么办?"小朋友想了想："我会先告诉坐在飞机上的人绑好安全带，然后我挂上我的降落伞跳出去。"当在现场的观众笑得东倒西歪时，林克莱特继续着注视这孩子，想看他是不是自作聪明的家伙。没想到，接着孩子的两行热泪夺眶而出，这才使得林克莱特发觉这孩子的悲悯之情远非笔墨所能形容。于是林克莱特问他说："为什么要这么做?"小孩的答案透露出一个孩子真挚的想法："我要去拿燃料，我还要回来。"

（二）人际沟通障碍的克服

人际沟通障碍的克服，首先有赖于掌握及时、适量、灵活、有效的沟通四原则，在此基础上按照关注、理解、接受、行动四个沟通步骤进行，管理者才能设法改善每一阶段的信息沟通，从而最终改善整个管理沟通过程。以下几方面有助于沟通障碍的克服：

1. 改进沟通态度

在信息沟通过程中要以积极的、开放的心态对待沟通。要愿意并且有勇气用恰当的方式展示自己的真实想法，顾虑重重，会导致很多误解。在沟通过程中要尊重别人的个性，不揭露别人的隐私，特别是不可涉及国家、民族、宗教等方面的禁忌。回避忌讳的话题，适当表示赞美。只有双方坦诚相待，才能消除彼此的隔阂，从而求得对方的合作。

2. 消除下级人员的顾虑

要做好信息沟通工作必须依靠下级，而下级时常发生对信息选择不当、对事实叙述不全面、甚至报喜不报忧或全面遗漏的情况。究其原因，一是下级认为，某些信息不太重要，不足以向上级汇报；二是他们害怕向上级说出实情的后果，因而有意谎报信息。上述情况证明，增加沟通双方的信任度是十分必要的，如果双方采取一种对立、竞争的态度，无疑会成为沟通的障碍。对于重要的信息，要进行反复沟通，力求准确、不失真。

3. 提高信息沟通的技能

对有关事实、情报、思想和意见的信息传递是管理沟通中的基本内容与形式。管理者总是将大量的信息同组织的成员进行沟通。例如，有关组织目标信息、组织生存发展情况、决策、管理制度与政策、表扬与批评、组织创新与改革等方面的信息无时无刻不在进行沟通。这就要求提高沟通技能。

A　增强语言表达能力，力求表达清楚

信息沟通主要是通过语言来完成的，在管理沟通中使用的语言表达形式包括：听、说、读、写和体态语言五种。这五种表达形式，各有其特点。管理者在沟通过程中，应掌握各种沟通语言的不同特点，依据沟通的需要，灵活地加以选择和运用。无论哪种语言交流形式，都要力求准确地表达自己的意思。

应该遵循清楚、明确的原则，使接受者容易理解。同时，还要双方相互了解对方的接受能力，根据对方的具体情况来确定自己表达的方式和用语等；选择正确的词汇、语调；注意逻辑性和条理性，对重要的地方要加上强调性的说明；借助于体态语言来表达完整的思想和感情的沟通，加深双方的理解。力求避免措词不当、思想表达不严密、中心思想不清楚、隐晦的词语和难懂的方言，以及不能理解或造成错觉的比喻、手势等。

B　提高情感沟通的技巧

在管理沟通中，管理者为有效实现工作目标，为协调多种人际关系，增强组织的凝聚力，必须充分重视并努力做好情感沟通工作。情感沟通是现代管理者的基本功。有效地进行情感沟通，应注意以下几方面的问题：

（1）研究并尽可能地满足沟通对象的社会心理需要。要与沟通对象进行有效的情感沟通，最首要的是要了解对方的社会心理需要，并尽可能加以满足。人们之间的感情关系，除了一些利害关系外，最主要的是由人们能彼此满足社会心理需要的程度决定的。例如，渴望与人交流的需要，渴望成为某团体成员的归属需要，渴望在工作和生活中受到尊重的需要，渴望与人愉悦交往以获得高质量社会生活的需要，渴望友谊、在危难时有挚友相助的需要等。如果管理者在与下级情感沟通的过程中，注意观察和研究下级的这些方面的心理需要，然后，有针对性地加以满足，“投其所好”，就一定会赢得下级的真实情感，就会在彼此之间建立十分融洽的关系。

（2）真诚、热情、助人为乐。沟通技巧固然重要，但在根本上必须做到以诚相待，这是情感沟通的思想基础。管理者在沟通过程中，必须出于高尚的目的，出自真诚地交流信息与思想，实实在在地帮助下级排忧解难，真正达到互助、友谊、双赢的效果。

（3）运用心理规律，促进情感融通。从社会心理角度看，人们之间的情感在本质上是受喜欢与吸引的心理规律支配的。把握并自觉运用这些心理规律，就能在沟通中有效地实现感情的融通。这些规律具体表现为以下几个原则：

相似性原则：这是指在人们交往的过程中，存在或具备某些相同或相近的属性或特征的人们之间容易相互喜欢与吸引。这些相似的特征包括民族、地域、政治信仰、宗教、职业、教育水平、年龄、性格、态度、行动、兴趣爱好等。这就要求管理者在与下级沟通的过程中，注意寻找并强化与其具有共同性的一些因素，如老乡、同龄人、相同经历、相同的爱好等。这就会提高双方的喜欢与吸引程度，促进感情的加深。

互补性原则：人们在交往的过程中，不但追求相似性，而且，还在某种情况下追求互补性。这一原则是指人们有时愿意与某些不同属性与特征的人相处，以寻找某种互补效应。例如，一个具有强烈支配欲的人，自然就会选择、接近服从型的人，而避开同样属于支配型的人。管理者应运用这一原则，创造在个性等方面的一些互补机会，从而拉近彼此的距离。

相互性原则：也称报答性原则。它是指在沟通、交际过程中，一方对另一方的看法与态度直接地决定着另一方对这一方的看法与态度。当受到别人肯定或尊敬时，就会自然而然地产生一种报答心理，也会肯定或尊敬对方，产生好感。而且，这种报答心理的强度，还受到对方喜欢程度的增加或减少的变化趋势的影响。根据这一原则，管理者在沟通中要善于发现对方的长处和优点，形成并表示出对对方的好感和愿意接近的态度。例如，恰到好处的赞美、发自内心的感谢、诚恳的态度等，都会得到相应的回报。

C 积极倾听

一个善于沟通的人，首先必须善于倾听。积极倾听是有效沟通的关键性环节。管理者要特别注意运用好倾听的技巧。

（1）使用目光接触。有效的倾听者在对方说话时，使用目光接触，以表明自己在认真倾听，如果始终不看说话者一眼，会给人造成冷漠或不感兴趣的印象。赞许性的点头与恰当的面部表情。有效的倾听者会对听到的信息表现出兴趣。这种兴趣可以通过非言语信号加以表示。赞许性的点头、恰当的面部表情与积极的目光接触相配合，都向说话人表明你在认真倾听。

（2）避免分心的举动或手势。表现出感兴趣的另一做法是避免那些表明思想走神的举动。在倾听时，注意不要进行下面这类活动：看表，心不在焉地翻阅文件，拿着笔乱写乱画等等，这会使说话者感觉到你很厌烦或不感兴趣。更重要的是，这也表明你并未集中精力，因而很可能会遗漏一些说话者想传递的信息。

（3）适当提问。批判性的倾听者会分析自己所听到的内容，并提出问题。这一行为保证了理解的准确性，并使言者知道你在倾听，渴望得到尊重的需要和寻求“知音”的心理得到满足，从而，会给你以相应的感情回报。

（4）复述。有效的倾听者常常用自己的话重述说话者所说的内容。这里有两个原因：首先，它是检查听者是否认真倾听的最佳监控手段，如果听者没有认真倾听，肯定不能准确地复述出完整的内容；其次，用自己的语言复述言者所说内容并将其反馈给说话的人，可以检验自己理解的正确性和准确性。

（5）避免打断说话者的叙述。有效的倾听者在做出反应之前，应先让说话者讲完自己的想法。打断说话者的叙述，一方面是不礼貌，会给说话者造成心理上的不快；另一方面，也阻碍了自己完整地获得信息。

【相关链接】

积极倾听

托尼·亚历山德拉在《魅力的七把钥匙》一书中，把听众分为四种典型的类型：（1）

漫听听众。这类听众其实很少在听，他们经常打断别人的话，而且总觉得应该由自己来下断语。(2) 浅听听众。这类听众喜欢避开艰难的话题，对于问题的实质他们深入不下去。(3) 技术性听众。这类听众会很努力地去听别人的说话，他们重视字义、事实和统计数据，但在感受、同情和真正理解方面却做得很不够。(4) 积极听众。这类听众会为倾听付出许多，他们在智力和情感两方面都作出努力。

亚历山德拉提出了积极倾听的三点要求：(1) 把听和说看得一样重要。换句话说，别人对你说的和你要对别人说的一样重要。(2) 认识到善听有助于节省时间和精力。善听者较少犯错误，也较少误解别人。(3) 懂得认真听别人说不仅重要，而且值得。要从每一个人身上去学习。

二、组织沟通的障碍及改善

(一) 组织沟通的障碍

1. 正式沟通程序与制度欠缺

沟通程序与制度的欠缺是造成组织沟通不畅的主要原因。如果一个组织内的成员不知道自己应该将哪些信息、在什么时间、通过什么方式、用组织内认可的编码将信息发送出去，或组织内的成员不知道该在什么情况、什么时间内处理及反馈信息，组织沟通就会不畅。

保证正式沟通的畅通，必须有一个制度平台。即使在处理例外信息或危机的时候，也有明确的制度规定。用制度的形式约束管理人员，组织沟通对管理者来说是责任，而不是由于信息不对称而成为某种权力。组织沟通必须满足效率和效果，同时考虑组织内外相关者的满意度。

2. 组织结构及岗位职责不清晰

组织结构本身就是组织沟通的框架。清晰的组织结构保证组织上行、下行沟通的畅通。岗位职责除了要求管理者在进行上行、下行沟通的同时，必须考虑协作、参与的职责，也就是横向、斜向的沟通。有些消极的管理者只是机械地履行程序内的事情，事实上，没有明确规定的但在政策范围内的事情都是管理者的事情。对岗位职责的准确理解是：在岗位说明书上明确表述的岗位职责内容仅仅是主要的部分，有些次要的内容只能隐含在组织原则以及政策之中。

明确组织结构与岗位职责是正式沟通畅通的关键之一。

3. 管理者能力与素质低下

管理者如何认识职权与职责是管理者的重要认识能力，在认识之上如何行为是管理者的素质。如果管理者以自己掌握的信息，以信息不对称的形式来加强自己的权力，会很容易造成信息的不畅。这样的管理者也不会着手建立信息沟通平台，整个组织的管理水平也难以提高。最高管理层的管理能力与素质将直接决定组织沟通的效率。

4. 人际沟通与组织沟通混淆

人际沟通与组织沟通都是信息的传递与反馈，二者却有明显的不同。组织中过分强调人际沟通和人际和谐，会导致组织沟通的障碍，人际关系也就难以和谐。

5. 非正式沟通过多

非正式沟通只能是组织正式沟通的一个补充，也是一个必要的与必然的补充，但不能变成正式沟通成为非正式沟通的补充。如果管理者将信息的分享当成给某些员工的“恩惠”或者“福利”，组织内极有可能非正式沟通占主要成分，甚至流言与小道消息盛行。管理者首先是职责，职权只是保证职责完成的一个必要条件，权利与利益只是责任履行的一个自然回报。一旦前后关系颠倒，必然会产生问题，将导致信息不畅与非正式沟通过多，直至流言与小道消息盛行，影响组织沟通的有效性。

组织制度的建设中，应该有职权的预警和限制机制，以保证职责的完成，包括沟通畅通的责任。

（二）组织沟通的改善

改善沟通的途径，首先是沟通状况的检查。检查的结果可以作为改革组织机构与系统的基础；其次是要根据组织沟通的原理建立畅通的组织沟通平台；再次，组织沟通应保持持续的维护与改进。

1. 沟通状况的检查

对沟通状况的检查，就是要审核组织沟通的政策、网络和活动。在审核时，可把组织的沟通看作为一组与组织目标的实现有关的因素。在这里，沟通本身并不被认为是目的，而只是达到组织目标的手段。信息沟通的职能之一是把计划、组织、人员配置、领导与控制等管理职能拢集在一起；信息沟通系统的另外一个职能是把组织与外界环境联系在一起。

有四个主要的沟通网络是需要审核的，它们是：

（1）在政策、程序、规章、上下级关系等方面与管理或工作任务有关的网络。（2）与解决问题、召开会议和提建议与意见等方面的沟通网络。（3）与表扬、奖励、晋升以及其他使组织目标和个人目标联系起来的各种工作关系的信息网络。（4）与组织对外信息发布与沟通的信息网络。

沟通的检查工作是将沟通与许多关键性的管理活动联系在一起进行分析的工具。它不仅在发生问题时有用，而且也可以预防问题的发生。检查与审核方式可以多种多样，可以包括观察、民间测验、问卷调查、面谈以及书面文件进行分析等。

2. 完善与修正沟通平台

任何组织都存在一个沟通的平台，一个良好的沟通平台有利于保持信息畅通，更好地实现管理的有效性。

完善与修正沟通平台的第一步是对管理人员的意识与观念的培训。改变原来低效率的沟通平台，必须是首先管理人员的观念改变，然后是修改的政策、程序之下的新的沟通行为。对有些管理者而言，是用成就欲、事业心、责任感代替权力欲、利益心、随意感。一个以自我为中心的管理者一定不是好的管理者，一个人作为管理者的角色应该以责任和组织为中心。对管理人员进行意识与观念培训之后，要进行沟通知识的培训，以提高他们的沟通能力。

其次是根据信息技术与组织的现运营流程和环境，修改与完善政策、程序。以效率、效果、人性化以及组织内外的需要满足为原则进行优化，这种优化是以实际情况与运营为前提的。

3. 设立建议箱和查询制度

通过设立建议箱来征求员工的意见，以此改善自下而上的沟通。员工可以直接将自己的建议或意见投到建议箱中，组织的主管会亲自打开建议箱，当员工的建议得到认可和采纳时，就能够得到组织的物质和精神奖励。这种制度极大地鼓励了员工为了组织的目标所进行的自下而上的沟通。查询制度是组织设立的另外一种答复员工所提出的关于组织方面问题的一种方法。这些问题和答复可以在组织内部刊物上登出，从而使得组织与员工之间有了广泛而有效的交流，促进了组织的有效沟通。

4. 组织沟通环境的改善

组织沟通总是在一定环境下进行的，沟通的环境是影响组织沟通的一个重要因素。这种环境包括组织的整体状况，组织中人际关系的和谐程度，组织文化氛围和民主气氛、领导者的行为风格等。

组织中和谐的人际关系是优化沟通环境的前提。平时组织领导者可以多开展一些群体活动（球赛、观看演出、聚餐等），鼓励工作中员工之间的相互交流、协作，强化组织成员的团队协作意识。这些措施一定程度上都能起到促进人际关系和谐的作用。另外，组织成员之间也应相互尊重差异，促进相互理解，在此前提下的人际沟通也将会更有效的改善人际关系。

组织中民主的文化氛围和科学的领导者作风是良好的沟通环境的核心要素。所以，组织者应致力于营造一种民主的组织氛围，组织领导者也应适当的改善自己领导风格和水平。随时和下属沟通情况，交换想法。奖励那些善于提出自己的想法和意见并有利于组织发展的成员。在领导方式上，要充分发挥管理者非权力性影响力的作用，凭借自身的人格魅力去影响人，而不是权力去领导人。这样可以为组织的管理沟通打下良好基础。

第四节　冲突与冲突管理

一、冲突的含义和类型

（一）冲突的含义

冲突是指人们由于某种差异不一致而在各方面形成抵触、争执或摩擦的过程。在组织中，人与人之间、群体之间的冲突是很常见的事情。管理者要有效地解决组织中的冲突，以促进组织目标的达成。

冲突表现为一个发展过程。人与人之间由于利益、观点、掌握的信息或对事件的理解都可能存在差异，有差异就可能引起冲突。一个人的态度、价值观和行为方式对冲突结果好坏起着重要的作用。

冲突具有四个关键的成分：一是对立内容，即人们具有对立的利益、思想、知觉和感受；二是对立认知，即冲突各方承认或认识到存在着不同的观点；三是对立过程，即分歧或矛盾具有一个发展过程；四是对立行动，即分歧各方设法阻止对方实现其目标。

（二）冲突观念的变迁

关于组织中的冲突，学者们对它有不同的看法，表现为以下三个方面：

（1）冲突的传统观点。早期的看法认为冲突是不利的，认为冲突本身表明了组织内部的机能失调，冲突影响组织功能的正常发挥，甚至具有破坏性的作用。冲突容易使组织资源消耗大，尤其是消耗时间和金钱；冲突还会给员工带来心理压力，思想、信仰上严重冲突的还会引起怨恨、紧张和焦灼的情绪，等等。

因此，管理者应采取各种办法避免冲突，设法协调各方的利益，寻找共同目标，尽可能减少冲突。这种观点从 19 世纪末到 20 世纪 40 年代中期一直比较盛行。

（2）冲突的人际关系观点。认为冲突是任何组织无可避免的必然产物，并不一定会导致不幸。由于冲突是工作或生活的一个组成部分，因此应该接纳冲突。这一观点使冲突的存在合理化；冲突不可能被消除，创造和解决冲突常常能使人们建设性地解决问题；解决冲突需要促使人们改变做事的方式；冲突解决过程常常使组织体现出活力；寻找解决冲突的方式不光会引起创新，还会增强群体的内聚力。因此，管理者应该运用多种手段利用冲突，改进和提高决策质量，增强管理效果。这种观点自 20 世纪 40 年代末至 70 年代中期，占据统治地位。

（3）冲突的相互作用观点。如果说人际关系的观点是接纳冲突，而相互作用的观点则是鼓励冲突。该观点认为，融合、和平、安宁、合作的组织容易对变革和革新的需要表现为静止、冷漠和迟钝，冲突不仅可以成为组织中的积极动力，而且其中一些冲突对于组织或组织单元有效运作是绝对必要的。因此，冲突的贡献就在于：鼓励管理者维持一种冲突的最低水平，这能够使组织单位保持旺盛的生命力，善于自我批评和不断创新。目前的冲突理论就是相互作用观点。

（三）冲突的类型

冲突有很多种类型，不同的分类标准形成多种冲突，主要有下面这三种分类方式：

（1）从冲突性质可以分为：积极冲突和消极冲突。对管理冲突性质的认定，是我们确实对其态度和策略的前提。因此，从性质上区分管理冲突是属于积极类型的还是消极类型的，就不仅具有重要的理论价值，而且具有重要的现实意义。只有对管理冲突的性质判定准确、真正把握，才能端正态度，采取行之有效的相应措施和政策，给消极性质的管理冲突以有效的抑制、消除和排解；对积极性质的管理冲突给以充分展开和有效利用，从而达到调适冲突、推动事业的目的。

（2）从冲突的所属可以分为：与上级冲突、与下级冲突和与同级冲突。与上级冲突一般不太常见。由于上级处于主导地位，是管理的主体，所以作为下级，在一般情况下，有意见可以提，有要求可以说。但只能通过用说理和动情的方式，去实现目的，使冲突和分歧朝着有利于自己的方向发展。一旦不能达到目的，应该善于放弃，服从上级。这是由组织原则决定的。

与下级冲突，首先应该区分是工作性冲突还是非工作性冲突。工作性冲突，尤其是上级对下属实施的批评、教育、矫正以及其他规范，这是领导职能在管理上的体现。作为上级必须坚持原则，坚持到底，不可中途妥协，不可无原则退让，否则就可能养成不好惯例，为以后工作埋下祸患。非工作性冲突，则恰恰相反。作为上级应该有妥协、有退让和有风格。这样方显领导情操、水平和身份。

至于同级冲突，由于其前提是同级，因而其表现形式往往比较隐蔽，其解决方式往往多是调和，其最终结果往往是各方退让。一些时候还需要领导参与解决，形成居高临下的裁判态势。

（3）从冲突要素构成可以分为：管理主体内部冲突、管理客体内部冲突和管理主体与管理客体交叉冲突。事物的性质和效能决定于事物的构成要素。管理主体和客体的状况如何，直接决定着管理的效能和效率。一般来说，管理的高效能和高效率，来源于其主体状况适应于客体状况，来源于客体状况易于被主体教化。二者各自内部冲突及其交叉冲突是否属于良性互动，又起着很重要作用。冲突若属于良性互动，组织界限就会越来越清晰，组织目标就会越来越明确，管理就会发挥强势作用，就会取得理想绩效。相反，冲突或属于内耗性互动，甚至于恶性互动，组织界限就会越来越模糊，组织目标就会越来越丧失，管理就会难以发挥应有作用，就会出现低效甚至负效。对此，我们必须给以清醒认识。我们要力倡良性冲突互动，力戒内耗性冲突互动，确保冲突的性质和质量，使之为巩固组织疆界、实现组织目标服务。

二、冲突产生的原因

冲突的本质就是不可调和性或对立。冲突的起因是错综复杂、多种多样的，大致包括沟通因素、结构因素、个体因素三大类。

（一）沟通因素

由于文化和历史背景不同、语义困难、误解及沟通过程中“噪声”的干扰等都可能造成人们之间的意见不一致。沟通不良是产生冲突的重要原因，但不是主要的原因。

（二）结构因素

由于组织分工造成组织结构中垂直与水平方向各系统、各层次、各部门、各岗位的分化。由于信息不对称和利益不一致，人们之间在计划目标、实施方法、绩效评价、资源分配、劳动报酬与奖惩等许多问题上都会产生不同看法，这种差异是由组织结构本身造成的。研究表明，组织规模和任务的专门化程度可成为激发冲突的动力。组织愈庞大、愈复杂，组织规模越大，任务越专业化，冲突的可能性越大，组织整合愈困难。例如，许多人为了本部门或单位的利益和荣誉都会理直气壮地与其他单位甚至上级组织发生冲突。

（三）个体因素

个人的个性特点、认识、价值观差异。不同的人社会背景不同、经历不同、教育程度、修养不同，甚至遗传因素也不同，因而他们的个性特征就不同、价值观不同、需求也不同，也就存在着人格差异。例如，人们对许多重要的问题如自由、幸福、勤奋工作、自尊、诚实、服从和平等的看法不同。这种个体差异导致了合作和沟通的困难，往往也成为导致某些冲突的根源。

三、冲突管理的技能

任何一个组织都应允许冲突的存在，没有冲突或很少冲突的组织必将对环境变化反应迟钝、缺乏创新。另一方面，冲突如果过多或过激也会造成混乱、涣散、分裂和无政府状态。所以，任何组织应保持适度的冲突，组织具有不断创新、努力进取的氛围，组织内成员心情舒畅，奋发向上的局面，使组织具有旺盛的生命力，这就是管理者冲突处理的使命。

（一）冲突管理的风格

研究发现，领导者处理或解决冲突的风格一般有五类型。五种划分的依据是关心自己还是关心他人。满足自己利益的愿望取决于你对实现个人目标的坚持程度；满足他人利益的愿望取决于你合作或不合作程度。解决冲突的方式代表了坚持和合作的不同组合。

1. 回避风格

回避风格是一种“被动防御”的思路。处理冲突时意识到冲突的存在但希望逃避或抑制它。它只适应于以下冲突情景：事情无关紧要，不值得花时间精力；没有解决冲突的足够信息；力量对比悬殊，无力改变现状；其他人能更有效地解决冲突。但这种风格往往容易搁置问题，并非从根本上解决问题。

2. 强迫风格

强迫风格是一种“强制与支配”的思路。在处理冲突中，表现为“自我利益为中心”而无视他人需要，寻求一方得益、一方损失的策略。采取该风格的领导者认定，冲突包括输赢。在正式组织中，经常依赖正式的权威迫使顺从。领导者过于依赖强迫方式，会忽略员工的利益，因而降低员工的工作动力。它适用于以下冲突情景：当需要对重大事件做出迅速采取行动的情况；为了企业的长期发展，必须采取如削减成本、开除业绩差的员工等一些不受欢迎的行动；为保护自己不被他人利用而有必要采取行动。

3. 迁就风格

在处理冲突中，冲突各方以合作的态度面对问题，鼓励他人与自己合作或服从他人的愿望。该风格仅关注冲突的情感而没有关心问题的本质，鼓励人们掩饰情感。它对下列冲突情景有效：处于感情冲突爆发的边缘而需要用合适的方法化解；要保持短期内的和谐、避免分裂；冲突主要是由人们的个性引起的，也难以解决。

4. 协调风格

协调风格是一种“和事化解”的思路。冲突处理时，希望有满足两方利益并寻求相互受益的结果，主张冲突面前舍弃自身以满足他方利益，强调求同存异。协调中双方能坦率接受差异并共同找到解决问题的办法，而不是迁就不同的观点。它在以下冲突情景下最为适用：相互之间充分依赖，值得把时间和精力用于协调个人差异上；力量均等，人们交往自在、不用考虑上下级关系；有互利的潜力，特别在长期内能使纠纷产生双赢的结果；组织充分支持花费时间用协调方式解决纠纷。

5. 妥协风格

妥协风格是一种“调和折中”的思路。冲突处理时，主张双方都放弃一些利益、采取让步行为、共同分享利益时带来妥协的结果。该风格被看成合作的“保障”，以及有助于维持未来的良好关系等，而为人们所广泛采用。与协调风格相比，它稳妥但只是部分地满足每个人，因此不适用于以下冲突情景：使每个人都得到好处，抑或至少不会比没有协议时糟糕；根本不可能达成完全意义上的双赢协议；冲突目标对立的利益妨碍人们按照一方计划达成协议。

（二）冲突管理的技能

领导者一般需要以下冲突管理技能：

（1）社会化网络技能。是指运用交往过程形成影响力，从而构建能够实现任务绩效的合作网络的能力。

（2）群体管理能力。是指在冲突条件下，利用影响力来鼓励合作，提高组织认同感的能力。

（3）人际协调技能。是指在冲突过程中协调利益关系的能力，它对于各类冲突的管理都具有积极意义。

(4) 自我评价技能。是指鉴别与评价自身与他人优缺点的能力，自我评价技能对于较长周期的冲突管理具有良好的作用。

四、冲突的有效管理

管理学者认为，冲突管理具有三个职能：防范大规模破坏性冲突的发生；使已发生的冲突的潜在损失最小化；充分利用现有冲突可能带来的好处。因此，冲突管理绝对不是简单的“灾害控制”，它实际上是现代和谐管理理论、人本管理理论在企业管理过程中的具体实施。组织内部不断的冲突所产生的破坏性或建设性，受到领导者态度和策略的直接影响，正确的策略，可以化害为利，错误的引导，将使冲突进一步激化。

(一) 减少冲突的策略

当冲突发生后，管理人员应该懂得如何去控制冲突，让该冲突成为一个有效的冲突，而不是任由其发展。只有这样，才能够让冲突朝着既定的方向发展，为组织带来好处。因此，控制冲突的策略有以下几种：

(1) 回避策略。有时候对冲突进行正面的解决反而会更加的激发冲突。适度的冲突对组织有利，但过度的冲突将会降低组织的效率。此时，对冲突采取回避是一种有效的处理方法。即让冲突顺其自然发展下去，但领导者需要在一旁观察冲突当事人的情绪变动，在可控的范围内让其相互协调。

(2) 缓解策略。当冲突演变成组织内部的勾心斗角，尔虞我诈，甚至严重影响到组织日常运营时，此时，管理者就不能坐视不管了。管理者可以审慎地选择要处理的冲突问题，同时还要评估冲突当事人，委派他们新的工作任务，以转移他们的斗争焦点，让其注意力集中到新领域上，这可以起到缓兵之计的作用。

(3) 正视策略。针对世卓公司所出现的问题，我们应该正视现状，恰当的分析冲突产生的原因和根源，有技巧的运用有效冲突为企业带来更多的机会，创造更大的利润。通过正视所产生的冲突，从而改进工作作风，推进制度建设，提高工作效率。

(4) 竞争或逼迫策略。这种方法的实质就是“非赢即输”。这种观点认为在冲突中一方获胜或占上风分出输赢或对错，要比“勉强”保持人际关系重要。这是一种积极的的冲突解决方式。

(5) 妥协和让步策略。这种方法的实质是：协商并寻求争论双方在一定程度上都满意。冲突解决的主要特征是“妥协”，并寻求一个调和的折中方案。通过冲突双方的谈判和沟通寻求解决的途径。也就是在双方能够容忍的范围内寻求化解消极冲突的办法。当冲突双方势均力敌争执不下，而双方都有解决冲突的愿望时，往往只好双方都做出一些让步，实行妥协。

(6) 诉诸上级领导策略。企业在变革过程中，由于企业的各项规章制度都还在完善中，沟通渠道也还不够畅通，各部门由于拥有相对等的职权而无法彼此控制，使得在光靠企业制度化的力量和他们自身的力量元法解决他们之间较为激烈的冲突与矛盾时，只有移交给上级领导去解决。一般来讲，上级领导可利用职权通过以下两种途径来解决冲突：充当仲裁者，强行采用一套解决冲突的方法。研究表明，企业组织冲突的解决，通常不是靠娓娓道来的说理，而是诉诸权力的赏罚功能；充当协调者，将问题明朗化，使冲突双方自己找到解决的方法。

(7) 改变任务依存关系策略。这种途径的目标是改变各职能或事业部门间的相互依赖关系，以去除冲突的来源。在企业变革过程中，去除不必要的业务依存关系，是消除组织冲突的有效方法。

(二) 引起冲突的策略

良性的冲突在组织中是必要的，特别是在企业出现人员流动率低，缺乏新思想与竞争意识，对改革进行阻挠等情况时，管理人员就必须挑起冲突。激发有效冲突的方法主要有以下几种：

(1) 改革组织结构，打破现状来激发冲突。重新建构组织，重新组合工作群体，改变原有组织关系和规章制度，变革组织、群体和个人之间的互动和互相依赖关系等组织变革，都会因为打破了组织原有的平衡和利益格局而提高冲突水平。有些企业在很多处事方式上还在沿用以前的方法，安于现状，致使公司在市场前景很好的情况下也不能及时把握机会，满足市场需求，增加公司利润。对此，企业可以通过变革公司组织结构，打破原有的安逸和平静，激发群体间的利益冲突。例如，可以为公司的直线经理增派参谋人员，让其在工作中化冲突为动力。

(2) 强调差别和利害比较来激发冲突。有比较才有鉴别，有比较才有竞争。通过在设计绩效考评、激励制度等工作中，强调个人或群体的差别和利害比较，可以提高冲突水平。像“乡村俱乐部”式的这种管理模式，虽然给人一种得以放松，感受友谊和快乐的环境，但长期下去，企业就会缺乏前进的动力。因此企业应该在日常的经营活动中，适当创造一种紧张、激烈的竞争氛围，让员工置身于这样的氛围中，以更好得促进自身和竞争对手的发展。

(3) 改变组织文化来激发冲突。即在组织文化中容纳合理的冲突，通过正面传播信息，晋升等强化手段，倡导敢于向现状挑战，倡议革新观念，敢于提出不同看法，进行独创性思考的组织文化，从而激发功能正常的冲突。在实践中企业可以有意识的形成自己特有的组织文化，例如可以倡导他们通过团队合作来完成工作，因为在团队工作中，由于个人的意见不一，每个人都力尽所能让别人接受自己的观点，在这种情况下，冲突更容易引发。

(4) 运用沟通来激发冲突。利用模棱两可或具有威胁性的信息可以提高冲突水平。一般而言，具有威胁性或模棱两可的信息可以用来促进人们积极思维，减少漠然态度，提高冲突水平。有意识地，恰当地使用信息沟通渠道或沟通手段也是一种有效激发冲突的策略。例如可以通过适时适度地向员工传达某些信息，像招聘新的管理人员、裁减公司人员等，来激起员工之间的冲突，促进企业的发展。

(5) 引进外人或重用吹毛求疵者引发冲突。通过从外界招聘或内部调动的方式引进背景、价值观、态度或管理风格与当前群体成员不相同的人员，从而推动了企业的建设和发展。如管理者可采取掺沙子的方法，任命新的管理者成员，调离老的管理者成员，引发冲突，活跃气氛，改进工作。在本案例中，世卓公司可以尝试让更多有胆识、有创新意识的年轻人与那些原有管理者共处于一个环境，为企业注入一股新活力。

(6) 重新编组引起冲突。变换班组成员、调动人事及改变沟通路线都可以在组织中引起冲突。某公司一直沿用不变的管理方法、结构，过于平静的生活工作环境使得公司及内部人员的价值观和思维方式等几乎一成不变、根深蒂固了。因此公司可以通过重新编组，引起公司人员之间的不适应和冲突，在实施过程中对于那些敢于向现状挑战、倡议革新观念、提出不同看法和进行独创思考的员工可以给予奖励，如晋升、加薪或其他强化手段。

【相关案例】

亚通网络公司的冲突

亚通网络公司是一家专门从事通信产品生产和电脑网络服务的中日合资企业。公司自1991 年 7 月成立以来发展迅速，销售额每年增长 50% 以上。与此同时，公司内部存在着不少冲突，影响着公司绩效的继续提高。

因为是合资企业，尽管日方管理人员带来了许多先进的管理方法。但是日本式的管理模式未必完全适合中国员工。例如，在日本，加班加点不仅司空见惯，而且没有报酬。亚通公司经常让中国员工长时间加班，引起了大家的不满，一些优秀员工还因此离开了亚通公司。

亚通公司的组织结构由于是直线职能制，部门之间的协调非常困难。例如，销售部经常抱怨研发部开发的产品偏离顾客的需求，生产部的效率太低，使自己错过了销售时机；生产部则抱怨研发部开发的产品不符合生产标准，销售部门的订单无法达到成本要求。

研发部胡经理虽然技术水平首屈一指，但是心胸狭窄，总怕他人超越自己。因此，常常压制其他工程师。这使得工程部人心涣散，士气低落。

思考：

(1) 亚通公司的冲突有哪些？原因是什么？

(2) 如何解决亚通公司存在的冲突？

本 章 小 结

管理沟通，是信息的传递和理解的过程。管理沟通包括人际沟通和组织沟通两方面，任何的组织中的管理者都必须把沟通工作做好。沟通是管理者开展各项工作所必须掌握的基本技能之一。

按照不同的标准，可以将管理沟通进行不同分类。按信息的流向划分，可以将沟通分为：上行沟通、下行沟通、平行沟通和斜向沟通。按信息传递的途径划分，沟通可以分为：正式沟通和非正式沟通。按信息传递的媒介划分，沟通可分为口头沟通、书面沟通、非语言沟通、电子媒介沟通等。不同的沟通类型，其特点也不相同。

一个完整的沟通过程，主要包括沟通主体、沟通对象、沟通内容、沟通渠道或媒介几个方面的要素。

沟通是一个动态而且复杂的过程。整个沟通过程都有可能受到各种障碍的影响。沟通的障碍表现有信息发送者的障碍、沟通通道的障碍、信息接收者的障碍。

克服沟通障碍，首先有赖于掌握及时、适量、灵活、有效的沟通四原则，在此基础上按照关注、理解、接受、行动四个沟通步骤进行。再加上改进态度、消除顾虑、提高技能等具体努力，管理者才能设法改善每一阶段的信息沟通，从而最终改善整个管理沟通过程。

在组织中，人与人之间、群体之间的冲突是很常见的事情。管理者要有效地解决组织中的冲突，以促进组织目标的达成。

本章结构图

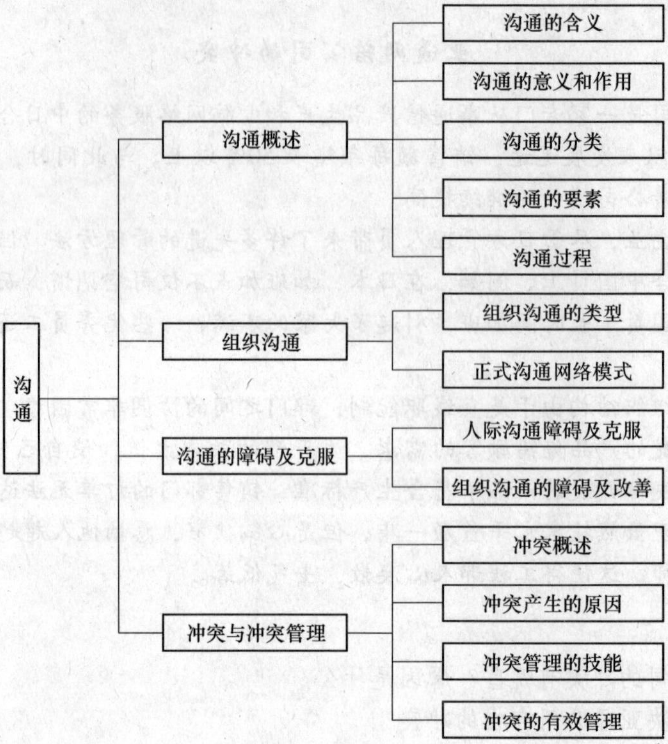

练习与思考题

8-1 单项选择题

(1) 上课的时候，刘明没有认真听讲，而是同邻座的同学交头接耳。老师没有停止讲课，只是狠狠地瞪了他一眼。老师的这种做法属于哪种类型的沟通？（ ）

A. 非语言沟通 B. 非正式沟通 C. 上行沟通 D. 链式沟通

(2) 在组织的纵向沟通网络中，居于两端的人只能与内侧的一个成员联系，居中的人则可分别与两人传递信息，进行自上而下或自下而上的沟通。这种沟通形态属于（ ）。

A. 链式沟通 B. 轮式沟通 C. Y式沟通 D. 全通道式沟通

(3) 在组织沟通的过程中，常常会遇到噪音的干扰，达不到理想的沟通效果，以下各种情况，哪些可以认定为噪声？（ ）

A. 信息发布者语言表达不清晰

B. 使用手机通话，信号出现外界干扰

C. 信息接收者和信息发布者态度相互抵触

D. A+B+C

(4) 一位学工业外贸专业的硕士生受聘去了一家房地产开发公司做市场部经理，在经过一段市场调查以后，他发现公司新开发的住宅楼房型需要做一些微小的调整，他立即在工地的办公室约见了该项目承包商的项目经理，但是在当面沟通了很长时间以后双方仍然没有真正弄懂对方的真正意图和想法。你认为出现这种情况的最主要原因是（　　）。

A. 沟通的地点选择不当　　B. 沟通的时机选择不当

C. 沟通的方式选择不当　　D. 沟通中的编码有问题

(5) 如果发现一个组织中小道消息很多，而正式渠道的消息较少。这意味着该组织（　　）。

A. 非正式沟通渠道中信息传递很通畅，运作良好

B. 正式沟通渠道中信息传递存在问题，需要调整

C. 其中有部分人特别喜欢在背后乱发议论，传递小道消息

D. 充分运用了非正式沟通渠道的作用，促进了信息的传递

(6) 某公司的简报上刊登了一条意欲提醒装卸工人注意的安全标语，后来发现许多装卸工人根本没看到，原因是大部分装卸工人根本不看简报。从沟通的原理看，这次沟通无效的原因是（　　）。

A. 沟通渠道选择不当　B. 信息不充分　C. 外界的干扰　D. 反馈缺乏

(7) 组织中的信息沟通有多种形式。某公司中，A 部门的经理与 B 部门的基层员工在工作场合的沟通属于（　　）。

A. 上行沟通　B. 下行沟通　C. 斜向沟通　D. 非正式沟通

(8) 下列沟通方式中，哪一种方式有利于分权？（　　）

A. 链式沟通　B. 全通道式沟通　C. 轮式沟通　D. 环式沟通

(9) 管理需要信息沟通，而信息沟通必须具备的三个关键要素是（　　）。

A. 传递者、接收者、信息渠道　　B. 发送者、传递者、信息内容

C. 发送者、接收者、信息内容　　D. 发送者、传递者、接收者

(10) 人际沟通中会受到各种“噪音干扰”的影响，这里所指的“噪音干扰”可能来自于（　　）。

A. 沟通的全过程　B. 信息传递过程　C. 信息解码过程　D. 信息编码过程

(11) 据资料表明，语言表达作为管理沟通的有效手段，可分为三种类型：体态语言、口头语言、书面语言。它们所占的比例分别为：50%、43%、7%。根据这一资料，你认为下述哪种观点正确？（　　）

A. 这份资料有谬误，因为文件存档时，最常用的是书面语言

B. 体态语言太原始，大可不必重视它

C. 人与人之间的沟通，还是口头语言好，体态语言太费解

D. 在管理沟通中，体态语言起着十分重要的作用

(12) 某重要会议的开会通知，提前通过电话告知了每位会议参加者，可是到开会时，仍有不少人迟到甚至缺席。试问，以下有关此项开会通知沟通效果的判断中，哪一种最有可能不正确？（　　）

A 这里出现了沟通障碍问题，表现之一是所选择的信息沟通渠道严肃性不足。

B. 这里与沟通障碍无关，只不过是特定的组织氛围使与会者养成了不良的习惯。

C. 此项开会通知中存在信息接受者个体方面的沟通障碍问题。

D. 通知者所发信息不准确或不完整可能是影响此项开会通知沟通效果的一个障碍因素。

8-2　简答题

(1) 沟通在管理中有什么意义？
(2) 沟通有哪些方式？
(3) 书面和口头沟通各有哪些优点？
(4) 简述沟通的过程。
(5) 假如你是一个领导，你采用哪些方式或类型与你的下属进行沟通？
(6) 在沟通过程中，哪些地方容易出现信息失真？
(7) 为什么会出现沟通障碍，怎样消除沟通障碍？
(8) 沟通有哪些技巧？如何运用？

8-3　案例分析

员工为什么不"听话"

一天早上，青年工人小李上班迟到了几分钟，被他的科长见到了，科长很生气，就怒气冲冲地说："我们科内就数你最不卖力，每一次迟到、早退都有你的份，如果你再这样，你干脆不用来上班了。"小李听完科长的话，不觉无名火三丈高，对科长回敬道："你算老几？不过一个小小的科长，你管好自己行了，别在我面前指手画脚，我可不吃你这一套。"接着，两个人大吵起来。

这时，经理闻讯赶来，马上制止了这场吵闹。临走时，他拍拍小李的肩膀说："请你午休时到我办公室来一趟。"

中午，小李来到经理办公室，经理亲自为他搬来一把椅子，倒了一杯茶，请他坐下来慢慢谈。原以为要挨一顿批评的小李，看到经理态度和蔼，脸色开始好转了，聊了一会儿家常后，经理问小李："你为什么和科长吵架？"

"他一直看不惯我。"小李的心里话全倒出来了："平时我工作手脚快，别人没干好，我就干好了，他又讲我工作不认真。我有电工技术特长，希望他在安排工作时考虑一下，他不但不支持，反而常常讽刺我。"

"那么，今天上午你为什么迟到呢？"经理温和地问道。

小李的脸顿时红起来了，不好意思地说："昨晚与朋友看电影，睡觉晚了一点，早上起不来。"

"这样说来，今天上午的争吵是你不对？"经理严肃地说。

"是的，是我不对，我迟到了应该批评。如果换成别人批评我，我一定会虚心接受的，但我就是不买科长的账。"小李轻声地说。

"好吧"，经理站起来轻轻地拍小李的肩，说："你无故迟到是不对的，要正确地对待科长的意见，不要太计较他的态度，科长那里我会找他谈一下，请他注意一下工作方法。另外，我们准备研究一下，争取把你这样一些有专门技术的工人调到能发挥专长的岗位上去。如果想通了，不妨找科长承认一下错误。”

小李走出经理办公室时，心情十分舒畅，第二天吃午饭时，他还故意和科长一起吃饭，承认了自己的错误，以后工作也明显积极认真起来了。

分析：

(1) 小李为什么就“不买科长的账”，而又十分听经理的话呢？

(2) 你认为经理采用了哪些沟通方法？

(3) 科长如果要改进与员工的沟通方式，应从哪些方面入手？

实践与训练

【项目名称】

实际沟通演练。

【实训目标】

(1) 加强对沟通理论的认识。

(2) 掌握运用沟通理论解决实际问题的能力。

【实训内容与要求】

(1) 以模拟公司为单位，根据管理中常见的沟通障碍进行情景模拟，同时设计解决方案。

(2) 由学生按照自己设计的沟通障碍及解决方案，分别扮演情景中的有关人员，掩饰矛盾双方需沟通解决的事件和解决过程。每小组利用30~40分钟时间进行准备，表演时间5~8分钟。

【成果与检测】

(1) 对情景设定的合理性、解决方案的实效性和表演的真实性进行评价。

(2) 师生共同评价、打分。

第九章 控 制

学习目标

知识目标：

- 明确控制的概念和控制的功能，了解控制的过程；
- 理解纠正偏差的措施；
- 了解控制类型和控制方法。

能力目标：

- 掌握通过检查纠正偏差确保目标实现的能力；
- 掌握常用的现代控制方法。

【导入案例】

麦当劳公司的控制

麦当劳每个餐厅的菜单基本相同，它的产品、加工和烹制程序乃至厨房布置，都是标准化的，严格控制的。鉴于在快餐饮食业中维持产品质量和服务水平是其经营成功的关键，因此，麦当劳公司在采取特许连锁经营这种战略开辟分店和实现地域扩张的同时，特别注意对连锁店的管理控制。麦当劳公司主要是通过授予特许权的方式来开辟连锁分店，并且其还通过详细的程序、规则和条例，使分布在世界各地的麦当劳分店的经营者和员工们都进行标准化、规范化的作业。

为了确保所有特许经营分店都能按统一的要求开展活动，麦当劳公司总部66管理人员还经常走访、巡视世界各地的经营店，进行直接的监督和控制。例如，有一次巡视中，公司总部管理人员发现某家分店自作主张，在店厅里摆放电视机和其他物品以吸引顾客，这种做法因与麦当劳的风格不一致，立即得到了纠正。

麦当劳公司的另一个控制手段，就是要求所有经营分店都塑造公司独特的组织文化，这就是大家所熟知的由“质量超群，服务优良，清洁卫生，货真价实”口号所体现的文化价值观。麦当劳公司共享价值观的建设，不仅在世界各地的分店及其上上下下的员工中进行，而且还将公司的一个主要利益团体——顾客也包括进这支队伍中。麦当劳的顾客虽然要自我服务，但公司特别重视满足顾客的要求，如为他们的孩子们开设游戏场所，提供快乐餐和生日聚会等服务，以形成家庭式的氛围，这样既吸引了孩子们，也增强了成年人对公司的忠诚感。

思考：

（1）麦当劳公司在经营的过程中为何要采取控制？如果不采取这些会有什么后果？

（2）麦当劳公司采取了哪些控制方式？在采取这些控制方式时，主要考虑到哪些问题？

第一节 控制概述

控制是管理的一个职能，也是管理循环中的最后一环。一般认为，管理工作始于计划的制订，其次才是组织与领导计划的实施，但是，计划实施的结果如何？计划所确定的目标能否顺利实现？甚至所指定的计划是否科学合理？要了解和处理这些问题，就需要开展有效的管理控制工作。

一、控制的含义

（一）控制的概念

控制是管理的一项重要职能，它与计划、组织、领导工作共同被视为管理学中的四大要素和环节。从一般意义上说，控制是指控制主体按照给定的条件和目标，对控制客体施加影响的过程和行为。从一定意义上说，管理的过程就是控制的过程。控制一词，最初运用于技术工程系统，自从维纳发表了著名的《控制论——关于在动物和机器中控制和通讯的科学》以后，控制论被看做是一门研究机器、生命社会中控制和通讯的一般规律的科学，控制的概念更加广泛，它已用于生命机体、人类社会和管理系统中。

在管理中构成控制活动必须满足三个条件：

（1）要有明确的目的或目标，没有目的或目标就无所谓控制。（2）受控客体必须具有多种发展的可能性，如果事物发展的未来方向和结果是唯一的、确定的，那就没有控制。（3）控制主体可以在被控客体的多种发展可能性中通过一定的手段进行选择，如果这种选择不成立，控制也就无法实现。

（二）控制与其他管理职能的关系

1. 控制与计划的关系

计划提出了管理追求的目标，组织提供了完成这些目标的结构、人员配备和责任，而控制提供了有关偏差的知识以及确保与计划相符的纠偏措施。

管理控制的实质——确保实际活动与计划活动相一致。计划和控制是同一事物的两个方面。计划是基础，它是用来评定行动及其效果是否符合需要的标准。计划做得越明细、全面和完整，控制的效果就越好；控制越是科学、有效，计划也就越容易实施。在多数情况下，控制工作既是一个管理过程的终结，又是一个新的管理过程的开始，它使计划的执行结果与预定的计划相符合，并为计划提供信息。如图 9－1 所示。

2. 控制与组织的关系

组织职能是通过建立一种组织结构框架，为组织成员提供一种适合默契配合的工作环境，因此，组织职能的发挥不但为组织计划的贯彻执行提供了合适的组织机构框架，为控制职能的发挥提供了人员配备和组织机构，而且组织机构的确定实际上也就规定了组织中信息联系的渠道，为组织的控制提供了信息系统。如果目标的偏差产生于组织上的问题，

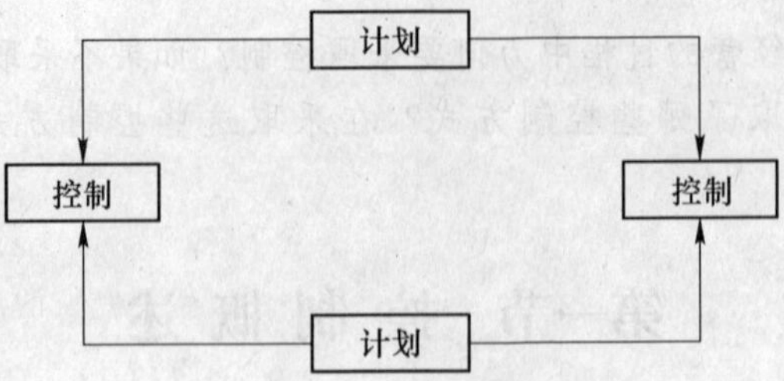

图 9－1　控制与计划

则控制的措施就要涉及组织结构的调整、组织中的权责关系和工作关系的重新确定等方面。

3. 控制与领导的关系

领导职能是通过领导者的影响力来引导组织成员为实现组织的目标而作出积极的努力，这意味着领导职能的发挥影响组织控制的建立和控制工作的质量，反过来，控制职能的发挥又有利于改进领导者的领导工作，提高领导者的工作效率。

总之，控制工作的纠偏措施可能涉及管理的各个方面，要把那些不符合要求的管理活动引回正常的轨道上来。

二、管理控制的特征

（一）管理控制具有整体性

管理控制的整体性主要体现在两个方面。一是管理控制是组织全体成员的职责，完成计划内的任务是组织内全体成员共同的责任；二是管理控制的对象涉及组织的各个方面，例如所有人员士气与作风、产品质量、资金成本、物料消耗、工作或学习的业绩等等。

（二）管理控制具有动态性

由于组织不是静态不变的，其内部环境不断地产生变化，这也决定了控制标准和方法需根据组织的变化而变化，不能够一成不变。

（三）管理控制是对人的控制

管理控制是在计划的实施过程中，对涉及工作的部门人员进行控制，来确保组织中的各项活动都按照计划来进行，这必然就造成了在管理工作中更明显的是人为因素。无论是施控者还是受控者，在管理控制中，都要对他们的工作进行监督，如果发现偏差，及时进行纠偏，因此，管理控制是提高职工能力的重要手段。

三、管理控制的功能

从上述控制的含义及特征我们知道，如果没有有效的控制，组织目标就不会实现，所以任何组织活动都需要控制。管理控制的功能主要体现在以下几个方面。

（一）控制是完成计划任务，实现组织目标的保证

计划是对未来的规划，而控制是完成计划的重要保障。在活动过程中受外界因素的影响，无论在制订计划时花费了多大的力气，总是难以十全十美，一些意想不到的因素往往会出现在执行过程中，影响计划目标的实现。此外，计划能否顺利实现，除了计划本身要

科学、可行之外，还需要计划执行人员的努力，一旦执行过程中出现偏离和缺陷，都要靠控制来弥补和纠正。

控制对计划的保证作用主要表现在两个方面：首先通过控制来纠正执行过程中产生的偏差，敦促计划执行者按照计划办事；其次根据执行过程中实际情况，对计划中不符合实际的内容进行修改、调整，使得计划更加符合客观实际操作。

（二）控制是及时改正缺点，提高组织效率的重要手段

控制过程就是一个纠正偏差的过程，它不仅能够使计划执行者按照计划好的目标来操作，还有助于提高人们的工作责任心，防止再次出现类似的偏差。另外，发现计划中产生的偏差，以及分析产生偏差的原因，能够发现计划制定工作中的不足，可使得工作计划不断完善。同时，决策者在控制过程中通过反馈不仅仅可以了解执行者执行计划的水平和效率，更加能够了解自己的决策能力、管理控制能力，这有助于决策者不断提升自身的决策及控制管理活动的能力。

（三）控制是组织创新的推动力

控制工作不仅要保证计划的顺利进行，还要促进管理创新。施控过程要通过控制活动调动受控者的积极性，这是现代控制的特点，如在预算控制中实行弹性预算就是这种控制思想的体现。特别是在具有良好反馈机制的控制系统中，施控者通过接收受控者的反馈，不仅可以及时了解计划执行的情况，纠正计划执行中出现的偏差，而且还可以从反馈中受到启发，激发创新。

（四）控制是使组织适应环境的重要保证

一个组织要想生存发展，必须适应环境，计划就是组织为了适应环境所做的准备。事实上，组织在进行计划的实施过程中，环境的变化会造成组织所做的计划不再适应环境，而控制在这方面就是防止这种情况的加深，因此，控制的一个重要作用就是使组织和环境相适应。

四、管理控制的类型

控制工作按照不同的标准进行分类，可以划分为不同的类型。例如，按照业务范围可以把控制分为生产控制、质量控制、成本控制和资金控制等；按照控制对象的全面性，又可以分为局部控制和全面控制等。其中最常见的分类是根据控制信息获取的时点不同，将控制分为前馈控制、现场控制和反馈控制三种类型。

（一）前馈控制

前馈控制是在工作开始之前对工作中可能产生的偏差进行预测和评估，并采取防范措施，将工作中可能的偏差消除在产生之前。如组织总要制定一系列的规章、制度等让员工遵守，以这种事先对基本行为的规范来保证工作的顺利进行。在企业中，为了生产出高质量的产品而对原材料进行检验控制，职工上岗前的培训等，这些都属于前馈控制。前馈控制是一种防患于未然的控制，所以通常也可以称之为预先控制。

【趣味阅读】

关于伞包质量的问题

在第二次世界大战期间，美国一家主要生产降落伞的军工企业，每生产出 10 个伞包，

就由10个伞兵背着伞包从试验塔上跳下，以检验伞包质量是否合格。然而由于伞包质量问题，每检验10个伞包就会摔死一名伞兵，看到这种情况，企业领导立即组织质量检验小组专家对每一道生产工序进行仔细检查，但却没有发现任何问题，可是伞兵由于伞包质量问题摔死的事件时有发生。

为了找到切实可行的办法来杜绝伞包质量问题，使得企业生存下去，企业决定重金聘请一位新厂长。新厂长到任后立即颁布一条规定：所有生产伞包的工人在生产出伞包后都必须背着自己生产的伞包从试验塔往下跳，来检验伞包的质量。没想到，在规定实施后，伞包的质量问题立刻解决了，质量合格率达到了100%，企业也由此不断地发展壮大。

（二）现场控制

在工作正在进行时进行的控制，叫做现场控制，也称为同步控制或同期控制。现场控制主要有监督和指导两项职能。监督是按照预定的标准检查正在进行的工作，以保证目标的实现；指导是管理者针对工作中出现的问题，根据以往的经验指导员工改善工作，或与员工共同商讨矫正偏差的措施以便使得员工能准确的完成所规定的任务。管理者亲自去现场指导就是一种最常见的现场控制活动。

（三）反馈控制

反馈控制是在工作结束之后进行的控制，故常称作事后控制。反馈控制把注意力主要集中于工作结果上，通过对已形成的工作结果进行测量、比较和分析，提供信息，采取措施，对今后的活动进行纠正。例如，企业发现不合格产品后追究当事人的责任，制定防范再次出现质量事故的新规章制度；发现产品销路不畅而进行减产、转产或加强促销；学校对违纪学生进行处理等等，都属于反馈控制。

三种控制类型如图9－2所示。

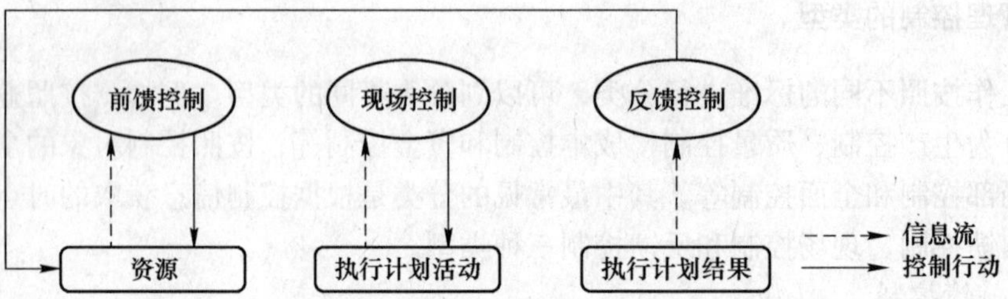

图9－2　三种控制类型

【相关链接】

三种控制类型的比较

（1）前馈控制，是建立在能测量资源的属性与特征相关信息的基础上的，其纠正的是调整与配置即将投入的资源，以求影响未来的行动。

（2）现场控制，其信息来源于执行计划的过程，其纠正的对象也正是执行计划的过程。

(3) 反馈控制，搜集的是表明计划执行最终结果的信息，其所要纠正的不是测定出的各种结果，而是执行计划的下一过程的资源配置与活动安排。

第二节 控制过程

控制是根据计划的要求设立衡量绩效的标准，然后把实际工作结果与预定标准相比较，以确定组织活动中出现的偏差及其严重程度；在此基础上，有针对性地采取必要的纠正措施，以确保组织资源的有效利用和组织目标的圆满实现。控制的过程都包括三个基本环节的工作：确立标准；衡量实际成效；纠正偏差。

一、确立标准

通过计划确立控制标准是控制过程的起点，如果没有控制标准，衡量成效和纠正偏差将失去客观依据。

控制标准是控制过程中对实际工作进行检查的衡量尺度，是实施控制的必要条件，对计划工作和控制工作起着承上启下和链接的作用。一般来说，控制标准是从整个计划方案中选出的对工作成效进行评价的关键指标，这些是计划已经制定了的具体的、可直接引用的标准。但因各种计划的详尽程度不同，有些计划是比较抽象的、概括的，是对组织工作目标及行动方案的总体规划和安排，这时需要将计划目标转换制定出一套更具体、可测量和考核的控制标准。控制标准要求尽可能简化明了，做到具体化、数字化，容易测定，便于执行。

(一) 控制标准的分类

控制标准可以分为定量和定性两大标准。定量标准便于度量和比较，但定性标准也是不可缺少的。

1. 定量标准

定量标准便于度量和比较是控制标准的主要表现形式。定量标准主要分为实物标准、价值标准和时间标准。实物标准是指非货币标准，例如企业在耗用原材料、能源，雇用劳动力，以及生产产品质量、单位产品工艺消耗定额、废品的数量等；价值标准反映了组织的经营状况，包括成本标准、利润标准、资金标准等，例如单位产品成本、年利润额、销售收入、税金等；时间标准为工作的开展提供了时间限制，表现为一系列的时间标准，例如工时定额、工程周期、交货期、生产线的节拍、生产周期等。

2. 定性标准

定性标准主要指难以用计量单位直接计量的标准。这类标准主要用于有关产品和服务质量、组织形象、组织成员的工作表现等方面的，这样的标准一般都能做出定性的描述，但都难以量化。尽管如此，为了使定性标准便于掌握和控制，有时也尽量采取一些可度量的方法。

对于企业而言，最常用的是工作标准，如时间标准、数量标准、质量标准和成本标准。在这些标准中，时间多指年度、月度；数量多指销售收入；质量多指销售利润率和货款回收率；成本多指销售费用率。

（二）寻找控制的关键点

一般来说，并不是计划实施过程中的每一步都要制定控制标准，而是要选择一些关键点作为主要的控制对象。只要对这些主要的关键点进行控制，就可以控制企业和组织活动的整体状况。确定控制关键点的过程是一个分析决策的过程。它需要对计划内容做全面深入的分析，同时还要充分考虑组织实施过程中的具体情况以及外部环境带来的干扰影响。确定关键点需要有丰富的经验和敏锐的观察力。一般关键点都是目标实施过程中的重要组成部分，它可能是计划实施过程中最容易出偏差的点，或是起制约因素的点，或者是起转折作用的点，或变化度大的点等等，应根据具体情况进行具体选定。正如俗话说的“打蛇打七寸、牵牛要牵牛鼻”。

【趣味阅读】

牵牛要牵牛鼻子

从前有两兄弟，哥哥好吃懒做，贪得无厌，弟弟聪明伶俐，勤劳朴实。两人要分家，家中的财产因哥哥狂吃滥赌已经挥霍得差不多了，仅剩下的东西大都也被他霸占了去。家中有一头大水牛由弟弟从小喂大，哥哥也想独吞，弟弟当然不依。哥哥欺负弟弟年轻瘦小，出了个鬼主意，说谁能拉得动这头水牛，牛就归谁。弟弟虽然知道了哥哥的用心，但是想到哥哥力气虽大，但是平时都没摸过牛，并不见得就能拉得动，于是就答应了。接着哥哥又提出来要自己先拉，弟弟也同意了，不过弟弟也提出来要请一位长辈秉公评判，哥哥也只好答应了。开始拉牛了，哥哥把牛上上下下打量了一番，琢磨着从何处下手比较好，他想，牛尾巴这么长应该很好抓，凭他的力气，只要拽住尾巴用力一拉，大水牛自然就归他所有了。可是，事与愿违，他用尽了全身力气拉住牛尾巴，大水牛却没动。哥哥不服气，又拉了第二次、第三次……直到筋疲力尽才罢手。轮到弟弟了，他不慌不忙地走到牛跟前，抓住挂在牛鼻子前的铜环往前轻轻一拉，牛就乖乖地跟着走了。最后这头牛自然就归弟弟所有了。

（三）确立控制标准的方法

在日常管理工作中，常用的确立标准的方法有统计分析法、经验判断法和技术分析法三种。

1. 统计分析法

统计分析法是通过分析反映企业经营，在各个历史时期状况的数据或对比同类型企业的水平，运用统计学方法为未来活动而建立的标准。最常用的有统计平均值、极大（或极小）值和指数等。统计分析法常用于确立与企业的经营活动和经济效益有关的标准。这种方法的优点是简便易行，但由于受历史的局限，而难以反映发展和变化的要求。

2. 经验判断法

经验判断法是由有经验的管理人员凭经验、判断和评估来确立控制标准。在这种方法中，管理人员的主观期望和个人价值系统将起决定性的作用，因此应尽量克服主观性，充分综合各方面的管理人员的知识和经验，进而确立标准。这种方法一般是作为另两种方法的补充。

3. 技术分析法

技术分析法又称工程方法，是以准确的技术参数和实测的数据为基础的，它主要用于测量生产者或某一工程的产出定额标准。例如，确定机器的产出标准，就是根据设计的生产能力确定的；劳动时间定额是利用秒表测定的受过训练的普通工人以正常的速度按照标准操作方法对产品或零部件进行某个工序的加工所需的平均必要时间。

以上三种确立标准的要求方法各有优劣，因此在日常管理工作中可根据标准的性质、工作的要求选择综合使用。

(四) 制定控制标准的要求

一般来说，控制标准的制定要符合以下要求：

(1) 标准应具有可量化特点。为了便于控制，能够明确的衡量工作，在进行标准制定时需要标准的可量化程度要高。

(2) 标准应与组织的目标一致。为了便于组织目标的实现，要求制定的标准必须有指导性，能够引导控制对象的行为。

(3) 标准应该具有先进性和可行性。标准的制定具有先进性，鼓励人员努力实现，但是不能不切实际、高不可攀，所制定的标准必须是经过一定的努力可以实现的。

(4) 标准应具有一定的弹性。标准与环境应具有一定的适应性，在遇到特殊情况时要特殊处理。

二、衡量实际成效

在管理控制工作中，按控制标准对组织的实际工作进行衡量是实施控制的关键环节，只有找出了实际工作与控制标准的差异，才可能进行纠偏，从而达到控制组织活动和实现预期目标的目的。衡量成效的要点是，用预定的标准对实际工作绩效和进度进行检查和比较，提交需要纠正的偏差结果，形成管理控制中的纠偏依据。因此，它又可分为两个步骤，具体如下。

(一) 衡量实际工作成绩

控制既然是为了纠正偏差，必须首先掌握实际工作情况。为了获得控制信息，管理人员衡量实际工作情况时采用的方法较多，一般来说主要有以下几种。

1. 现场观察

通过自身实地走访、蹲点以及同现场人员交流来了解实际工作开展情况和存在的问题，其优点是可以获得实际工作情况第一手资料，但是现场观察法也有一些缺点：第一，现场观察法耗时耗力，很明显主管人员对所有工作进行现场观察是不可能的；第二，在进行现场观察时，被观察者往往会被提前通知，因此观察者看到的信息有可能是假象，不能保证衡量成效的准确性；第三，个人观察会受到主观因素的影响。

2. 统计报告

统计分析是指运用各种数量分析方法，将在实际工作中采集到的数据进行加工处理后得到一定的数量关系。这样的方法可以节省管理者大量的时间，但是使用此方法时，如果原始数据采用不准确，那么往往会造成最后结果难以判断。

3. 口头汇报

口头汇报可以采用会议、聚会、面谈以及电话沟通等方式获得信息。这种方法方便快捷，而且能够得到及时反馈；缺点就是汇报内容受汇报人主观因素影响，同时也不便于存档。

4. 书面报告

书面报告的形式相较于口头汇报要正式一些，其提供的信息比较精确、全面，方便查阅，并利于存档和查找。但是不如口头汇报及时，在信息的获得上不如口头汇报便捷快速。如果报告人不善于或非常善于书面表达，就会产生词不达意或者文过饰非的情况。

5. 抽样检查

抽样检查是借助数理统计和概率的基本原理，从批量产品中随机抽取部分样品进行检验，根据对样品的检验结果，判断这批产品是否合格。管理者可以通过抽样检查来衡量工作，通过随机抽取一部分工作进行深入细致的检查，以此来推测全部工作情况。

以上各种收集信息的方法各有利弊，在衡量实际工作成效时可以多种方式结合使用，以确保所获的信息的准确、及时，做到不夸大、不缩小，实事求是的反应情况。

（二）比较实际工作与控制标准界定偏差

通过比较实际工作成效与控制标准，会出现两种情况：一是没有出现偏差，一是出现了偏差。一般来说，管理工作的实际成效与控制标准不可能完全一致，两者之间总会有一定的偏差，因此，人们往往规定了一个可以浮动的范围，只要实际结果在这个范围之内就可以认为不存在偏差，则该控制过程暂告完成；而一旦实际结果在允许范围之外，就可以认为存在偏差，则控制过程进入下一步骤。

三、采取纠偏措施

在衡量实际成效后，如果发现没有发生偏差，或者偏差在可以浮动的范围内，则该控制过程只需要进行前两个过程即可完成。但一旦出现偏差，且超出可浮动范围，就要找到产生偏差的原因，并采取相应的措施加以纠正。

（一）找出偏差产生的主要原因

通过对实际工作成效与制定的标准相比较，发现出现偏差，并且偏差超出可以浮动的范围，这就需要寻找偏差产生的原因，并且要判断偏差的严重程度，是否足以构成对组织活动效率的威胁。在管理系统中，实际成效偏离标准的原因有很多种，综合起来可以归纳为以下几点：

（1）在计划和标准制定之初就存在偏差。例如，管理者在制订计划时不切合实际情况——或好高骛远，制定的目标过高；或低估能力，制定的目标过低。（2）组织内部因素发生了变化。例如，组织调整了经营策略和经营方针；员工工作过程中懈怠、不认真；组织的激励政策不合理等。（3）组织外部环境发生了变化。例如，国家的产业政策调整、市场竞争的加剧、国家货币政策变化等。

（二）确定纠偏措施的实施对象

在纠偏过程中，需要纠正的可能是企业的实际活动，也可能是指导这些活动的计划或衡量活动的标准。因此，纠偏对象可能是进行的活动，也可能是衡量的标准，甚至是指导活动的计划。

（三）选择恰当的纠偏措施

1. 纠偏工作采取的方法

分析偏差的目的就是为了采取正确的措施，使企业的管理回到正确的轨道上来，以保证计划的顺利进行和组织目标的有效实现。在深入分析偏差原因的基础上管理者要根据不同的偏差选择不同的措施。常见的纠正偏差的方法主要有以下几种：

(1) 对于由工作失误造成的问题，控制工作主要是加强管理、监督，确保工作与目标接近或吻合。(2) 计划或目标不切合实际，控制工作主要是按实际情况修改计划，形成目标。(3) 若组织的运行环境发生了重大的变化，使计划失去客观的依据，控制工作主要是启动备用计划或重新制定新的计划。

管理人员可以运用组织职能重新分配任务来纠正偏差，还可以用增加人员、更好的选拔和培训人员、最终解雇人员、重新配备人员等方法来纠正偏差。此外，管理者还可以对工作做出更全面的说明和采用各种有效的领导方式来纠正偏差。

2. 纠偏措施的类型

一般来说，具体的纠偏措施有两种：一是立即执行的临时性应急措施；另一种是永久性的根治措施。对于那些迅速、直接地影响组织正常活动的急迫问题，多数应立即采取补救措施。

【相关链接】

"救火"与根治

假设某工厂某一种规格的部件一周后如果不能生产出来，其他部门就会受其影响而出现停工现象，此时，管理者不应花时间考虑追究是什么人的责任，而是要采取措施确保工作按期完成。管理者可以凭借手中的权力，采取以下行动：

(1) 要求工人加班加点，短期突击。(2) 增添工人和设备。(3) 派专人负责指导完成。

危机缓解之后，则可转向永久性的根治措施：如更换车间管理人员，变更整条生产线，或者重新设计部件结构等。

现实中不少管理者在控制工作中常常局限于充当"救火员"的角色，没有认真探究"失火"的原因，并采取根治措施消除偏差产生的根源和隐患，长此以往，必将自己置于被动的境地。

第三节　控制技术与方法

管理实践中运用着多种控制方法，除了利用现场巡视或分析下属呈送的工作报告等手段进行控制外，管理人员还可以借助于预算控制、生产控制、质量控制和审计控制等方法，以求实现控制的管理职能，达到控制的最终目的。

一、预算控制

在控制中使用得最多的控制方法是预算控制。编制预算实际上就是控制过程的第一步（拟定标准）。由于预算是以数量化的方式来表明管理工作的标准，从本身就具有可考核性，因而有利于根据标准来评定工作成效，找出偏差（控制过程的第二步），并采取纠正措施，消除偏差（控制过程的第三步）。一般而言，按照预算的内容不同，可以将其分为经营预算、投资预算和财务预算。

（一）经营预算

经营预算控制是指企业日常发生的各项基本活动的预算。它主要包括销售预算控制、生产预算控制、直接材料采购预算控制、直接人工预算控制、制造费用预算控制、单位生产成本预算控制、推销及管理费用预算控制等。其中最基本和最关键的是销售预算控制，它是销售预测正式的、详细的说明。由销售预测是计划的基础，加之企业主要是靠销售产品和劳务所提供的收入维持经营费用的支出和获利的，因而销售预算也就成为预算控制的基础。

（二）投资预算

投资预算控制是对企业的固定资产的购置扩建、改造、更新等，在可行性研究的基础上编制的预算。它具体反映在时进行投资、投资多少、资金从何处取得、何时可获得收益、每年的现金流量为多少、需要多少时间回收全部投资等。由于投资的资金来源往往是何企业的限定因素之一，而对厂房和设备等固定资产的投资又往往需要很长时间才能回收，因此，投资预算应当力求和企业的战略以及长期计划紧密联系在一起。

（三）财务预算

财务预算控制是指企业在计划期内反映有预计现金收支、经营成果和财务状况的预算。它主要包括现金预算、预算收益表和预计资产负债表。必须指出的是，前述的各种经营预算投资预算中的资料，都可以折算成金额反映在财务预算内。这样，财务预算就成为各项经营业务和投资的整体计划，故亦称“总预算”。

由此可见，企业的预算实际上是包括经营预算、投资预算和财务预算三大类，由各种不同的个别预算所组成的预算体系。

二、成本全面控制

成本控制方法是指完成成本控制任务和达到成本控制目的的手段。对于成本控制方法，是多种多样的，不同的阶段，不同的问题，所采用的方法就不一样；即使同一个阶段，对于不同的控制对象，或出于不同的管理要求，其控制方法也不尽相同。一般可以分为以下几种：

（1）绝对成本控制。绝对成本控制是把成本支出控制在一个绝对的金额中的一种成本控制方法。标准成本和预算控制是绝对成本控制的主要方法。

（2）相对成本控制。相对成本控制是指企业为了增加利润，要从产量、成本和收入三者的关系来控制成本的方法。实行这种成本控制，一方面可以了解企业在多大的销量下收入与成本的平衡，另一方面可以知道当企业的销量达到多少时，企业的利润最高。所以相对成本控制是一种更行之有效的方法，它不仅是基于实时实地的管理思想，更是从前瞻性的角度，服务于企业战略发展的管理来实现成本控制。

（3）全面成本控制。全面成本控制是指对企业生产经营所有过程中发生的全部成本、成本形成中的全过程、企业内所有员工参与的成本控制。企业应围绕财富最大化这一目标，根据自身的具体实际和特点，建立管理信息系统和成本控制模式，确定以成本控制方法、管理重点、组织结构、管理风格、奖惩办法等相结合的全面成本控制体系，实施目标管理与科学管理结合的全面成本控制制度。

三、生产作业控制

生产作业控制是指生产作业计划执行过程中，有关产品生产数量和进度的控制。其主要目的是保证完成生产作业计划所规定的产品的产量和交货期限指标。生产作业控制是生产控制的基本方面，狭义的生产控制就是指生产作业控制。

生产作业控制工作的主要内容包括：

（1）检查各生产环节的零部件和半成品的投入和出产进度，及时发现生产作业计划执行过程中的问题，并积极采取措施加以解决。（2）检查、督促和协助有关部门及时做好各项生产作业准备工作。（3）根据生产需要合理配备劳动力，督促检查原材料、工具、动力等的供应情况和厂内运输工作。（4）做好作业核算，对轮班、昼夜、周、旬或月计划完成情况进行统计分析工作。

四、质量控制

质量控制是指为达到质量要求所采取的作业技术和活动。这就是说，质量控制是为了通过监视质量形成过程，消除质量环上所有阶段引起不合格或不满意效果的因素。以达到质量要求，获取经济效益，而采用的各种质量作业技术和活动。在企业领域，质量控制活动主要是企业内部的生产现场管理，它与有否合同无关，是指为达到和保持质量而进行控制的技术措施和管理措施方面的活动。质量检验从属于质量控制，是质量控制的重要活动。质量控制的步骤如图 9－3 所示。

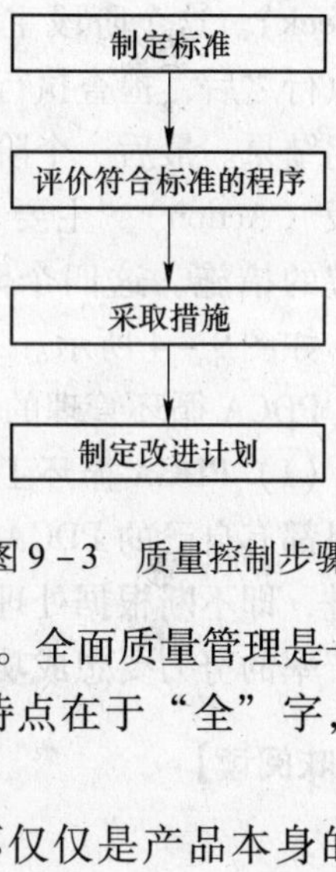

图 9－3　质量控制步骤

全面质量管理反映了控制理念的更新与控制模式的创新。

所谓全面质量管理，是一种预先控制和全面控制制度。就是运用系统的方法和观点，把企业的各部门、各环节的质量管理活动都纳入统一的质量管理系统，形成一个完整的质量管理体系。全面质量管理是一种全方位、全过程、全员性，特别是人的内在化的控制，它的主要特点在于“全”字，包含三个方面的特点：

（1）管理的对象是全面的。这是就横向而言。管理的对象不仅仅是产品本身的质量，还包括影响产品质量的各个方面的工作质量，如管理工作的质量、后勤服务工作质量等。

（2）管理的范围是全面的。这是就纵向而言。它对市场调查、产品开发与设计、试制、生产、检验、销售、售后服务等各个环节进行管理。

（3）参加管理的人员是全面的。它是通过适当的组织形式，把企业各方面人员都吸纳到产品质量的保证体系中来，是一种全员参加的质量管理。

【相关链接】

全面质量管理

全面质量控制（Total Quality Control，TQC）起源于美国，后来在其他一些工业发达国家开始推行，特别是日本，在60年代以后推行全面质量控制并取得了丰硕的成果。20世纪80年代后期以来，全面质量控制得到了进一步的扩展和深化，逐渐由早期的TQC（Total Quality control，全面质量控制）演化成为全面质量管理TQM（Total Quality Management）。

全面质量管理一般分为四个阶段：

第一个阶段称为计划阶段，又称为P阶段（Plan）。这个阶段的主要内容是通过市场调查、用户访问、国家计划指示等，摸清用户对产品质量的要求，确定质量政策、质量目标和质量计划等。第二个阶段为执行阶段，又称为D阶段（Do）。这个阶段是实施P阶段所规定的内容，如根据质量标准进行产品设计、试制、试验、其中包括计划执行前的人员培训。第三个阶段为检查阶段，又称为C阶段（Check）。这个阶段主要是在计划执行过程中或执行之后，检查执行情况，是否符合计划的预期结果。最后一个阶段为处理阶段，又称A阶段（Action）。主要是根据检查结果，采取相应的措施。这四个阶段大体可分为八个步骤，如图9-4所示。

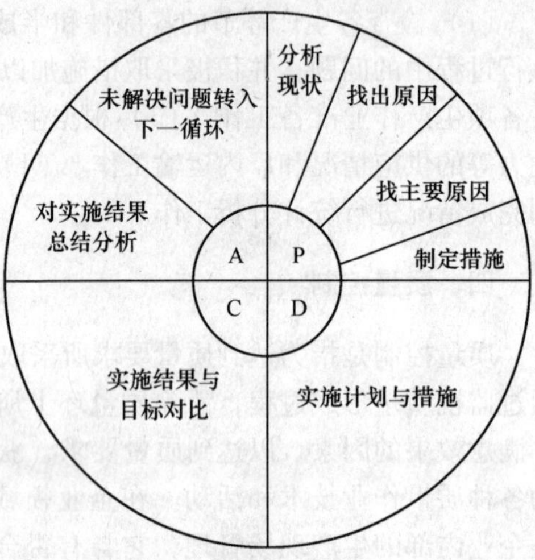

图9-4 全面质量管理阶段

PDCA循环管理的特点：

(1) PDCA循环工作程序的四个阶段，顺序进行，组成一个大圈。(2) 每个部门、小组都有自己的PDCA循环，并都成为企业大循环中的小循环。(3) 阶梯式上升，循环前进，即不断根据处理情况或利用新信息重新开始循环改进过程。(4) 任何提高质量和生产率的努力要想成功都离不开员工的参与。

【趣味阅读】

扁鹊论医

魏文王问名医扁鹊说：“你们家兄弟三人，都精于医术，到底哪一位医术最好呢？”扁鹊答道：“长兄最好，中兄次之，我最差。”文王吃惊地问：“你的名气最大，为何反而兄长的医术高明呢？”扁鹊惭愧的说道：“我治病，是治病于病情严重时，一般人都看到我经脉上针管来放血、在皮肤上敷药等大手术，所以以为我的医术高明，名气因此响遍全国。我中兄治病，是治病于病情初起之时。一般人以为他只能治轻微的小病，所以他的名气只限于本乡。而我兄长治病，是治病于病情发作之前。由于一般人不知道他事先能铲除病因，所以觉得他水平一般，但在医学专家看来他水平最高。”

质量管理就如同医生看病，不能只治标不治本。许多企业悬挂着“质量是企业的生命”的标语，而现实中存在“头疼医头、脚疼医脚”的质量管理误区，造成“重结果轻过程”现象。

本章小结

管理控制是管理的一项重要职能。管理中的控制职能是管理者为了保证工作与计划一致，有效的实现目标而采取的有力措施，控制与计划、组织和领导职能密切配合，共同形成了管理循环。控制职能是每一个领导者的主要职责，正确的运用控制的原理和方法，是控制工作更加有效的重要保障。控制从不同的角度可以分为多种类型，本章着重对前馈控制、现场控制和反馈控制三种类型进行分析。

控制的过程都包括确立标准、衡量实际成效和纠正偏差三个基本环节，通过这三个阶段进行“纠偏”，才能保证计划目标的实现，避免和减少管理失误造成的损失。在实际工作中进行控制时，可以采取预算控制、成本全面控制、生产作业控制、质量控制等方法，不同的工作情况或者不同的领导者可以采取不同的控制方式进行资源配置、状态把握、过程监督，以保证目标实现。

本章结构图

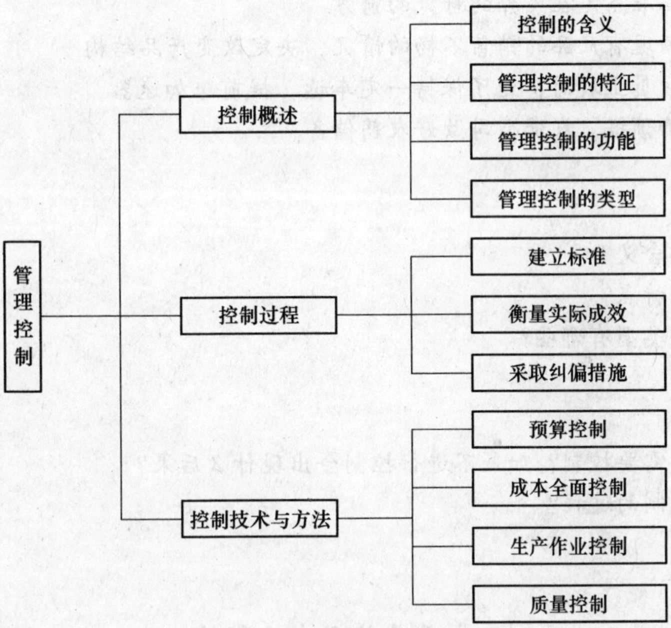

练习与思考题

9-1 选择题

(1) 下列有关控制和计划之间关系的表述不正确的是（ ）。

A. 同是一个信息反馈过程 B. 前提条件和基本步骤相同

C. 都是有组织的系统 D. 目的相同按原计划维持正常活动

(2) 管理控制系统实质上也是一个（ ）系统。

A. 自动控制 B. 完全开放 C. 信息反馈 D. 完全封闭

(3) 控制论的创立者是（ ）。

A. 梅奥 B. 泰罗 C. 维纳 D. 马斯洛

(4) 控制的根据是（ ）工作。

A. 计划 B. 组织 C. 人员配备 D. 指导和领导

(5) 现场控制工作的重点是（ ）。

A. 把注意力集中在历史结果上 B. 正在进行的计划实施过程

C. 在计划执行过程中的输入环节上 D. 控制行动的结果

(6) 下列说法正确的是（ ）。

A. 反馈控制是控制工作的基础

B. 反馈控制的工作重点是把注意力集中在历史结果上，并将作为未来行动的基础

C. 反馈控制的纠偏措施往往是预防式的

D. 反馈控制要注意避免单凭主观意志进行工作

(7) 下列几项属于前馈控制的情况（ ）。

A. 自瞄准靶心射击

B. 猎人把瞄准点定在飞奔的野兔的前方

C. 企业根据现有产品的销售不畅的情况，决定改变产品结构

D. 汽车驾驶员上坡时，为了保持一定车速，提前踩加速器

E. 根据虫情预报，农资公司做好农药储备

9-2 简答题

(1) 管理控制的含义？

(2) 管理控制的特点？

(3) 管理控制的类型有哪些？

9-3 论述题

(1) 企业为什么需要控制？如果不进行控制会出现什么后果？

(2) 论述管理控制的过程？

9-4 案例分析

电子监控引出的烦恼

某家公司办公室安装了电子监控系统，目的是管理者可以更好的直接进行管理和监控，安装之后，有一定的成效。但是并没有激发员工更多的热情，有些员工认为，系统固有的电子报告只是不必要的例行公事。因为最好的员工花费了很多的时间了解客户，这种被称为“电子警察”的系统感到不高兴，管理者可以对他们所有的行动进行监视并通过“遥控”来威胁他们。管理得力的管理者通常是那些在员工和他们自己之间创造信任的人，但是电子监控系统破坏了信任关系。

分析：

(1) 电子监控系统有什么缺点？

(2) 管理者是否有权利监控员工的工作细节?

实践与训练

【项目名称】

制定控制方案。

【实训目标】

(1) 使学生加深控制理论的理解和掌握。

(2) 锻炼学生利用所学的控制方法解决实际问题的能力。

【实训内容与方法】

(1) 以模拟公司为单位，根据所给的情景模拟材料，仔细阅读思考并分析其存在的问题及原因。

(2) 请根据管理控制的类型和方法，制定一个科学可行的控制方案，帮助张经理解决现在出现的问题。

【成果与检测】

(1) 每组写出一份方案。

(2) 课堂交流，师生共同评价。

【相关案例】

不断响起的敲门声

某企业经理张某正在忙于处理几项急于办理的事务。此时传来了阵阵敲门声，仓库管理员老刘推门进来，老刘焦急地对张经理说:“今天库房原材料供货严重不足，我已经催了好几次要求进货，但是负责进货的老李还是按兵不动，我没办法只能来找您汇报和请示了!”张经理对老李的慢性子一直都有意见，听了老刘的汇报后对老李更加不满，于是立即拨通了老李的电话问道:“原材料库存严重不足，为什么到现在还不进货?”老李赶忙说道:“最近工作太忙，没有时间处理。”“你必须停下手头所有的工作，办理原材料采购的事!”张经理以命令的口吻说。

张经理话语未落，敲门声又响了起来，赵会计拿着财务报表匆匆地闯了进来。“经理，您看这个月的利润明显下降了!”他又拿出几张报表:“前几个月的利润就有下降的趋势，只是还不太明显，原因就是销售量下降而成本却不断上升。”张经理听后紧锁眉头，一声不吭。

就在此时，敲门声又响起来。这次推门而入的是市场主管王一，看到王一自己送上门来，张经理脱口而出:“你是怎么搞的，销售下去了，成本却上来了?”见张经理一见面就冲自己发火，王一丈二和尚摸不到头脑。他赶紧解释道:“前些时候我们下面一家分公司产品出了质量问题被报纸曝光，因此许多消费者不问青红皂白的抵制我们公司的产品，导致销售量不断下降。我们为了扭转败势，花大本钱促销，仍然无法回天!再说成本上升也不只是我们销售环节的问题啊!”“可是你们为什么不及时汇报?”张经理愤怒地问道。“这件事我们当初跟您谈过，只是大家认为产品与出事的分厂产品根本不是一类，不会对我们的公司产生太大的影响，没想到现在会是这样一种情况!”王一解释说。

张经理再也坐不住了，他决定立即召开有关人员开会，研究对策，制定有效措施尽快扭转局面。

分析：

(1) 张经理一下子面对这么多难题，你认为原因是什么？

(2) 要实施有效控制，你建议张经理把握哪些要领？

(3) 请根据管理控制的类型和方法，制定一个科学可行的控制方案，帮助张经理解决现在出现的问题。

参 考 文 献

[1] 周三多，等．管理学——原理与方法（第4版）[M]．上海：复旦大学出版社，2003.
[2] 芮明杰．管理学教程 [M]．北京：首都经济贸易大学出版社，2004.
[3] 焦叔斌．管理学（第4版）[M]．北京：中国人民大学出版社，2014.
[4] [美] 斯蒂芬·P·罗宾斯．管理学（第11版）[M]．北京：中国人民大学出版社，2012.
[5] 单凤儒．管理学基础 [M]．北京：高等教育出版社，2003.
[6] 孟执芳．管理学基础 [M]．北京：高等教育出版社，2009.
[7] 徐二明．管理学教学案例精选 [M]．上海：复旦大学出版社，1998.
[8] 刘景良．管理基本技能实训 [M]．北京：北京师范大学出版社，2013.
[9] 郭咸纲．西方管理学说史 [M]．北京：中国经济出版社，2003.
[10] 张兰霞．新管理理论丛林 [M]．沈阳：辽宁人民出版社，2001.
[11] 方振邦．管理思想百年脉络（第3版）[M]．北京：中国人民大学出版社，2012.
[12] [美] 彼得·德鲁克．管理使命、责任、实务（使命篇）[M]．北京：机械工业出版社，2006.
[13] [美] 彼得·德鲁克．管理的实践 [M]．北京：机械工业出版社，2006.
[14] 俞文钊．管理的革命 [M]．上海：上海教育出版社，2003.
[15] 闫海峰、王端旭．现代组织理论与组织创新 [M]．北京：人民邮电出版社，2003.
[16] 杜栋．管理控制 [M]．北京：清华大学出版社，2002.
[17] 清华大学经济管理学院．工商管理800案例 [M]．北京：世界图书出版公司，2000.
[18] 杨锡怀．企业战略管理（理论与案例）[M]．北京：高等教育出版社，1999.
[19] 宋克勤．管理学教程案例集 [M]．上海：上海财经大学出版社，2001.